꿈을 담는 노란상자

광주드림 20년의 이야기

채정희

도서출판 드리미디어

꿈을 담는 노란상자

광주드림 20년의 이야기

·

채정희

글쓴이의 말

돌아보니 광주드림에서 기자 생활이 옹근 20년이다.
창간 준비를 위한 TF팀에서부터 현재까지니, 광주드림 전 역사에 발을 담그고 있는 셈이다. 2004년 4월 창간한 광주드림이 올해 맞이한 20주년에 대한 기록은, 고로 필자의 20년사이기도 하다.
내부에서 '20년사' 얘기가 나왔을 때, 개인적으로 "책을 낼 정도인가?" 회의적이었던 게 사실이다. 전국적으론 100년, 우리 지역에도 70년 이상 된 신문도 있거늘, 백수 어르신 앞에서 환갑상 차린 애늙은이 같은 기분이 멋쩍어서다. 막상 쓰게 된다면 그 작업은 필자에게 맡겨질 게 분명했으니, 업무 부담이라는 개인적 고려도 작동하지 않았다고 할 수 없을 테다. 그런데 가만, 생각이 다른 데에 미쳤다.
기록할 만한 역사이고, 지금은 기록해야 할 때 아닌가 하는 것이다.
광주드림에 옹이 박힌 '20년'이란 나이테가 굵고 선명해서다. 시련과 단련의 세월, 그 노고를 기록함이 마땅한 도리로 여겨졌다.
넉넉한 가정서 잘 자라다 가세가 기울어 다른 집에 입양되고, 결국엔 어린 가장이 될 수밖에 없었던 운명의 주인공이 그려졌다. 그렇게 몰락해 버렸다면 눈물의 신파에 그쳤겠지만, 몰입도를 끌어 올릴 반전의 2막까지 준비돼 있었음이니 극적인 요소가 충만했다. 역경 속에서도 반듯하게 자라니, 눈여겨보던 이가 후견인이 돼 기 펴고 제 몫 하는 '청년' 드림의 스토리가 이토록 짱짱했다. 어느 작가라도 기록을 욕심낼 만한 서사이지 않은가. 다른 이유도 있다. 나중에 진짜 '30년사' '50년사'를 쓰게 될 때를 대비한 자료 정리라는 기능적 과제였다.
"역사에 기록하고, 사초를 남기는 사관의 심정"이라는 거창한 사명감까진 아니어도, 훗날 그 책임을 맡을 누군가의 막막함을 덜어줌이 당대의 의무라는 판단이 섰다.
이번 '20년 이야기'를 쓸 때 2018년 발행된 선행 기록인 '광주드림 취재기·뒷얘기-호랑이 똥은 멧돼지를 쫓았을까'가 막막함을 덜어준 것처럼 말이다.
실제 이 책에 소개된 취재 뒷얘기 중 일부는 10년 전 필자가 기록한 '호랑이똥은 멧돼지를 쫓았을까' 중에서 인용, 보완했음을 밝힌다.

광주드림 20년 이야기의 작성 배경이 장황했다.

20년 세월 중 주식회사 체제로 운영된 게 10년이고, 꼭 그만큼의 시간은 사단법인이 경영했다. 전국에서 사단법인이 발행인이었던 일간지는 광주드림이 유일한 것으로 알고 있다. 주식회사 10년 동안은 지역 기업이 경영 주체가 돼 지역신문 광주드림을 뒷받침했다. 향토 유통업체 빅마트-지역 생활 정보신문 사랑방-지역 가전기업 DH글로벌로 이어진다. 경영 주체에 따라 사무실을 옮기다 보니 남구 진월동에서 북구 신안동, 그리고 광산구 운남동에 이어 서구 마륵동까지 터전이 바뀌었다. 동구만 빼놓고 광주 자치구 전역을 섭렵한 셈이다. 광주드림을 둘러싼 물리적 환경이 이처럼 복잡다단했다.

20년 간 광주드림을 만들어온 사람들 역시 못지않게 다양하다.

누구보다 노심초사, 신문 제작의 물적 토대를 제공해 준 빅마트, 사랑방신문, DH글로벌과 사단법인의 이사와 후원회원께 고개 숙여 감사를 전한다.

광주드림 신문을 제작하는 데 노동하고 수고를 아끼지 않은 전현직 임직원들의 노고도 잊을 수 없다. 취재로, 편집으로, 사진으로, 광고로, 사업으로 어느 한 분야라도 보탠 손이 부실했다면 광주드림은 단 하루도 온전히 발행되지 못했을 것이다.

창간 때부터 현재에 이르기까지 벽돌 한 장 한 장 쌓아준, 너무 많은 이름을 일일이 불러주지 못해 죄송할 따름이다.

광주드림 바깥에서 도움을 준 이들 또한 많았다. 신문 제작의 최종 단계인 인쇄를 책임져 준 대한칼라, 독자들과 만나는 최일선 배포에 정성 쏟아준 사랑방 배포팀, 광고 등 디자인을 도맡아 준 (주)데코디자인이 가족처럼 함께 해줘 광주드림 가치가 더욱 빛났다.

필자에게 광주드림에서의 '말뚝' 20년은 굴레인 줄 알았는데, 돌아보니 축복이었음에 감사하다. 선물 같았던 '20년'의 기록자로 선택받은 것 또한 필자에게 더해진 영광이다. 한결같이 지지하고 격려해주신 독자 여러분께 머리 숙여 감사 인사를 드린다.

채정희 편집국장

발간에 부쳐

지난 2004년 4월, 광주의 꿈을 실현하고자 하는 열정과 포부를 담아 창간한 '광주드림'이 어느덧 20주년을 맞았습니다.

광주드림은 창간 당시 분권시대의 소명으로서 중앙의 뉴스에 매몰되지 않고 지역을 중심으로 삼아 지역의 가치를 높이고 지역에 천착하는 진정한 지역 언론의 출현을 선언하였습니다.

1987년 민주화운동의 결과물로 1도 1사 체제에서 언론 자유화에 따른 지역 언론이 난립하던 시기에 광주드림의 창간은 사실상 독자층과 괴리돼 있던 기성 언론에 대응하는 대안 언론의 등장이라는 평가속에 지역사회에서 반향을 일으켰습니다.

이후 시대적 상황과 경영 환경의 변화 등에 따라 다소의 부침이 있기도 했지만, 광주드림은 일관되게 사회적 약자와 소수자의 목소리에 귀를 기울이는 한편 직필 정론으로 권력과 자본에 대한 감시와 견제에도 게을리하지 않음으로써 저널리즘 본연의 역할을 다하고자 노력해 왔습니다.

광주드림의 지난 20년이라는 시간은 지역사회의 변화와 발전을 증언하며 함께 성장해 온 시간이었습니다. 우리는 지역사회의 다양한 이야기를 듣고, 기록하며, 전해왔습니다. 또한 우리 지역의 과거를 돌아보고 현재를 직시하며 미래를 준비하는데 기여하고자 노력해 왔습니다.

우리는 광주드림 20년 이야기를 통해 참으로 다사다난했던 지난 여정을 회고하고, 앞으로의 도전과 기회를 독자 여러분과 함께 진지하게 고민해 보고자 합니다. 우리는 열린 자세로 더 많은 이야기를 듣고, 지역사회의 다양한 목소리를 반영하기 위해 최선을 다할 것입니다.

비록 20년이란 긴 세월이 흘렀지만, 여전히 우리의 참 저널리즘에 대한 열정과 비전은 그 어느 때보다도 활기차고, 빛나고 있으며 독자 여러분과 함께 이 특별한 순간을 함께 맞이하게 되어 매우 자랑스럽게 생각합니다.

이제 창간 20주년을 맞아 시민공감 바른언론 광주드림은 모기업인 디에이치 그룹(회장 이정권)과 함께 제2의 창간에 준하는 마음으로 지속적인 혁신과 변화를 통해 고품격 저널리즘 구현을 위한 앞으로의 100년을 준비해 나가겠습니다.

오늘의 광주드림이 있기까지 지난 여정을 함께 헤쳐나온 역대 광주드림 가족들과, 한결같이 애정 어린 마음으로 응원해 주신 지역사회 및 독자 여러분께 깊이 감사드리며 앞으로도 변함없는 관심과 성원을 부탁드립니다.

감사합니다.

2024년 4월

김명술 광주드림 사장

감사의 말

광주드림 인수를 타진하던 중 당시 신문사 측 두 사람(본부장, 국장)을 처음 만났을 때가 생각납니다.
두 분은 이렇게 물었습니다.
"DH글로벌은 왜 광주드림을 인수하려고 합니까?"
저는 이렇게 답했습니다.
"드림이, 그리고 여러분들이 갖고 있는 선한 의지와 신문의 가치를 지속하고 싶어서"라고.
물론 자본이 투자를 결정할 때 선한 의지로만 하진 않을 겁니다.
비즈니스 차원에서 수지 타산도 따져 보지 않겠습니까.
하지만 제가 광주드림 인수 결정에서 무엇보다 중요하게 생각했던 건, 언론으로서의 가치였다는 점은 분명합니다.
'언론다운 언론이 없다'라는 말이 오래전부터 회자돼 온 게 우리 지역의 현실입니다.
저 자신, 사업을 일으키고 성장해 가는 과정에서 체감했던 아쉬움이기도 합니다.
숱한 어려움에 직면했고 누군가의 도움이 절실했던 때가 한두 번 아니었습니다. 특히 제도적인 부조리나 불합리로 인한 고난은 개인적으로 감당하기에 버거워 '비빌 언덕'으로서 언론의 도움을 갈망했지만, 뜻대로 되지 않았습니다.
그때 당시 저와 같은 처지의 시민들께 힘이 되고, 버팀목이 돼주는 게 언론의 존재 이유라고 알고 있었기에 절망감이 더 컸던 기억입니다. 권력이나 자본의 이해에 얽매이지 않고, 흔들리지 않는 공명정대한 원칙에 기반해 기록하고 비판할 수 있는 언론을 갈망하고 꿈꾸는 계기가 되었습니다.
'시민 공감 바른 언론'을 사시로 내걸고 20년 동안 한결같은 길을 걸어온 광주드림을 만났을 때, 그런 기대를 다시 품게 됐습니다.
실제 접해보니 광주드림은 달랐습니다.

사회적 약자의 목소리를 더 듣겠다는 정신이 살아 있고, 권력에 대한 비판과 감시의 눈은 초롱초롱했습니다.

인수 의사를 비친 뒤 상호 의견을 맞춰가는 과정에서도 광주드림 측의 요구사항은 이 같은 기조에서 변함없었습니다. 자본의 도구가 될 우려가 큰 건설회사가 아니어야 하고, 드림의 가치를 존중하고, 편집권을 보장해달라는 것이었습니다.

저는 "그러겠다"라고 했습니다.

대신 저도 주문할 것이 있다고 덧붙였습니다.

"기왕 할 거면 제대로 해달라!"

그렇게 의기투합해 가족이 된 게 2022년 1월입니다.

이후 2년여 동안 여러 차례 머리를 맞대 신문의 나아갈 방향을 모색하고, 때론 산행도 함께 하며 광주드림과 온전한 의미의 '식구'가 됐습니다.

제 역할은 선한 의지와 굳건한 정신으로 무장한 광주드림의 잠재력을 뒷받침하고 키워주는 것이라고 생각합니다.

그리하면 광주드림은 시민들의 믿음직한 '스피커'가 되지 않겠습니까?

그런 언론이 될 수 있도록, 저는 광주드림의 든든한 '뒷배'가 되겠습니다.

'20년' 동안 헌신하며 바른 언론을 구현해 온 광주드림 전현직 임직원 여러분의 노고에 감사드립니다, 물심양면 뒷받침해 준 역대 경영자들의 헌신 또한 잊지 않겠습니다, 그리고 누구보다 응원하고 때론 따끔한 회초리를 아끼지 않았던 독자 여러분이 없었다면 지금의 광주드림이 존재하지 못했을 것입니다. 앞으로도 변함없는 애정을 당부드립니다.

광주드림은 시민의 자부심이 되도록 더 성장하고 발전하겠습니다.

2024년 봄
이정권 광주드림·DH글로벌 회장

차례

글쓴이의 말
04

발간에 부쳐
06

감사의 말
08

I

꿈을 그리다
전라도닷컴이 만들고
빅마트가 드립니다

2004-2007

12

II

흔들리지 않고 피는 꽃 있으랴
창업보다 어려운 수성
사랑방이 이어가다

2007-2011

92

III

성공하면 신화, 실패해도 역사

"모두가 주인이다"
사단법인 10년 장정

2011-2021

164

IV

다시 꾸는 꿈 '100년 신문'

'뒷배' 힘으로 나아간다
DH글로벌과 '미래 동행'

2021~

274

광주드림 역사

298

꿈을 그리다

전라도닷컴이 만들고 빅마트가 드립니다

2004-2007

I

꿈을 좇는 사람들
"달라야 한다"
경상도로 떠난 신문 제작 견학
마침내 영접한 '드림 1호'
기사 쓰다 감전될 수도 있겠구나
공원을 허물어 마트를 짓겠다고
이명박 시장 5·18 부적절 파안대소 '찰칵'
모기업이 보복을 당하다
배달다방의 도시 광주, 어두운 질주
선거 보도, 드림만의 방식으로
"항상 바른 언론 돼라" 후원의 밤
신문사 앞 학교, 불편한 동거
지역신문발전법 지원 배제 논란
"시청서 광주드림이 보이지 않게 하라"
언론을 고발하고 기자를 그만두다
빅마트가 위험하다

🟧 꿈을 좇는 사람들

2003년 10월 무렵으로 기억한다.

선선한 바람이 들쑤셔 심장이 나불대야 하는 계절이었음에도, 허허롭기만 한 가슴은 코끝까지 밀려온 가을 내음을 한 호흡조차 들이킬 여유가 없었다. 뭔가에 짓눌려 송곳 하나 박히지 않을 것 같은 메마르고 강퍅한 일상이었다. 이 시절, 그들을 만났다.

그리고 돌아오는 길, 비로소 가을이 보였다. 느꼈다. 살랑살랑 바람이 가슴 속까지 파고들었다. 무엇이라도 그려보라는 듯 청청하게 펼쳐진 맑은 하늘이 준비된 화원처럼 광활했다. 실로 오랜만에 가슴이 뛰었다. 대학 졸업과 함께 입사한 첫 직장 전남일보에서 8년여를 보낸 시기였다.

마침내, 작별 조건이 마련된 것으로 여겼다.

그 가을 만났던 이들은 바로 전남일보와 인연이 겹쳤다. 황풍년, 김한식, 박중재…. 전남일보 전성기를 이끌었던 인물 중 빼놓을 수 없는 이들이지만 당시엔 그들 모두에게 '전' 직장이 된 상태였다. 그리고 또 한 사람, 하상용 대표가 있었다.

당시 호남지역 최대, 향토 유통기업 빅마트를 창업해 크게 성장시키고 있던 인물이었다.

이들이 '한 배'를 타자며 호출한 것이다.

광주에서 새로운 신문을 만들기로 의기투합한 뒤였다. 같이 일해보자는 제안이었고, 망설일 이유가 없었다.

그 시기 전남일보는 애증의 언론이었다.

1987년 6월 항쟁으로 쟁취한 민주화 기운이 짱짱히 내리 물림 된 전남일보는 선배들의 열정과 헌신으로 '지역의 한겨레'라는 평을 들을 정도로 자부심 컸던 지역 언론이었다.

하지만 1997년 IMF 사태를 겪으면서 토대가 흔들렸다. 어디 전남일보 뿐이었을까? 대한민국 모든 기업이 생사 기로에 섰고, 노동자들이 일터에서 대책 없이 내몰리던 시대였다.

언론이라는 공익적 기능은 생존이라는 기업 논리에 잠식당했다. 당연히 기자들의 반발이 컸고, 사측과 대립이 격해졌다.

그렇게 수년간 쌓인 갈등으로 많은 기자가 자의든, 타의든 회사를 떠났다.

그렇게 전남일보와 결별한 일부를 챙겨서 광주에 새로운 판을 깐 이가 빅마트 하상용 대표였다.

2000년 빅마트는 '전라도닷컴'이라는 문화 콘텐츠를 온라인으로 창간했고, 2002년 월간지 형태로 확장했다.

전라도 사람·자연·문화를 앞세운 전라도닷컴을 만드는 인물 상당수가 전남일보 출신이었다. 예의 황풍년 기자를 비롯해 남인희 남신희 임정희 김한식 기자 등이 대표적인 인물이다. 역시 전남일보 출신인 박중재 기자는 당시 빅마트 홍보 부서에 근무 중이었다.

전라도닷컴은 우리 지역의 문화와 먹을거리, 관광지 등을 대한민국 전역에 알리기 위해 창간한 월간 문화 잡지였다. 수준 높은 콘텐츠로 짧은 시간 내 지역의 문화자산으로 성장했다.

광주를 기반으로 한 새 신문을 고민한 건 이 같은 성과의 전라도닷컴이 기반이 됐다.

"전라도닷컴 주역들 대부분이 지역 일간지 출신이어서 좋은 신문에 대한 열망이 컸다. 다행이었다. 신문을 만드는 데 필수적인 훌륭한 자산(기자들)이 있었고, 그들을 뒷받침할 물적 기반이 비교적 든든했다."

하상용 대표의 회고다.('호랑이똥은 멧돼지를 쫓았을까-광주드림 취

재기·뒷얘기'. 2018. 이하 광주드림 취재기)

곧바로 전남일보에 사직서를 제출했다. 단, 퇴사 후 어디서 무엇을 할지는 비밀로 할 수밖에 없었다.

광주지역에 이미 10개 안팎의 일간지가 있는 상황에서 새로운 신문 창간을 발설하는 건, 혹독한 견제를 불러올 수 있다는 우려에 따라 약속된 플레이였다.

11월 전라도닷컴으로 출근했다. 광주드림의 창간의 탯자리이기도 한 전라도닷컴은 남구 진월동 광주은행 건물 2층에 있었다. 이후 직원들이 늘면서 광주드림 사무실은 같은 건물 4층으로 이사해 3년여 동안 보금자리가 됐다.

일상적으로 월간 전라도닷컴 제작을 위한 취재 외 나에게 주어진 임무는 따로 있었다. 일간지 창간 준비, 즉 TF팀 활동이었다.

TF팀엔 전라도닷컴 직원들과 빅마트 특정 부서도 결합했다. 배포와 광고 영업 등 모기업의 지원이 필요했기 때문이다.

새로운 신문의 정체성 확립이 TF팀에 주어진 임무 중 핵심이었다. '기존 신문과는 달라야 한다'는 방향성이 선명했다.

당시 광주에 10여 개의 지역신문이 있었지만 천편일률적 보도로 지역의 다양한 여론을 반영하지 못한다는 평가를 기반으로 한 것이다.

필자가 합류하기 전 이미 상당한 고민이 돼 있는 상태였다. 타블로이드 판형에 무료 신문이라는 형식적 틀은 결정돼 있었던 것이다.

다시 하성용 대표의 회고다.

"2002년 5월 무렵이었다. 서울의 신문시장에 눈을 돌렸다. 유럽에서 시작돼 세계적으로 확산하던 지하철 중심 무료신문이 발행되던 때다. 이 같은 신문은 출근 시간대 집중, 지하철 입구에서 무료로 배포됐다. 유료신문의 쇠퇴는 확실해 보였다. 인터넷 등 온라인을 기반으로 한 매체가 성공할 것이라는 예측도 어렵지 않았다. 광주에서의 새로운 신문에 대한 고민은 자연스럽게 무료신문으로 이어졌다. 반면 이미 존재하고 있는 10여 개의 지역신문과의 차별화도 불가피했다. 내용과 형식, 모두 달라야 한다는 목표가 분명해졌다." (광주드림 취재기 중)

TF팀 출범 전, 하상용 대표와 황풍년 당시 전라도닷컴 편집장은 실제 서울지역 무료신문 중 하나와 접촉해 면담하고 세부적인 분석도 진행한 상태였다. 그 신문이 창간 1년여 쯤 지난 시점이었는데, 상당한 규모의 적자가 발생하고 직원들이 대거 이직하는 등 곤란을 겪고 있었다고 한다. 당시는 전국적으로 이 신문 외에도 몇 개의 무료신문이 창간했거나 준비 중이었다.

이들 매체는 독자들이 한눈에 집어 갈 수 있도록 눈에 띄는 콘텐츠에 집중했다. 당연히 흥미 위주 기사와 편집으로 '엘로우 페이퍼' 같은 성격을 띠고 있었다.

수익성을 높이기 위한 편집 방향이었겠지만, 이를 통해서도 흑자 경영은 요원하다는 것을 보여주는 방증이기도 했다.

훗날 하 대표는 이를 두고 "신문의 본질은 정론이라는, 평범한 진리를 확인하는 계기가 됐다"고 말한 바 있다. 광주드림의 정체성이 무료이며 정론지로 정해진 배경이다.

일간지 창간 작업이 진행되면서 제호 고민도 본격화됐다. 어쩌면 창간 공정 중 가장 핵심이었을 것이다. 이는 TF팀 뿐만의 임무라기보다, 관여하는 모든 이들의 과업이었다.

초대 편집인 겸 편집국장 황풍년에게도 이는 막중한 부담감이었다. 무료신문, 그리고 정론지라는 토대에 합당한 명패를 달아야 했다.

"전남대 정문에서 굴다리를 꿰고 직진하다 사거리에서 좌회전한 뒤 막 속력을 내던 참이었다. 불현듯 머릿속에 환한 불이 커졌다. 광. 주. 드.

림." (광주드림 취재기. 황풍년 기고 중)

황 국장은 이때를 회상하며 "저 홀로 흡족해서 한동안 어찌할 바를 몰랐다"고 했다.

"몇 날 며칠 신문 이름을 지어보려고 골몰하던 때였다. 수없이 많은 작명, 홍수처럼 밀려왔다 포말로 잦아들던 온갖 수식어들이 일제히 가라앉았다. 덕지덕지 붙어있던 군더더기들을 떨쳐내고 오로지 '광주'라는 공동체와 '드림'이라는 무가지의 정체성을 간추렸다."

황 국장 자신의 표현을 옮기면 이렇다. "광주드림은 그렇게 차 안에서 벼락처럼 탄생했다."

이름을 짓고 나니 '시민공감 지역신문'이라는 구호가, "광주를 드립니다. 꿈을 드립니다"라는 광고 카피까지 줄줄이 따라 나왔다.

"광주를 중심으로, 시민을 주인공으로, 가장 필요한 생활밀착형 뉴스

2004년 4월, 창간 후 얼마 지나지 않아 편집국에서 신문 제작 논의 중인 황풍년(가운데) 편집국장, 남신희 부장(왼쪽), 임정희 부장.

를 무료로 드립니다."

그렇게 광주드림이란 내피를 감쌀 외형이 윤곽을 갖췄다.

"'우리 신문은 광주드림입니다.' 함께 차를 타고 가던 남인희, 남신희, 임정희 등 동료 세 사람에게 동의를 구했다. 이름을 두고 더 이상 논란하지 말자는 선언이기도 했다."

황 국장의 회고가 이어진다.

"광주드림 제호의 글자 도안이 나왔을 때 'ㅁ'자를 비틀어 선물 상자처럼 끈을 묶는 디자인으로 바꿨다. 우리가 만든 신문이 광주시민들에게 기쁨의 선물이 되길 바라는 마음이었다."

"달라야 한다"

전라도닷컴이 만들고 빅마트가 드릴, 새로운 신문의 지향점이 명확해졌다.

"달라야 한다."

우선 형식적인 차별성부터 고민했다.

구독료 '무료'로 방향을 잡은 이상 거리에서 배포되고 읽힐 가능성이 컸다. 지하철이나 시내버스 등 대중교통에서 읽기 편하도록 일반 신문의 절반 크기인 타블로이드 판형이 적절했다.

무료신문이지만 아파트 입구까지 배달망도 갖췄다. 모기업 빅마트의 상품 배송 시스템이 구축돼 있었기에 가능한 일이었다.

아파트 앞 배달과 광고 수주를 위한 콜센터도 운영했는데, 이 역시 빅마트 시스템을 활용한 아이디어였다.

내용 면에서의 차별화는 더 핵심적인 과제였다. 초대 편집인 황풍년 국장은 예의 기고 글에서 이 대목을 자세히 설명하고 있다.

"광주드림은 '시민이 공감하는 뉴스란 시민의 삶과 밀접한 현장에서 나온다'는 원칙을 세웠다.

때문에 시청이니 구청이니 하는 관공서를 출입처 삼아 관성적으로 들락거리는 시스템을 폐기했다. 광주드림 기자들은 관청이 아니라 생활현장과 민원 현장을 찾아다니고, 시민단체를 제집처럼 드나들었다. 교육을 담당하는 기자의 출근길은 교육청이 아니라 학교 정문이었고, 제일 소중한 취재원은 교육감이나 교장이 아니라 일선 현장의 교사들과 등굣길 학생들이었다."

또 이렇게 덧붙였다.

"교통 담당 기자는 자가용 대신 버스를 탔고, 환경을 맡은 기자는 자전거를 탔다. 매일 자가용으로 출퇴근하는 기자는 결코 시내버스의 불편한 문제점을 짚을 수 없기 때문이다."

'시민 공감 지역신문'이라는 사시가 수사가 아닌 삶이고, 태도였던 셈이다.

'편집권 독립' 원칙도 굳건히 했다.

자본주인 빅마트 하상용 대표는 발행인으로 자리하되, 신문 제작 책임자인 편집인엔 황풍년 편집국장을 세웠다.

직장 문화도 기존 언론사와 '달라야 한다'는, 때론 너무 강한 주문에 노이로제를 호소하는 선배 그룹이 생길 정도였다.

대부분의 신문사가 수습 교육에서 당연시했던 군기 잡는 문화 역시 설 자리를 잃었다. '폭탄주'도 강요하지 말라는 엄명이 선배 그룹을 짓눌렀다. 달라야 한다는 정신은 '독자들에게 드리는 15가지 약속'으로 구체화했다.

독자들에게 드리는 15가지 약속

1. 외부의 간섭이나 압력으로부터 편집권의 침해를 막겠습니다.
2. 보도가 잘못되었을 때 이를 인정하고 바로 잡겠습니다.
3. 특정 정당이나 종파의 입장을 대변하지 않겠습니다.
4. 강자에겐 엄정하고 약자에겐 힘이 되는 신문을 만들겠습니다.
5. 어떤 경우에도 촌지를 받지 않겠습니다.
6. 취재와 관련한 어떤 향응이나 접대도 받지 않겠습니다.
7. 기자실을 거부하며 현장을 무엇보다 중요하게 생각하겠습니다.
8. 시민들의 제보를 소중하고 책임 있게 다루겠습니다.
9. 지역이기주의나 지역감정을 조장하지 않겠습니다.
10. 지역 환경 문제에 앞장서겠습니다.
11. 교육 개혁에 앞장서고 대안 마련에 고심하겠습니다.
12. 독자가 주인되고 독자 참여가 활발한 신문을 만들겠습니다.
13. 광고를 강요하지 않겠습니다.
14. 다른 매체에 보도된 내용을 표절하지 않겠습니다.
15. 시민들의 일상 생활에 꼭 필요한 신문을 만들겠습니다.

'시민 곁'이라는 기자가 있어야 할 자리, '소외된 목소리를 크게 듣겠다'는 자세, 존재 이유로서 시민 생활에 꼭 필요한 언론이어야 한다는, 그야말로 광주드림 정신이 구현된 헌장이라 할 수 있다.

내용과 정신을 가다듬고 나니, 진짜 중요한 과제가 대두했다. 인력 충원이다.

신입 기자를 뽑아야 하는 것은 물론 경력직 보강이 절실했다.

기자 채용 공고를 미룰 수 없게 됐다. 이는 광주지역에서 준비 중인 새로운 신문을 공개해야 함을 의미했다.

2004년 1월, 최초의 채용 공고를 띄웠다.

신생 언론임에도 채용 공고는 나름 흥행했다. 신입기자 부문에 40여 명이 응시했다. '전라도닷컴이 만든다'고 앞세운 광고 효과로 분석했다. 이들을 어떻게 평가할 것인가? 시험 방식도 달리했다. 학력·나이·성별로 차별받지 않도록 입사 지원 항목에서 해당란을 제외했다. 평가 방식도 필기시험에 실습을 더했다.

한겨울이던 그 해 1월, 당시 서구 풍암지구 빅마트 강당에서 광주드림 최초 공채 시험이 진행됐다. 1차시 필기 시험에 이어 2차시 별도의 미션이 주어졌다. 시험장 근처인 풍암지구에서 스스로 취재 거리를 찾아 기사를 작성해 제출하는 것이었다.

교육장에 대기 중이던 수험생들은 예상치 못했던 과제에 잠시 망설였지만, 이내 정신을 가다듬고 밖으로 뛰쳐나갔다.

길에서 만난 시민과 인터뷰하거나, 근처 상가에서 요즘 경기 상황을 파악하기도 하고, 공원 등의 한낮 풍경을 묘사한 이도 있었다.

이와 같은 시험에 이어 최종 면접을 통과한 '1기'들이 선발됐다.

김창헌 정현주 최종호 조선 강련경 김문선 황해윤 기자 등 7명이다.

경력 기자들도 속속 합류했다. 이영규 장용성 신동일 이석호 윤현석 이광재 이성훈 이지은 기자 등이 창간 초창기 광주드림의 선배 그룹에 포진했다.

이밖에 박영철 김태성 안현주 기자가 사진부, 함인호 윤영호 윤지혜 씨가 전산팀에 자리 잡았다.

사업 부서인 광고와 디자인 부서는 박은경 임정은 류효경 김동현 김유진 씨가 호흡을 맞췄다. 만평 담당 김일환 화백도 채용됐다.

기존 전라도닷컴 소속 기자와 직원인 황풍년, 남인희, 남신희, 임정희, 이정우, 정상철, 모철홍 기자 등도 신문 제작 부서에 함께 배치됐다.

이 같은 '인력풀'을 적재적소에 배치, 편제된 부서 이름에도 '다른' 정신을 심었다. 시민자치부, 환경생활부, 실물경제부, 문화중심부, 월간부 등으로 명명한 것이다. 황풍년 초대국장이 선언했듯 시민과 밀착한 현장 중심의 기사 생산 의지를 담은 것이다.

이와 같은 부서 편제를 바탕으로 광주드림은 기존 일간지에서 상대적으로 등한시해 온 목소리를 크게 듣겠다는 소명 의식을 구체화하는 여정에 나서게 된다.

🔶 경상도로 떠난 신문 제작 견학

인력 구성까지 마치고 나니 이젠 실전에 대비해야 했다.

신문 제작 시스템을 익히고, 기사 작성 등 교육이 절실했다.

신입 기자는 물론 경력 기자 상당수도 취재 - 편집 - 인쇄 - 배포 등으로 이어지는 신문 제작 공정을 경험하지 못한 게 현실이었다. 백문이불여일견, 실제 현장 학습이 필요했다.

해법은 신문사 견학인데, 문제는 어디로 가느냐?였다. 광주지역 언론은 경쟁 관계에 있을 수밖에 없어 협조를 기대할 수 없다는 판단 아래 일찌감치 대상에서 제외했다.

그래서 선택된 언론사가 경남 창원시 소재 경남도민일보다. 도민주주 신문사로 편집권 독립과 진보적 가치를 지향하고 있는 매체로 알려진 곳이어서 광주드림의 정체성과도 맞겠다는 판단이었다. 덧붙여 당시 경남도민일보에서 중추적 역할을 하고 있던 김주완·김훤주 기자가 전라도닷컴과 맺어온 인연이 있어, 동지적인 우호 관계를 기대할 수 있는 환경이기도 했다.

그리하여 창간 전 전 직원의 경남도민일보 견학이 이뤄졌다. 경남도민일보에선 드림 직원들에게 신문 제작 전반에 걸친 과정을 상세히 설명해줬다.

단순히 제작 공정뿐만 아니라 지역 언론이 생존하기 위해 필요한 역량과 조건에 대한 당부와 훈수도 들었다. 그 중 '광주지역 언론 중에서 우군을 만들고 공조하라'는 대목이 특히 강조됐다. "신문의 경우 방송을 파트너 삼으면 시너지가 날 것"이라는 설명이 더해졌다.

광주드림이 쓴 기사를 방송 프로그램에서 받아서 심층적으로 다루게 되면 기사의 파급 효과와 함께 매체의 영향력도 키울 수 있다는 것이다. 당시 경남도민일보 역시 마산MBC와 이와 같은 유대관계를 구축해 상생 전략을 펴고 있다고 했다. 방송사 PD 등 구성원 일부가 경남도민일보 주주로 참여하고 있어 이 같은 관계 구축에 도움이 됐다는 것이다.

그날 조언받은 방송매체와 우호 관계는 훗날 광주드림과 광주MBC간 파트너십으로 일정 정도 구체화했으니, 학습 효과가 없었다고 할 순 없겠다.

창간 준비를 위한 배움은 국내에만 그치질 않았다. 무료 신문의 발상지로 알려진 북유럽으로의 해외 연수도 진행됐다. 지하철 중심 타블로이드 신문의 태생지인 스웨덴부터 독일 등 북유럽이 대상지였다.

2004년 1월, 남인희, 남신희, 임정희, 박영철, 이정우, 정상철, 김창헌 기자 등 경력기자 중심의 7명이 해외 연수길에 올랐다. 앞서 하상용 발행인과 황풍년 편집국장이 같은 코스를 다녀온 뒤 기자들도 식견을 높여야 한다고 결단해 이뤄진 연수였다.

북유럽에 간 기자들은 타블로이드 판형 무료신문의 현재와 미래를 위한 고민을 보고 들었다.

비슷한 시기, 일간지 창간 인허가의 분수령이었던 문화관광부의 현지 실사가 진행됐다.

당시 일간지 창간은 정부 허가 사항이었다. 문광부 실무자가 광주드림 사무실에 직접 방문해 취재 편집 인쇄가 가능한 조건인 지를 점검했다.

미리 작성된 기사를 바탕으로 실제 편집 작업을 거쳐 필름 출력, 인쇄과정까지 공정 전반을 점검했다.

다행히 신문 제작 경력이 있는 기자들이 있어 현지 실사는 무리 없이 진행됐다. 그렇게 제작 능력을 검증받는 것으로 창간을 위한 절차적 준비는 어느 정도 마무리돼 가고 있었다.

남은 건 결전이었다. 창간 일자 택일이 중요했다. 결정은 쉽지 않았다. 큰 틀에선 '2004년 4월'로 정해진 상황. 문제는 구체적인 날짜였다.

그해 4월 15일, 국회의원 선거가 예정돼 있었다. 선거 전이냐, 이후냐에 대한 갑론을박이 치열했다. 격론 끝에 내린 결론은 '이후'였다. 정치적으로 의미 있는 이벤트여서 선거 전 신문을 내놓으면 존재감을 키울 수 있다는 의견이 많았다. 하지만 우려도 만만찮았다. 제대로 준비되지 않은 상태에서 생산된 콘텐츠는 되레 독이 될 수 있다는 것이었다.

그래서 결정된 날짜가 4월 22일(목)이다. 지구의 날이었다.

사회적 약자, 기존 언론이 상대적으로 등한시해 온 목소리를 크게 듣겠다는 광주드림의 정체성에 부합하는 날이었다.

개발에 뒷전으로 밀려버린 환경 이슈에도 광주드림은 천착하고 중하게 다루겠다는 의지가 굳건했기 때문이다. 환경생활부라는 부서가 편제돼 있었음을 기억하면 이해가 빠를 것이다.

일자까지 정해지고 나니 광주드림의 첫 작품이랄 수 있는 창간호 1면

고민이 본격화했다. 각각 부서에서 여러 아이디어가 제시됐다.

왜 아니겠는가? 창간호 1면에 자신의 이름이 박힌 기사가 실리는 건 기자로서 마땅히 욕심낼 만한 상황이었던 것이다.

이같이 막중한 의미와 중압감 속에 선택받은 부서는 실물경제부, 기자는 윤현석이었다.

'광주를 드리고 꿈을 드린다'는 슬로건에 맞게 희망적인 내용이 우선시됐고, 윤 기자의 기사가 이에 부합했다.

'일자리 는다'는 제목의 기사였다. 기아차 광주공장이 설비 용량을 연 20만 대에서 35만 대로 증설하고, 스카이 라이프 등 기업 콜센터 유치에 이어 삼성전자 가전 광주 이전 등으로 지역 경제 훈풍이 기대된다는 내용이었다. 환한 표정의 노동자들이 출근하는 장면이 창간호 1면 사진으로 박혔다.

📦 마침내 영접한 '드림 1호'

2004년 4월 21일, 잊을 수 없는 밤이었다. 남구 진월동 광주드림 사무실은 창간호 기사 마감과 편집이 숨 가쁘게 진행됐다. 다들 긴장된 표정이 역력했다. 하지만 드디어 꿈이 현실화한다는 기대감 또한 숨길 수 없었다. 저녁 식사는 김밥으로 사무실에서 해결하고, 각자 맡은 역할에 집중했다.

망망대해 같았던 타블로이드 24면이 각각의 선단으로 채워져, '드림 1호'가 진용을 갖췄다. 그렇게 밤 12시가 다 돼 지면 편집이 마감됐다.

이젠 진짜 실물 영접 시간. 인쇄 공장이 있는 광산구 하남산단 내 윤전

2004년 4월 '드림 1호' 인쇄 준비 작업이 진행 중인 윤전공장에서 하상용 발행인과 빅마트 문성오 본부장, 드림 이석호, 정상철 기자(오른쪽부터)가 필름 상태를 확인하고 있다.

소로 이동했다. '창간호를 받아본다'는 역사적 순간에 함께 하고자 했던 기자 10여 명이 밤늦은 시간 인쇄소에 모였다.

그렇게 자정도 훨씬 지난 시간, 육중한 윤전기가 '드림 1호'를 토해냈다. 수개월 동안 준비하고 땀 흘린 결실이었다. '전라도닷컴이 만들고 빅마트가 드립니다'라고 예고했던, 선물 같던 꿈이 실체를 드러낸 것이다. 머릿속 개념으로만 존재했던 지면이 실제 자신의 손에 쥐어지자, 제작 경험이 부족했던 후배 기자들은 특히 더 감탄했다.

첫날 발행 부수는 8만 1000부였다.

창간 준비 과정에서 이미 ABC협회에 가입한 광주드림은 매일 발행 부수를 1면 하단에 표기했다. 창간 첫해 광주드림은 매일 8만 여부가 인쇄돼 광주 곳곳에 배포됐다.

타블로이드 판형에 무료신문, 아파트 각 세대 앞까지 배달해 주는 '친절한' 신문의 찾아가는 서비스였다.

매일 발행되는 24페이지엔 그야말로 광주 사람, 광주 이야기가 가득했다. 생활 정보 광고도 4페이지가 실렸다. 부동산 매매, 자동차 거래 등과 같은 줄광고였다.

타블로이드 판형의 중간 펼침면엔 요일별로 다양한 섹션이 배치됐다. 월요일 펼침면은 '광주여기저기거기'라는 이름으로 경제 관련 현장을 다뤘다. 실물경제부가 만드는 해당 페이지는 광주의 대표적인 상권을 분석하고 상인들의 역사를 들여다봤다.

화요일 펼침면은 '희망접속'이 자리했다. 지구와 미래, 환경 문제 등 생태 관련 콘텐츠로 채워졌다.

수요일엔 문화부가 출고하는 '광주탐험'으로 지금 광주의 이곳저곳을 들여다보는 기획이었다. 이 섹션 중 '700원 여행'은 시내버스를 타고 즐길 수 있는 광주 곳곳을 정현주 기자가 발품 팔아 소개했다.

목요일 펼침면은 환경생활부가 제작하는 '생활의 발견'이었다. 무료로 가훈 써주는 서예가 등 우리 주변 사람들의 이야기가 가득했다.

금요일 섹션은 '주말의 선택'. 여행과 레저, 축제 관련 알찬 소식들로 구성됐다. 펼침면 뿐만 아니라 광주드림 지면엔 발로 뛴 생생하고 현장감 가득한 코너가 많았다.

창간 첫해 선보여 2년여 동안 이어진 '광주 앞산 뒷산'도 그중 하나다. 앞산뒷산은 광주지역 숲으로 들어가 현재의 생태 상태와 훼손 정도를 살피고, 풀꽃나무를 기록하는 답사기였다. 첫 번째 군왕봉을 시작으로 2년여 동안 이어지며 광주지역에서만 48개에 이르는 산과 생태를 활자화했다.

'광주사람, 당신'도 매일 지면에 실렸다. 광주와 광주 사람의 신문을 선

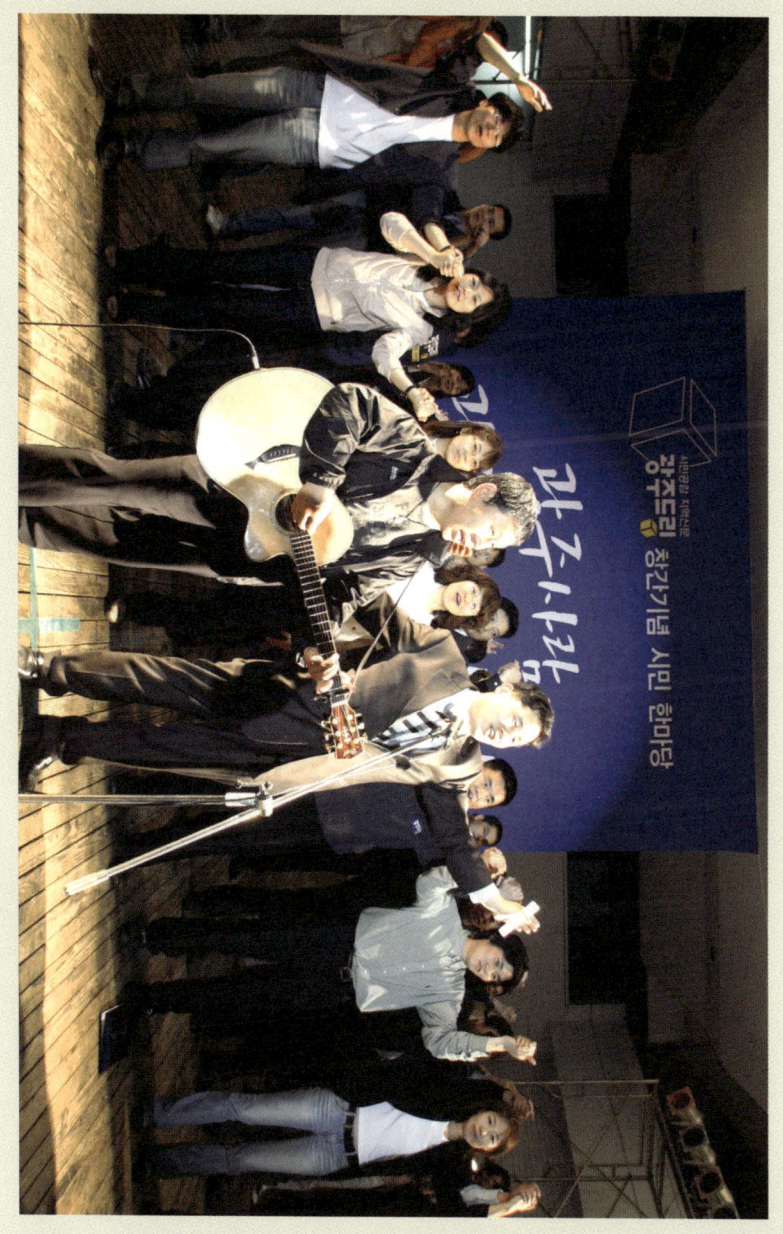

2004년 4월 30일, 드림 창간을 기념해 비엔날레 야외공연장에서 열린 음악회에서 드림 공채 1기 신입 기자들과 직원들이 무대에서 인사하고 있다.

언했던 광주드림이 매일 기록한 시민들의 일상이었다. '오래된 가게'는 우리 지역에서 오랜 세월 터잡고 장사해온 이들의 흥망성쇠기다.
박문종 화백은 우리지역 막걸리집을 재담스런 글과 그림으로 소개하는 '선술집 풍경'을 연재했다.
광주지역 곳곳의 맛집과 그 내력을 소개한 '맛있는 집'도 창간부터 10여 년 동안 지속된 장수코너였다. 무엇보다 상업적인 이해에 얽매이지 않고, 임정희 기자 고집과 발품으로 발굴한 맛집은 독자들 사이 신뢰가 높았다. '오늘 점심 뭐 먹을까?'를 고민하는 이들에게 맞춤형 가이드북이 된 코너이기도 했다.
매일 단단한 서사와 물컹한 감상이 돋보인, 그러면서도 요긴한 정보로 무장한 '날씨 이야기'도 독자들에게 깊은 울림을 줬다. 남인희 기자는 후일 이 코너를 더 확장해 '손바닥 편지'로 감흥을 이어갔다.
'사진 속 세상'에선 사진기자들이 한 컷으로 잡아낸 광주와 삶이 생생하게 그려졌다. 이렇듯 유례없는 지역신문을 선보인 1주일 뒤인 4월 30일, 광주드림은 창간 기념 시민 한마당을 열었다. 북구 비엔날레공원 야외공연장에서 그야말로 오진 한판이 벌어졌다.
광주드림의 새 출발을 알린 자리였는데, 다채로운 프로그램이 준비됐다. 광주 사람 누구나 광주에 대해 이야기할 수 있는 '징 치고 이야기하고', 또랑깡대 김명자 씨의 '슈퍼댁 씨름대회 출전기', 광주 가객 정용주의 노래 모음이 흥을 돋웠다.
광주의 어제와 오늘을 그림과 영상으로 만나는 마당도 함께 펼쳐졌다.

🟦 기사 쓰다 감전될 수도 있겠구나

수많은 기획 특집 코너가 있었지만 광주드림의 진가는 기자들이 발로 뛰어 포착하고 고발한 현장의 기록, 이른바 스트레이트 기사였다. 창간 이틀날 바로 확인 가능했다.

'교사들 행사에 앞치마 동여맨 학부모들'이라는 제목의 교육 관련 기사가 대표적이다.

교사 배구대회가 진행 중이던 광주 모 초등학교에 들른 김창헌 기자의 눈에 띈 현장 고발이었다.

"배구 경기가 한창인데 벤치에는 앞치마를 두른 여성 20여 명이 탁자 위 음식물을 치우고 있었다. 빈 소주병, 맥주병, 남은 수박, 상추, 고기 등을 걷어낸다. 깨진 맥주병을 쓸어 담는다. 식탁보를 말아 쓰레기 봉투에 넣는다. 한쪽에선 연기 속에서 고기를 굽고 있다." (기사 중)

교사들 체육대회에 학부모들이 뒤치다꺼리하는 풍경이 눈에 그려지는 듯하다.

기자는 '이게 맞나?'라는 의문에서 출발해 관련자들의 입장을 들었다. 실상 김 기자가 더 놀란 건 취재 과정에서 만난 당사자들의 반응이었다. 기자가 생각했던 것과는 딴판이었다.

"이미 학교 운영위원회에서 논의됐던 사안입니다.", "학부모와 교사가 이웃사촌인지 모르냐?", "당연한걸 가지고 왜 그러냐?" 등등.

잘못된 관행이 확실했지만 현장에선 전혀 체감못하는 현실이 더 큰 문제로 다가왔다. 결국 기자가 직접 목격한 이 현장은 창간 이튿날인 23일 자 지면에 보도됐고, 지역사회 이슈가 됐다.

보도 이후 학부모 일부가 광주드림 사무실로 찾아와 항변했다. "우리가 좋아서 한 일"이라는 것이었다. 역설적이게도 광주드림에겐 이같은

광주 모초등학교에서 벌어진 교사 배구대회에 허드렛일로 동원된 학부모들 모습.

소란이 나쁘지만은 않았다. 광주드림의 존재감을 각인시키는 계기가 됐기 때문이다.

교육 현장에서 '실력' 아래 짓눌린 '인권'을 주목하고 환기 시킨 것으로, 사회적 약자의 목소리를 크게 듣겠다는 창간 정신 구현으로 보기에 충분했기 때문이다.

'기자실을 거부하며 현장을 무엇보다 중요하게 생각하겠습니다'는 광주드림이 독자들과 한 15가지 약속을 실천한 기자의 산물이었다.

늘 현장에 있던 이라면 이성훈 기자도 빼놓을 수 없다. 그는 창간 초기 프로야구를 담당했다. 해서 그의 출입처는 늘 야구장이었다. 타이거즈 경기가 있는 날이면 홈(당시 무등경기장)과 원정 가리지 않고 구장으로 향했다.

하지만 신생 언론사의 야구기자가 KBO(한국야구위원회)나 KIA 구단으로부터 인정받고, 대접받으며 취재할 여건은 아니었다. 1층 덕아웃

쪽 기자실 출입은 애초부터 불가했다. 그럼에도 취재를 하겠다는 일념의 이 기자는 표를 끊고 관중석으로 가 자리를 잡았다.

당시만 해도 무등경기장 관람석은 정해진 자리가 없는 구조였다. 말 그대로 선착순인 셈이다. 때문에 이 기자는 다른 관중들보다 훨씬 일찍 경기장으로 향했다. 취재하기 좋은 자리, 이른바 '명당'을 선점하기 위해서다.

이 기자에게 명당이란 어떤 자리였을까?

시야가 확 트인 곳이어야 마땅하리라. 또 하나, 더 중요한 게 있었다. 바로 콘센트 옆자리다.

관중석에서 야구 기사를 쓴다는 건 보통 고역이 아니다. 좁은 의자에 앉아, 탁자도 없으니 노트북을 무릎에 올린 채 써야 한다. 이렇게 3시간여 경기 내내 버티려면 노트북 충전이 필수적일 수밖에 없다. 때문에 이 기자는 어느 관중들보다 먼저 구장에 들어가 콘센트 옆자리를 선점해야만 했던 것이다.

경기가 끝난 뒤 편하게 쓰면 되는 것 아니냐고? 말도 안되는 소리다. 당시 무등야구장은 경기가 끝나면 5분 내 구장 조명이 아웃됐다. 이뿐 아니다.

광주드림 편집국에선 모든 지면 편집을 마감하고 야구 경기 결과만 기다리고 있는 상황이어서, 경기 종료 후 최대한 빠른 시간 내 원고를 마감해야 하는 게 야구기자의 숙명이었다.

때로는 이보다도 더 최악 상황이 벌어지기도 한다. 비가 오는 가운데 진행되는 경기다. 아예 폭우가 내린다면 경기가 중단돼 기자로선 다행일 수 있다. 하지만 그 정도는 아니고 간헐적으로 내리는 경우엔 재앙 수준이다. 우산을 받치고 써야 하기 때문이다.

펼친 우산을 머리와 어깨로 지지하고, 노트북 자판을 두드려야 하는 풍경을 상상해보라. '이러다 감전되는 것 아냐?'는 두려움이 엄습했다는 게 훗날 이 기자의 고백이다.

그래도 이 같은 노력이 헛되지 않아, 구단 측도 어느 순간 이 기자를 배려하기에 이르렀다. 테이블이 있는 좌석을 배정받게 된 것이다.

이같이 관중석에서 쓴 프로야구 기사는 다른 신문과는 확연히 다른 결이었다. 관중들과 함께 호흡하는 현장의 분위기가 물씬 풍겼다.

광주드림에 대한 애사심이 어느 때보다 컸던 창간 초기, 직원들은 신문이 배포돼 독자들에게 전달되는 현장 분위기 체험도 진행했다.

신문사 사무실이 있던 남구지역 아파트 단지를 대상으로 전 직원이 2인 1조로 새벽 시간 직접 배포에 나선 것이다.

우리가 만드는 신문의 가치를 체감하고, 제작 외 현장에서 광주드림을 위해 밤낮으로 활동하는 이들의 노고를 느껴보기 위해서였다.

이처럼 사무실이 있던 남구는 광주드림의 보금자리였지만, 또한 취재 최일선 현장이기도 했다. 이게 남구청과 악연으로 이어졌다.

물론 창간 당시엔 분위기가 달랐다. 창간하고 얼마 되지 않아 당시 황일봉 남구청장이 진월동 광주드림 사무실을 방문했다. "관내에 일간신문 본사가 생긴 건 처음"이라며 축하와 격려를 위한 행차였다.

앞으로 서로 잘 지내보자며 손을 잡고, 덕담을 나눴지만 이날 쌓았던 정은 오래가지 못했다.

'불가근불가원'이 딱 이때 들어맞는 용어였으리라. 남구 관내에 사무실이 자리 잡으니, 기사들의 동선은 그야말로 남구를 휘젓고 다닐 수밖에 없었다.

눈에 띄는 게 많았으니, 기삿거리도 남구 관련이 많았다. 특히 비판 기사의 표적이 된 남구청은 금세 심기가 불편해졌음을 굳이 숨기지 않았다.

공원을 허물어 마트를 짓겠다고

갈등의 정점이 남구 봉선동 일명 '석산공원' 사태다.

2004년 5월 어느 날, 앞산뒷산 취재차 오른 봉선동 제석산을 내려오는 길에 목격한 풍경에서 얘기가 시작된다. 제석산은 도심 지척 '너무 이뻐서 화가 된 산'이라는 한탄이 절로였던 곳이다. 하필 '광주의 강남'이라 불리는 봉선동에 인접해 있어, 가진 자들 보금자리로 깎이고 패인 상처가 깊었던 탓이다.

산림 곳곳 채마밭에 주민들이 숱하게 오르내려 산책로가 도로 마냥 탄탄하고 넓게 다져져 훼손된 산을 허허로운 마음으로 내려오다, 대규모 아파트 단지를 조성하기 위해 다시 깎이고 있는 부지가 눈에 들어왔다. 지금 포스코, 쌍용예가 등이 들어선 봉선2지구다.

이 공간에서 특히 눈에 밟힌 건 붉은 대지 한가운데 외로운 섬처럼 솟아있던 동산이었다. 훗날 사람들이 '석산'이라 불렀던 도심 공원 부지였다. 도시계획 상 분명 공원으로 계획돼 있던 곳인데, 주변에 아파트 부지를 조성하면서 파헤쳐져 밑둥이 깎이고 보니 절벽 위 솟은 동산이 기이해 보이는 형상이었다. 상한 잇몸에 터 잡은 이처럼 위태로워 보였다.

어쩌면 공사 주체들이 의도적으로 밑을 도려낸 것 아닌가 하는 의구심이 들 정도로 인공적인 직각이 상부의 위험을 배가시켰다. 오래 기억에 남은 풍경이었지만, 당시엔 그 내막까지 들여다볼 생각은 못했다.

하지만 이곳을 진앙으로 한 큰 지진이 머지않아 불어닥쳤다. 훗날 '석산공원 사태'로 불리게 되는데, 광주드림 초창기 외부와 치렀던 가장 큰 전쟁이었다. 언론과 모기업의 관계가 외부적으로 어떻게 이해되는지를 보여주는 사례로 각인돼 있기도 하다.

그해 6월 6일 '공원 부지 팔아 민원 해결?'이라는 제목의 보도가 사태의 시발탄이었다. "남구청이 봉선2지구 택지개발사업을 하면서 공원 부지인 동산을 훼손하고 있다"는 비판이었다.

당시 계획에 따르면 남구청은 인근 유안매립장(6000여 평)을 택지지구로 새로 편입하고, 기존 공원지구로 지정돼 있는 동산(석산·4800여 평)은 공원 부지에서 해제하는 절차를 밟고 있었다. 대신 아파트 뒤편인 봉선동 산61-2번지 일원(3500여 평)을 공원으로 대체 지정하겠다는 것이었다.

공원 부지에서 해제된 5000여 평은 상가 및 준주거용지로 용도 변경해 분양하겠다는 계산이었다. 분양대금으로는 민원이 빗발쳤던 유안매립장 쓰레기를 처리하고, 근린공원 조성비로 보태겠다는 구상을 구체화했다.

2004년 6월, 봉선2지구 개발이 진행되면서 부지 한가운데 공원 녹지가 파헤쳐져 붕괴 지경에 이르렀다. 일명 석산공원으로 불렸던 이 부지는 후일 용도 변경해 마트가 들어서면서 지역사회 큰 논란이 일었다.

과거 쓰레기 매립장이었던 유안근린공원은 도시계획시설 지정만 돼 있었지 실제 공원 조성이 이뤄지지 않아 주민 민원이 많았고, 이를 해결하기 위한 재원 마련을 위해 석산공원을 대형마트 부지로 파는 셈이었다.

본보는 이 같은 남구청 행정을 겨냥해 '공원 헐어 판매시설 용지로, 남구청-건설사 짜고친 고스톱' 등 비판적인 보도를 이어갔다.

특히 남구청이 석산공원 부지 해제 사유로 내세우고 있는 '사면 붕괴로 인한 기능 상실'은 택지 조성 시 무분별한 굴착에 따른 것이어서, 구청이 애초부터 녹지를 지키려는 의지가 부족했던 것 아니냐는 비판도 더했다.

해당 사안은 광주시 도시계획 심의 등 절차와 맞물려 있어 광주지역 뜨거운 감자가 됐다. 행정의 합법성·절차성이 쟁점이었던 석산공원 사태는, 남구청에서 "광주드림이 모기업인 빅마트의 이해를 반영해 편파 보도한다"는 프레임으로 반격하면서 2차 논쟁이 촉발됐다.

"빅마트는 당시 봉선동에 규모 있는 매장을 운영 중이었는데, 봉선2지구 석산공원 자리에 대형마트가 들어오면 매출에 영향을 받을까봐 택지개발사업에 딴지를 걸고 있다"는 것이다.

이 같은 행정의 반격에도 불구하고 광주지역 시민·환경단체는 광주드림의 보도에 힘을 보태고, 남구청을 향해선 도시계획 변경 계획을 철회하라고 촉구했다.

"근린공원 부지를 매각해 민원을 해결하려는 남구청의 계획은 행정 편의주의적 발상"이라면서 "특히 대형판매시설을 유치하기 위해 근린공원을 매각한다면 광주 도시계획에 차질을 가져올 수 있으며, 향후 다른 자치단체에서 유사한 행정행위를 규제하지 못하는 등 잘못된 선례를 남기게 된다"고 강조했다.

이른바 석산공원 사태는 이듬해 봄까지 이어졌다. 해당 논란에 대한 최종 결정권자인 광주시는 장고 끝에 악수를 둬 사태를 더 악화시켰다.
2005년 3월 열린 광주시 도시계획위원회가 남구청이 재상정한 봉선2택지지구 내 근린공원 4200평 중 2700평을 준주거지역으로 용도 변경하는 내용으로 조건부 의결한 것이다.
이날 시 도시계획위원회는 석산 1488평을 공원 부지로 유지하되 나머지 2700평을 1필지로 매각할 수 있게 했다. 남구청이 이 부지에 판매시설을 유치할 수 있게 해준 것이다.
이 같은 조건부 의결에 대해 남구청의 석산공원 용도변경안을 반대해 왔던 시민·사회단체와 해당 지역 주민들의 반발이 이어졌다.
참여자치21은 "시민·환경단체는 그동안 이 같은 남구청의 행정행위가 원칙에 맞느냐, 안 맞느냐를 지적했는데 도시계획위원회가 사실상 남구청의 손을 들어줬다는 데 우려를 금할 수 없다"며 "이번 결정은 지자체가 언제든 공사만 벌이면 공원 부지를 상업용지로 바꿀 수 있다는 선례를 남겼다"고 지적했다.
광주 경실련도 "도시계획위원회의 결정이 대단히 유감스럽다"며 "원칙을 제시해야 될 전문가들이 현실과 타협해 버렸으며 편법을 묵인하고 도시 전체의 공공성을 확보하는 도시계획 본래의 취지를 내팽개친 것"이라고 비판했다.
비록 구청의 논란이 된 행정을 제대로 바로잡진 못했지만 "지역사회의 공론장"이라는 언론의 역할을 각인시키기에 충분한 사건이었다.
창간 첫해 9월엔 광주드림의 특종이 전국적으로 빛났다. 주한 미국대사가 광주에 와 비밀리에 5·18묘지를 참배했는데, 이 현장을 광주드림이 사진으로 찍어 보도한 것이다.
광주비엔날레가 열렸던 2004년이었다. 이 시기 광주에선 1980년 5월 광주항쟁 당시 신군부의 무력 진압은 미국의 승인 없이 이뤄질 수 없었다는 점을 근거로 반미 기운이 사그라들지 않고 있었다. 이때 미국대사가 광주 학살 희생자들이 묻혀 있는 5·18묘지를 참배한 건 그야말로 사건이었다.

크리스토퍼 힐 주한 미국대사의 광주행이 예고돼 있긴 했다. 광주비엔날레 참관을 명분으로 해서다. 또 같은 시기 광주아메리카센터도 개소식을 앞두고 있었다.

대학생들은 가만있지 않았다. 1980년 5월 신군부의 '광주 학살'에 대한 미국 책임을 묻고 있었기 때문이다. 학생들은 미 대사 동선에 맞춰 비엔날레전시관 입구에 진을 쳤고, 경찰도 만일의 상황에 대비해 병력을 배치하면서 팽팽한 긴장감이 감돌았다.

이 현장에 광주드림 김태성 기자가 카메라를 들이대고 있었다. 하지만 크리스토퍼 힐 대사는 이곳에 나타나지 않았다.

그때 경찰차량 주변에 있던 김 기자는 귀가 번쩍 뜨이는 소리를 들었다. 밖으로 흘러나온 경찰 무선 교신 내용이었다. '힐 대사가 망월동 5·18묘지에 갈 것 같다. 도로 통행로를 확보하라'는 것이었다.

오후 5시가 돼 가는 시간이었다. 김 기자는 부리나케 달려갔다.

진짜였다. 힐 대사 부부가 5·18묘지를 참배하고 있었다. 이렇게 이 역사적인 현장은 광주드림 카메라만 담을 수 있게 됐다. 공식적으론 취재가 허용되지 않은 상황. 김 기자는 5·18묘지관리사무소 직원인 양 따라붙어서 특종 사진을 찍을 수 있었다.

'용감한 희생자들을 추모하기 위해 깊은 존경심과 슬픔을 안고 이곳에 왔다. 그들은 항상 우리에게 기억될 것이고 그들의 기억은 우리 모두를 감동시킬 것이다.'

당시 힐 대사가 묘지 방명록에 남긴 글이다.

 이명박 시장 5·18 부적절 파안대소 '찰칵'

창간 다음 해인 2005년, '드림 179호'를 시발로 한 광주드림이 더 무르익어간 한 해였다. '시민공감 지역신문'이란 자리가 더 굳건해진 건 말할 나위가 없다.

그해 2월 '블랙리스트, 광주 문화행정에도 있었다'는 기사가 광주를 발칵 뒤집어 놓았다. 광주시립문예회관이 시립 예술단 노조원 복직 여부를 성향에 따라 판정하고 있다는 사실을 폭로한 기사였다.

광주문예회관 직원이 보낸 메일을 확인한 정현주 기자가 작성했다. 그가 받은 메일엔 '재위촉 탈락자 복직 관련 검토 보고'라는 문서가 첨부돼 있었다.

문예회관 '주무부서 의견'으로 4명의 해고 노조원을 강성파와 온건파로 구분한 뒤 복직의 '허가', '불가'를 건의하는 내용이었다.

당시는 광주시립예술단에 소속된 단원들이 노조를 만들고, 문예회관 측은 '실력 부족'을 이유로 오디션에서 탈락시켜 해고하면서 복직 투쟁이 이어지던 상황이었다.

이런 시기 문예회관 주무부서는 2명에 대해선 '강성'으로 "복직 시 예술단 운영에 막대한 지장을 초래할 수 있어 불가"하고, 나머지 2명에 대해선 "온건 성향으로 복직을 건의한다"는 내용이 적시돼 있었다.

이 같은 내부 문서가 실수로 일부 기자들에게 메일로 뿌려진 것으로 추측됐다. 당시 광주드림은 이 같은 정황을 파악한 뒤 내부 논의를 거쳐 기사화하기에 이른다. 하지만 같이 메일을 받았던 다른 매체에선 기사화가 이뤄지지 않았다.

기사의 파장은 컸다.

복직 투쟁을 벌이고 있던 노동자들은 문예회관 측의 '블랙리스트'라며

2005년 4월, 이명박 당시 서울시장이 광주에 와 5·18묘지 참배 후 유영봉안소에서 파안대소하는, 부적절한 모습이 광주드림 카메라에 찍혔다.

강력 반발했고, 문예회관 측도 수습에 나섰다.

"이 문서는 상부에 보고되지 않았고, 담당자 입장에서 쓴 사견에 불과하다"고 해명했다.

되레 기사를 쓴 기자에게 "실수로 보낸 문서로, 사회적 파장이 클 텐데 영웅심리로 기사화한 것"이라고 힐난하기도 했다.

이 같은 변명에도 불구하고 문예회관 내부에서 작성된 이 문건이 보여준 진실은 분명했다.

"오디션을 강성 노조원 정리 장치로 악용하고 있다"며 단원들이 줄곧 제기해 온 의혹을 문예회관 스스로 확인시켜 준 것에 불과했다.

4월에도 전국을 떠들썩하게 만든 기사가 광주드림을 통해 보도됐다. 이번에도 사진이었다.

이명박 당시 서울시장이 파안대소하는 모습이었다. 웃는 게 뭔 대수일까마는, 그 사진이 찍힌 장소가 문제였다. 5·18묘지 유영봉안소. 1980년 5월 민중항쟁 당시 신군부에 항거하다 목숨을 잃은 광주시민들의 영정사진이 모셔져 있던 바로 그 공간이다.

이명박 당시 시장은 5·18 한 달여 전인 4월 광주에 와 묘지를 참배하던 참이었다.

당시 대권 후보로 거론되던 이 시장의 5·18 행보는 언론의 조명을 받았다. 광주드림 김태성 기자도 근접해 동행하며 그의 일거수일투족을 기록 중이었다.

이날 이 시장은 묘소 참배 후 예의 유영봉안소로 들어갔다.

그런데 이 시장이 엄숙한 이곳에서 갑자기 고개를 젖히고 웃기 시작한 것이다. 수많은 5월 희생자의 영정사진을 배경으로 활짝 웃고 있는, 이 시장의 엽기적인 모습이 광주드림 카메라에 고스란히 담겼다.

이 장면은 '이명박 시장의 부적절한 파안대소'라는 제목의 사진기사로 광주드림에 실렸다.

이 사진은 오마이뉴스를 통해서도 보도돼 전국적인 이슈가 됐다.

곧바로 서울시청이 대응에 나섰다. 당시 시청 대변인실은 "이 시장이 코가 막혀서 푸는 과정에서 고개를 젖힌 것"이라고 해명했다.

섣부른 짓이었다.

창간 후 1년여 지난 당시 광주드림 사진기자들이 갖고 있던 카메라는 '캐논1D 마크3'로 전국 일간지 중에서도 최고 기종이었다.

광주드림은 서울시 해명 이후 연속으로 촬영된 사진 6장을 다시 게재해 '이게 코막힘 푸는 표정인가?'라며 재차 고발했다.

대선 후보로 거론되던 이명박 시장으로선 치명적인 순간이었다.

"이런 사람이 대통령을 넘본다고?", "위선을 보고 있는 게 슬프다." 이 시장을 향한 비난의 목소리가 높아만 갔다.

서울시는 급기야 본보에 "저작권을 사겠다"는 제안까지 했다. 본보는 팔 생각이 없었으므로 가격은 묻지 않았다.

그런데 이 시장은 그 엄숙한 유영봉안소에서 왜 그렇게 파안대소했을까? 며칠 뒤 이광재 기자가 취재해 웃음의 내막을 보도했다.

동행한 이의 농담에 이 시장의 웃음보가 터졌다는 것이다. 당시 이 시장의 좌우엔 서울시 대변인과 강서구청장이 있었다.

그런데 강서구청장이 유영봉안소를 나서면서 이 시장에게 한마디 한 게 문제였다. "이곳 명칭이 제 이름과 같습니다"라고 했다는 것. 강서구청장 이름이 유영이었다.

광주드림은 2004년 창간과 함께 '쓴소리꾼'을 운영했다. 말 그대로 광주드림 지면 제작과 보도에 대해 거침없이 비판하고 조언하는 역할이었다.

'쓴소리꾼'들은 "빅마트 신문 되지 마라"는 등 거침없이 주문했고, 드림은 이같이 곤혹스런 비평도 지면에 그대로 반영했다.
2005년 7월, 본보는 '쓴소리꾼'의 후신으로 새로운 시스템을 도입했다. 독자위원회다.
지역신문발전 지원 서류 제출을 위한 요건으로서도 독자위원회 구축이 필요하기도 했다. 발단이야 어찌 됐든 독자위원회가 꾸려진 이상 제대로 운영하겠다는 다짐으로 2023년 현재까지 위원회를 이어오고 있다.
시초였던 1기 독자위원회는 김광훈 광주환경운동연합 정책기획팀장, 정찬호 광주전남민주노총 총무기획국장, 전진숙 광주여성민우회 사무처장, 김용목 (사)실로암사람들 상임이사, 김경숙 맥지청소년사회교육원 사무처장, 김성재 조선대 교수, 박선화 참교육학부모회 사무국장, 김길수 변호사, 김지원 광주전남문화연대 사무국장 등으로 구성됐다. 명망가 중심이 아닌 현장에서 활동하신 분들을 주요 위원으로 모시고자 했다.
"신문 창간 시 빅마트서 한다고 해서 우려했다. 하지만 전라도닷컴이 추구하고 있는 고집을 알고 있던 터라 기대도 있었다. 현재 종이신문은 유일하게 광주드림만 구독한다. 나머지는 인터넷으로 보는 수준이다. 내가 1979년부터 살았지만 광주에 대해 잘 모른다. 광주드림은 광주의 구석구석의 얘기들을 펼쳐 보여서 반갑다. 드림을 보면서 내가 광주에 대해 정말 모르고 있구나 실감했다. 이런 점이 다른 신문과 차별점이다. 좋다."
1기 첫 회의에서 행한 김용목 위원의 발언이다.
전진숙 위원도 거들었다.
"며칠 전 지역의 시민단체 사무처장 모임이 있었다. 모인 사람 가운데 광주드림에 쓴소리를 하는 사람은 전혀 없었다. 기자들이 뛰어다니는 것이 보인다고들 했다. 다른 신문들의 경우 앉아서 쓰는 것이 많다. 심지어 인터뷰한 적도 없는데 했다고 나온 적도 있다."
물론 쓴소리도 나왔다.
"독자위원들이 각자의 영역에만 관심을 두면, 자칫 자기 관련 분야만 많이 보도되면 좋은 신문인 양 평가할 수 있다. 우리가 우리 영역만 눈치켜뜬다면 다른 부분은 놓치는 것이 많을 것이다. 스포츠·연예 부문을 연합뉴스에 많이 의존해 신문이 가볍게 보인다. 남구 소식지 같은 느낌이 들 때도 있다. 광주엔 5개 구가 있는데 '정말 광주의 신문이구나' 할 수 있도록 발로 뛰어야 할 부분이 많다." 김광훈 위원의 고언도 있었다.
김경숙 위원은 "아파트서 첨 접하고 기존 일간지와 비교할 때 발로 뛰었다는 느낌이 왔다"면서 "제 관심 분야를 다른 신문과 비교해 보면 발품이 느껴져 애독자가 됐고, 주변에서도 칭찬이 자자하다"고 말했다.
첫 번째 독자위원회엔 하상용 발행인도 참석해 위원들의 의견을 경청했다.
그는 "주변 사람들이 잘 살아야 빅마트가 산다. 그 차원에서 전라도닷컴을 만들어서 성공했다. 광주드림도 그 모델을 찾고 있다. 수차에 걸친 지면 개편은 체질에 맞는 형식을 찾아가고 있는 과정이라 인정해 달라. 지금의 체제는 여러 번의 변화 중 가장 나은 것"이라면서 "7월부터 별도법인으로 독립했다. 모양을 갖춰가고, 바람직한 회사 형태로 변해가고 있다. 지금은 성공할 수 있겠다는 자신감이 점점 커져 간다"고 말했다.

🔶 모기업이 보복을 당하다

2005년 6월 어느 날, 광주시가 빅마트 전 매장을 대상으로 소방과 위생 점검에 나섰다. 다중이 이용하는 판매시설에 대한 점검은 당연하지만, 시행 시점과 점검 방법이 통상적이지 않아서 "광주드림의 비판적 보도에 광주시가 모기업 보복에 나선 것"이라는 해석이 많았다.

광주드림은 창간 후 줄곧 광주시정에 대한 감시와 견제에 충실했고, 광주시는 가장 비판적인 매체라고 불편한 표정을 숨기지 않았던 때다. 실제로 광주드림은 남구 석산공원에 대한 남구청과 광주시의 편법 행정을 꼬집었고, 광주시 제2청사 재매입과 관련해 특정 업체에 대한 특혜 의혹도 지적했다.

시민들의 여론을 거슬러 추진하려던 광주시의 중앙공원 특급호텔 건립 계획에도 끈질기게 문제를 제기, 결국 '사실상 사업 포기' 결정을 끌어내기도 했다.

이와 같은 상황에서 불거진 광주시의 통상적이지 않은 빅마트 단속은 오해를 부르기에 충분했다. 광주드림은 모기업에 대한 보복 행정 의혹과 관련, 내부 논의를 통해 입장을 정리해 공표했다.

광주시의 '빅마트 행정보복'에 대한 광주드림의 입장

'시민공감 지역신문'을 표방하고 지난해 4월 22일 창간한 <광주드림>은 발로 뛰는 취재와 차별화된 보도로 행정에 대한 감시와 견제를 해왔다. 감시와 견제를 위해 '쓴소리'를 마다하지 않았다.

남구 석산공원에 대한 남구청과 광주시의 불법적 행정을 꼬집었고, 광주시 제2청사 재매입과 관련해 특정 업체에 대한 특혜 의혹을 지적했다. 시민들의 여론을 거슬러 추진하려던 광주시의 중앙공원 특급호텔 건립계획도 철저히 끈질기게 문제를 제기했고, 결국 시는 '사실상 사업 포기' 결정을 내렸다. 이 결과 <광주드림>은 광주시로부터 '가장 비판적 매체'라는 불평 섞인 평가를 받았지만, 그것은 언론의 입장에서 차라리 영광스런 일이었다.

본보는 최근 "참 일꾼을 뽑아야 지역이 산다"는 취지 하에 내년 지방선거를 앞두고 광주시장 후보군에 대한 여론조사를 실시, 지난 21일 기사화했다. 후보군에는 현 광주시장도 포함됐다. 결과는 약 20일 전 실시한 타 언론사 조사와 큰 차이는 없었지만, 현 광주시장이 경쟁 후보보다 오차범위 안에서 낮은 지지도를 보이는 것으로 조사됐다.

그런데 우연의 일치인지, 이날부터 본보의 모기업인 빅마트 전 매장에 대해 광주시의 갑작스런 소방 점검과 위생 점검이 이뤄졌다. 다중이 이용하는 판매시설에 대한 점검은 당연하지만, 시행 시점과 점검방법이 통상적인가에 대해 매장 관계자들조차 반문할 정도였다.

때문에 광주일보(24일자)와 오마이뉴스(25일자) 등에선 각각 "광주시가 '빅마트 단속'?" "광주시장 여론조사 보도 뒤 들이닥친 단속반원" 등의 보도에서 본지의 여론조사에 대해 보복성 단속 의혹이 있다고 지적하고 나섰다. 이 과정에서 특히 위생 점검의 경우 "빅마트 본점과 지점 11개소는 본청(시청)이 직접 실시하고, 나머지 대형 할인점은 자치구에서 실시하라"는 광주시의 공문이 확인됐으며, 본보의 취재 과정에서도 '광주시의 표적 행정 정황'을 뒷받침하는, 위생 및 소방 점검에 참가한 일부 관계자들의 증언을 확보할 수 있었다. 이 같은 상황에 대해 참여자치21 박광우 사무처장은 "'표적'이라는 의심을 사기에 충분한 행정행위이며, 그게 만일 사실이라면 광주시장이 행정을 정치적으로 이용함으로써 시민들을 배신했다고까지 할 수 있는 엄청난 일"이라고 평했다. 광주 경실련 김재석 사무처장은 "광주시의 수준이 그 정도인가"라고 개탄하기도 했다.

광주시 관계자는 "당초 계획에 있었던 일"이라 한다. 물론 계획은 있었다. 하지만 확인 결과 '그 날짜에 그런 방식'으로 한다는 구체적 계획은 아니었다.

때문에 '광주시의 수준이 그 정도인가'라는 말이 무리한 비판으로만 들리지 않는다. 물론 격무에 시달리면서도 묵묵히 제 임무를 수행하는 대다수 일반 공무원은 여기서 말한 '광주시'에서 제외된다. 이 같은 수준의 보복성 행정을 하라고 지시한 '결정 라인'을 두고 한 말이다.

언론사는 공익성이 강조된 기업이다. 그럼에도 일부 언론의 '모기업 방패막이용' 행태는 언론 개혁 당위성의 근거가 돼온 게 사실이다. 이 같은 언론 개혁에 대한 사회적 분위기 속에서 탄생한 <광주드림>은 창간 이후 편집 보도에 있어서 모기업과의 독립성을 대전제로 했고, 그 정신을 지켜왔다. 그럼에도 이번 사태에 있어서 광주시는 <광주드림>과 모기업을 혼동하는 태도를 보이고 있다.

이 자리를 빌려 광주시에 경고를 해야 하는 상황은 대단히 유감스러운 일이다. 하지만 사태를 여기까지 몰고 온 데 대한 책임은 광주시에 있다. 이번 사태의 본질은 본보의 여론조사 보도에 대해 불만을 품은 행정적 보복이고, 막강한 행정력을 이용해 언론사의 모기업에 압박을 가하는 언론 탄압임을 <광주드림>은 분명히 밝혀두는 바이다.

이는 민주주의 사회에서 있을 수도 없는 일이고, 민주와 인권의 도시인 광주에서는 더더욱 있어서는 안 될 일이다. 시민의 의사가 반영된 여론조사 결과가 탐탁지 않다해서 언론에 보복을 일삼는 행위는 곧 민의에 대한 정면 도전이기도 하다.

또한 이번 사태에 대해 <광주드림>의 고민이 있었음을 고백한다. 모기업에 관한 일이기에 기사화할 경우 '옳고 그름' 여부를 떠나, 혹시 독자들에게 부정적 인상으로 비칠지 모른다는 우려 때문이었다.

하지만 광주시의 형평성에 어긋나고, 행정을 정치에 종속시키려는 태도는 모기업과 언론의 관계를 떠나 지적해야 마땅하다. 그것이 언론의 역할이기 때문이다. 그리고 독자들에게도 전할 가치가 있다는 게 <광주드림>의 최종 판단이었다.

광주시는 '행정 보복' 지적에 대해 나름의 할 말이 있을 것이다. 하지만 그 진실에 대한 평가는 11개월 뒤 치러질 지방선거에서 광주시민들의 몫으로 남는다.

<광주드림>은 그때까지 시민들이 '참된 일꾼'을 뽑을 수 있도록 보다 정확하고 공정한 정보를 제공할 것이다.

광주드림 일동

배달다방의 도시 광주, 어두운 질주

창간 초기 의욕이 넘쳤던 광주드림 기자들은 기획 기사도 탁월했다. 그중 7월 윤현석 기자가 심층 취재한 '배달다방의 도시 광주, 어두운 질주' 시리즈는 당시 사회 문제로 떠오른 커피 배달 오토바이와 일탈적 성문화를 고발하며 지역사회에 경종을 울린 수작이었다.

시리즈는 '미자'(미성년자)를 고용한 배달다방들이 광주에서 판을 치고 있다는 문제 제기로 출발했다.

다방에서 뛰쳐나온 '미자'들과 이들을 보호하고 있는 청소년단체들에 따르면, 광주만큼 배달다방이 많이 운영되는 지역이 없다는 게 당시 현실이었다. 도심에서 성매매까지 버젓이 벌어지고 있는데 경찰이나 행정기관의 단속이 이뤄지지 않는 실태 등을 고발했다. 일그러진 '차 배달' 문화 속에 아무런 보호장치 없이 방치되고 있는 청소년의 실태를 고발한 기획 시리즈는 창간 초기 광주드림의 의제 설정 능력을 보여주기에 충분했다.

기사는 이렇게 시작했다.

"광주의 도심 도로에서 아찔한 옷차림의 여성을 뒷좌석에 태운 오토바이들이 활개를 치고 있다. 안전 장비도 없이 차 사이를 곡예 운전하듯 빠져나가는 오토바이들은 모두 '차 배달'을 위한 것. 24시간 내내 개인 사무실, 소규모 공장, 영업소, 모텔 등 안 가는 곳이 없다.

이들 여성들이 거의 대부분 미성년자, 그것도 외지에서 찾아온 10대 여성들이라는 사실을 아는 이는 그리 많지 않다.

또 시간당 3만 5000원에서 5만 원을 받고 시내 한복판 사무실이나 모텔에서 버젓이 성매매를 하고 있는데도 경찰이나 행정기관의 단속 손길은 미치지 못하고 있다.(이하 생략)"

이렇게 화두를 던진 시리즈는 배달다방의 '불법·탈법 실태', '쉼터 ㅊ양의 증언', ('외지 '미자' 광주로 광주로'), '관계기관 두 손 놓았나' 등의 목차로 4차례 게재됐다.

시리즈에 소개된 쉼터 ㅊ양의 증언이 배달다방 천국 광주의 실상을 제대로 보여줬다.

ㅊ(19) 양은 16살때인 2002년 경기도 안산 집에서 가출했다. 맨 먼저 PC방에서 일할 곳을 찾았다. 구인 사이트에 '일하고 싶다'는 내용의 글을 남기고 연락처를 적어놓자 곧바로 전화가 쇄도했다. 모두 광주·전남지역의 다방들이었다.

이때부터 ㅊ 양은 3년 동안 다방 10여 곳을 전전하며 속칭 '오봉'으로 살았다. 그러다가 이달 초 경찰의 단속에 걸린 후 광주시청소년종합지원센터 쉼터에 머물고 있다.

"어느 순간부터 광주시내 중심지에서는 짧은 치마의 아가씨들을 뒷좌석에 태운 오토바이를 수도 없이 볼 수 있게 됐다. 최신가요까지 크게 틀고 차 사이를 요리조리 피해 가는 이 오토바이들은 모두 '차 배달'을 위한 것이다. 예향, 민주·인권, 문화, 최근에는 일등까지 각종 수식어구를 찬란하게 들이대는 인구 140만 명이 넘는 광주의 대낮 풍경치고는 꼴불견이 아닐 수 없다. 게다가 광주에서 유독 배달다방이 잘 된다는 소문에 외지에 있는 10대 가출 여중·고생들이 몰려든다는 이야기를 들었을 때는 정말로 부끄러웠다."

윤 기자가 밝힌 해당 기획 배경이다. 이처럼 발로 뛰고 끈질기게 물고 늘어지는 게 광주드림 기자들의 정신이었다.

그해 11월에도 그랬다. 당시 광산구 송정역 근처 한 유흥주점에서 불이 났다. 이 불로 2층 방에 있던 여성 2명이 탈출하지 못하고 연기에 질식돼 뇌사 상태에 빠졌다.

발생 초기 단순 화재로 보였다. '끌텅'을 파는 광주드림의 참모습이 발휘되지 않았다면 분명 그렇게 기록되고 말았을 것이다. 남들이 무관심하게 지나쳤거나 한번 훑고 넘어갈 일을 끝까지 물고 늘어진 정신이 특종을 일궈냈다.

이지은 기자는 최초 이 사건을 경찰 발 보도자료로 접했다. 단순 화재 사건으로 알고 현장을 둘러본 뒤 기사도 그렇게 작성했다.

당시 이 기자는 블로그 활동에 열심이어서 자신이 작성한 기사와 취재 뒷얘기 등을 올리곤 했다. 이 사건 기사도 마찬가지로 포스팅했다.

이후 블로그에 댓글이 달렸는데 내용이 심상찮았다. 내막을 잘 아는 이해당사자로 보였다.

댓글엔 불난 곳이 성매매 업소이고 자신 역시 그곳에서 일했다고 적혀 있었다. 해당 업소를 운영하는 업주도 잘 안다는 내용이 더해졌다.

이 기자는 곧바로 움직였다. 심층 취재에 들어간 것이다. 그 결과 밝혀진 진실은 놀라웠다.

화재가 난 곳은 비상구 없는 집창촌이었다. 화재를 진압한 소방 당국에 확인해 보니 외부와 통하는 문은 1층 출입구가 전부였다. 2층에서 1층으로 이어지는 문은 강화유리 - 보온덮개 - 스티로폼 - 보온덮개 - 강화유리 등 5겹으로 막혀 있었다.

창문이 있었지만, 장롱으로 막혀 있어 탈출구 구실을 할 수 없는 구조였다는 것도 드러났다.

무엇보다 제보자가 주장했듯 이곳이 성매매 업소였는지 확인하는 게 중요했다. 취재할수록 이와 같은 의심이 짙었다.

사고 직후 구성된 '송정리 성매매 업소 화재 사건 대책위원회'와 피해자 가족들이 화재 현장에서 찾아낸 콘돔과 영업 장부, 여종업원 일기장이 이를 증언하고 있었다.

일기장에선 '감금 생활'을 추측할 수 있는 단서도 있었다.

이 기자가 대책위와 함께 사건의 내막을 파헤치는 동안 안타까운 일들이 이어졌다. 화재 당시 질식했던 여종업원 2명이 사고 10여 일 만에 사망한 것이다.

이 기자는 국립과학수사연구원의 부검에도 직접 참관하는 등 사건의 실체적 진실을 밝히기 위해 분주하게 움직였다. 이 같은 탐사 끝에 경찰과 업소의 유착 관계 등을 고발하는 기사가 이어졌다.

사고의 전모도 명확해졌다. 최초 수사기관의 발표와 달리 단순 화재 사건이 아니었다. 현장에선 성매매도 이뤄졌다는 사실도 확인됐다. 이 같은 내용은 당시 경찰의 발표 내용으로도 분명하다.

"(업주) 김 씨는 ㅍ주점을 비롯해 ㅊ·ㄷ주점의 실질적 업주로서 지난 2002년 9월 경남 진주에서 일하던 여종업원 1명을 선불금 3000만 원

2005년 11월, 광산구 송정동에서 발생한 화재 사건이 지역사회 큰 파장을 일으켰다. 단순 화재로 묻힐 뻔했던 이 사건은 광주드림이 집중 취재해 성매매 업소라는 것이 확인됐다.

에 고용하기로 하고 근로계약서와 함께 현금보관증을 강제로 작성하게 하였으며, 일을 그만둔다고 하면 '너 빚이 얼마인데 어디 가냐?'고 협박, 성매매를 강요했다는 피해 사실을 확보했다."

'비상구 없는 집창촌 예고된 화재'를 비롯한 송정동 성매매 업소 화재 사건의 진실을 파헤친 본보 보도는 그해 광주전남민주언론시민연합이 수여하는 민주언론상을 수상했다.

화재 사건 뒷면 심각한 인권 유린이 있었다는 사실을 취재로 밝혀낸 본보 보도는 업주가 구속 수감된 뒤인 2006년 11월까지 1년여 동안 이어졌다. 현장에서 눈을 떼지 않고 '끌텅'을 파는 광주드림의 끈기를 보여준 것이다.

'노동자·농민 등 사회적 약자의 목소리에 더 귀 기울이겠다'라는 광주드림 창간 정신에 부합하는 현장에 가장 많이 발길을 한 이 중 한 명이 황해윤 기자다.

2005년 10월의 마지막 날도, 그는 그랬다. 시민자치부 소속인 황 기자는 출근하자마자 바로 선배를 닦달하기로 마음 먹었다. 얼마 전부터 계속 마음이 순천 쪽으로 향해 있었던 터였다. 현대하이스코 순천공장 비정규직 노동자 61명이 타워크레인을 점거했다는 소식이 들리고, 며칠이 지났지만 사 측의 봉쇄로 물과 음식 반입이 끊기고 경찰의 강제진압이 예고되는 등 일촉즉발의 상황이 계속되고 있었기 때문이다.

당시 광주드림은 '광주'에 집중하자는 정신으로 전남지역의 사안을 직접 취재하는 일이 드물었다. 그저 통신사 뉴스 등으로 짤막한 소식만 다루곤 했다.

하지만 황 기자가 보기엔 순천공장 사태가 너무 심각하게 흘러가는 것 같았고, 그런 긴박함과는 다르게 광주는 너무 평화로워 보였다. 무엇보다 그 현장에 서 있고 싶었다.

10월 31일 아침, 황 기자는 베팅하는 심정으로 당시 사수였던 윤현석 기자에게 조심스레 이야기를 꺼냈다. 아침 회의 보고 전이었다.
"선배, 현대하이스코 순천공장 상황이 심각한데요. 거기 현장에 한번 가고 싶어요."
왜 가야하는지, 왜 가고 싶은지 주저리주저리 풀어놓는 이야기를 듣더니 윤 기자는 "좋아, 가게 해줄게. 기다려"라고 시원한 답을 남기고 오전 데스크 회의에 들어갔다.
그리고 십여 분 후 회의실에서 나온 윤 기자가 말했다.
"가자. 준비해. 대신 운전은 네가 해라."
오호라. 이야기가 잘 되더라도 혼자 가게 될 줄 알았는데 선배까지 든든하게 동행해 준다니, 황 기자로선 입사 이후 가장 신이 났던 순간이었다.
당시 순천까지 가는 도로가 썩 좋지 않았고 운전도 힘들었지만, 다시 오기 힘든 기회였다. 황 기자와 윤 기자는 그렇게 그날 현대하이스코 비정규직 노동자들이 타워크레인을 점거하고 농성을 벌이고 있는 현장에 있었다.
예상은 하고 있었지만 현장은 훨씬 더 아비규환이었다. 공장은 요새 같았고 수많은 경찰력이 공장을 옹위하고 있었다. 막아선 경찰 앞에선 가족들의 울부짖는 소리가 끊이질 않았다. 점거 농성에 들어간 지 8일째를 넘어서고 있었다. 가족들과 동료들은 사 측에 식수나 음식을 전달하게 해달라며 시위를 벌였다.
현장의 광경은 말 그대로 비현실적이었다. 사 측이 고용한 용역업체 직원들과 경찰이 같은 곳에 서서 같은 일을 하고 있었다. 경찰이 '보호'하고 있는 것이 노동자가 아닌 공장이라는 게 황 기자 눈에는 굉장히 이상해 보였고 충격적이었다.

현대하이스코 비정규직 노동자들은 원청회사로부터 작업 지시를 받는 등 원청 정규직과 똑같이 일하지만, 형식적으로 하청업체 소속이었다. 말이 하청업체이지 사실 불법파견이나 다를 바 없었다.

그해 6월 14일 노동자들은 열악한 노동조건과 차별, 고용 불안 등을 해결해 보기 위해 노동조합을 결성했다. 하지만 실제 사용자일 수밖에 없는 현대하이스코는 직접 사용자가 아니라며 대화에 나서지 않고, 권한이 없는 하청업체들은 노조를 설립하자 곧바로 폐업, 제대로 협상 한 번 해보기도 전에 조합원 120여 명이 사실상 해고됐다.

7월 17일 노조 지회장이 근무하는 업체 폐업을 시작으로 한 달여 동안 차례로 총 4개의 하청업체가 폐업했다.

절박해진 노동자들은 급기야 10월 24일 새벽 1시 30분 크레인을 점거했다. '원직 복귀'와 '노조 인정' 등을 주장하며 20m 높이의 크레인에서 시너 등을 소지한 채 농성에 들어간 것이다.

윤 기자와 황 기자가 현장에 있었던 그 날은 특히나 긴장감이 팽팽했고, 많은 사람이 중재를 위해 현장에 나타났다. 국가인권위원회 광주사무소 직원들이 찾아와 공장장과의 면담을 요구했지만 경찰을 통해 되돌아온 사 측의 대답은 "안된다"였다.

이후 당시 민주노동당 단병호·심상정·이영순 의원 등이 공장 정문을 찾았다. 농성자들을 위한 식료품을 전달하기 위해 바리케이드 앞으로 나아간 심 의원이 당시 정인균 순천경찰서장에게 따져 물었다.

"경찰이 왜 안에 있어야 되는 것이냐. 기업의 재산은 지키면서 노동자의 목숨은 내팽개치느냐"고 따졌지만 역시 '안된다'는 답변만 있을 뿐이었다.

다음엔 허준영 경찰청장이 전용 헬기를 타고 공장에 도착했다. 그는 크레인 점거 농성 중인 해직 근로자들에 대한 대책회의를 가진 뒤 "사전에 충분히 대화로 농성을 푸는 노력을 하지만 안될 경우 불시 진압이 불가피하다"며 "인도적 차원에서 식료품 제공은 사 측에 권유해 보겠다"고 말했다.

"농성자 가족, 순천시장, 인권위 직원, 국회의원 등이 와도 열릴 줄 모르며 '치외법권' 지역처럼 굳건한 하이스코 공장 문은 경찰에게만 자유로웠다. 비정규직 노동자에 대한 차별이 이 사태의 근본적인 문제임에도 불구하고 이를 해결하려는 어떤 노력도 없는 가운데 그들의 희생만 강요되고 있는 현장이었다."

당시 윤 기자와 황 기자가 보도한 기사 마지막 부분이다.

마감 시간 때문에 서둘러 편집국으로 복귀해야만 했지만 마음은 여전히 그곳에서 떠나지 못했다.

그날 이후 황 기자는 광주드림에서의 대부분의 시간을 노동 담당 기자로 일했다.

🔶 선거 보도, 드림만의 방식으로

광주드림이 2004년 4월 예정된 국회의원 선거일을 피해서 창간일을 정한 건 후보들에 대한 제대로 된 검증 보도를 위한 준비가 부족하다는 판단에 따른 것이었다.

그렇게 2년여가 흐르고 맞이한 2006년 5월, 이 해엔 지방선거가 예정돼 있었다. "선거 보도, 이젠 제대로 해보자"는 기운이 충만했다.

선거일은 2006년 5월 31일이었다. 전국 동시 지방선거다. 지방행정과 지방의회 일꾼을 뽑는 중요한 선거였으므로 언론으로선 후보자 면면을 제대로 검증해 독자들에게 바른 정보를 주는 것이 최대 사명이었다. 그렇지만 지방선거 출마자는 너무 많아서 한 언론이 후보자 전체를 들여다보고 감시한다는 건 애초부터 가능한 일이 아니었다. 광주광역시만 해도 시장·시교육감과 함께 5개 자치구청장까지만 해도 후보가 수십 명이었다.

여기에 20여 명에 달하는 광주광역시의원과 5개 구의원 후보까지 더하면 족히 100여 명을 넘는 입지자가 유권자의 선택을 호소하며 선거운동에 열을 올리고 있었다.

광주드림은 무엇보다 지역 언론으로서 풀뿌리 일꾼이라는 지방자치단체장과 지방의원 후보의 면면을 검증, 유권자들의 현명한 판단을 유도한다는 목표로 선거 보도에 임했다.

하지만 현재의 기자 인력만으로는 취재력의 한계를 느끼지 않을 수 없었다. 무엇보다 언론이 광역단체장과 광역의원 등에 초점을 맞추다 보니 상대적으로 더 주민들과 밀접한 기초의원 검증은 사실상 손을 놓는 현실을 피하기 어려웠다.

그 틈을 타 기초의원 입자자 중엔 파렴치 전과 등 자질 미달자들이 수두룩했다.

광주드림은 선거를 두 달여 앞둔 4월, '5·31선거 제대로 알고 제대로 뽑자'라는 슬로건을 내걸고 선거 보도 준칙을 만들어 시민들에게 공표했다. '선거 보도 이렇게 하겠습니다'라는 알림이었.

유권자들의 관심 유도와 선거 참여, 후보자들에 대한 공약 등 자질 검증을 위한 기준이다.

첫 번째, 시민과 함께 선거 보도를 이끌어가겠다고 선언했다.

지방선거를 앞두고 시민기자 모집에 들어간 이유다. 시민기자들의 발품을 통해 동네 곳곳 선거 관련 소식과 각종 제보를 끌어내고자 했다.

두 번째, 후보 간 선의 경쟁을 전쟁의 장으로 비화시키는 전투적 용어를 사용하지 않겠다고 선언했다.

또 유권자들에게 선거 불신과 냉소를 조장할 수 있는 표현과 보도도 지양하겠다고 강조했다.

세 번째, 후보자보다 유권자의 입과 발을 중심에 놓고 보도하겠다는 입장을 천명했다. 선거의 진정한 주인인 유권자를 관전자로 놓고 후보자의 동선만 따라다니는 보도는 하지 않겠다는 의미였다.

네 번째, 특정 정당 후보에게 유리한 보도를 하지 않겠다는 다짐을 실었다. 선거는 공정한 경쟁이 전제돼야 하는 것으로, 엄정한 정치적 중립을 지키겠다는 선언이었다.

다섯 번째, 선거가 지역 의제를 발굴하는 장이 되도록 하겠다고 강조했다. 유권자들이 생각하는 지역 현안, 후보들이 준비한 지역 의제를 적극 반영해 선거가 지역 발전에 필요한 의제를 드러내는 공간이 되도록 하겠다는 다짐이었다.

여섯 번째, 불법적인 선거운동은 묵과하지 않겠다는 의지도 강조했다. 선거관리위원회와 함께 불법 선거운동에 대한 예방과 감시 활동을 벌이겠다는 입장을 전했다.

일곱 번째 원칙은 시민사회단체의 정책·공약과 자질 검증 활동을 적극 지원하겠다는 것이었다.

여덟 번째는 선거 기간 유언비어나 상대 후보 비방 등에 대해선 철저한 검증 후 보도하겠다고 했다. 무책임한 폭로전으로 선거가 혼탁해지지 않도록 하겠다는 언론사의 자세와 관련한 것이었다.

아홉 번째는 선거 비용 절감이나 바람직한 선거 문화를 선도하는 운동 사례는 적극 보도하겠다는 약속이었다.

마지막 열 번째는 사실 보도와 해설 보도를 엄격히 분리해 유권자의 주체적 판단을 돕도록 하겠다는 다짐이었다.

이와 같이 선거 보도 준칙을 세워, 독자들에게 천명한 뜻은 언론의 기능과 역할은 오로지 시민들의 삶에 도움 돼야 한다는 것이 광주드림의 정신이라는 걸 알리기 위해서였다.

선거 보도 준칙은 선언에만 그치지 않고 구체적으로 실현에 들어갔다.

"항상 바른 언론 돼라" 후원의 밤

2006년 4월 28일, 광주드림 창간 2주년과 월간 전라도닷컴 통권 50호 기념 행사가 열렸다. 이름하여 '광주드림·전라도닷컴 힘내라!' 후원의 밤이었다. 그해 4월 28일 조선대 정문 앞 한 호프집이 무대였다.

앞으로도 '첫 마음' 잃지 않고 걸어가겠다는 기자들의 다짐에 독자들의 격려와 지지가 호응한 자리였다.

하상용 발행인은 "'시민공감 지역신문' 광주드림이, 그리고 '전라도 사람·자연·문화'가 어우러지는 월간 전라도닷컴이 지금까지 열심히 달려올 수 있었던 것은 독자들의 사랑 덕분"이라며 "우리만의 기념식으로 그치지 않고 독자들과 함께 후원의 밤 행사를 연 것도 이 때문"이라고 감사의 마음을 전했다.

이날 광주드림은 <선술집 풍경>을 연재한 화가 박문종 씨, 월간 전라도닷컴에서 <전라도 말맛>과 <왜 이 책이야>를 연재하는 이기갑 목포대 교수와 평론가 김형중 씨 등 두 매체에 힘을 실어주고 있는 필진과 항상 응원과 질책을 아끼지 않으며 '독자가 늘 지켜보고 있다'는 걸 일깨워주는 독자 황익순 씨, 월간 전라도닷컴을 주변 사람들에게 선물하

2006년 4월 28일, 조선대 근처 호프집에서 광주드림 후원의 밤이 열렸다.

며 전라도 사랑을 키워나가고 있는 이용교 광주대 교수에게 각각 감사패를 전달했다.

독자들은 밤 12시 행사가 끝날 때까지 자리를 지키며 "항상 시민과 함께하며, 바른길 가는 언론이 돼라"고 격려했다.

이 같은 지지와 격려가 '시민공감 지역신문' 광주드림의 방향타였다.

'시민적 가치에 지면을 제공한다'는 원칙은 이의 연장선이었다.

그리고 이 같은 정신의 구체적 산물이 시민기자 제도다.

광주드림 시민기자는 2006년 5월 지방선거를 앞두고 첫선을 보였다.

진정한 의미의 '동네 일꾼'을 잘 뽑기 위해 마을 곳곳을 감시하고, 제보하는 역할을 제시하며 공개 모집에 들어간 것이다.

그해 4월 본보 '알림'에 시민기자 제도의 의미가 담겨있다.

이에 따르면 광주드림이 시민기자를 모집하는 뜻은 '독자들의 참여 통로를 보장하고, 광주 곳곳을 들여다 보겠다'는 의지의 일단이었다.

특히 5·31 지방선거에 집중해 운영될 시민기자는 불·탈법 사례 고발, 시민의 눈으로 후보자 검증, 유권자가 바라는 후보자 등 선거 관련 이슈를 추적하고 알리는 역할을 하기 위함이라고 명시했다.

당시 모집된 시민기자의 기사 작성은 인터넷과 전화로 이뤄졌고, 사실이 확인된 기사는 시민기자 이름으로 보도하겠다는 세부 방침도 제시했다.

이렇게 채택된 기사에 대해선 소정의 고료 지급도 원칙으로 했다.

"그동안 지켜보기만 하기엔 답답하고 분통 터졌던 현장을 고발해 달라"는 주문에 당시 60여 명의 시민이 응답했다.

광주드림 시민기자의 탄생 순간이다. 이렇게 모집된 시민기자를 5개 조로 나눠 본사 기자 1명씩 연계해 소통토록 했다.

시민기자 명함과 취재 수첩을 제공해 소속감을 높였다.

이 같은 준비 과정을 거쳐 활동에 들어간 시민기자들은 '유권자 괴롭히는 여론조사' 등의 기사를 송고하며 활동을 본격화했다.

"… 기초의원 북구 마 선거구 민주당 경선에서는 2명의 후보를 뽑았으나 한 예비후보가 경선 과정에 문제를 제기하고 승복하지 않는 바람에 지난달 24일부터 이틀간 주민들을 대상으로 여론조사를 실시했다. 때문에 이 기간 유권자들은 본인 의사와 상관없이 휴대폰이나 집으로 걸려 오는 여론조사 전화 공세에 시달려야 했다.…"

당시 심홍섭 시민기자의 기사 중 일부다.

상복을 입고 유세전에 나선 이색 후보의 일화도 시민기자가 아니었다면 지면에 실리지 못했을 것이다.

"이장 출신의 시장 후보가 아들과 함께 시골 장터를 찾아 농민들에게 한 표를 호소하고 있다. '농촌이 망했습니다. 우리가 죽느냐! 사느냐! 는 여러분의 손에…'"

박선제 시민기자가 남원에서 잡아낸 유세 현장 표정이다.

시민기자들은 비단 선거 관련 보도에만 머무르지 않았다.

그해 5월 1일 정형근 시민기자는 '경찰서 현관에 버티고 있는 서장님 차'라는 제목의 기사를 작성했다.

"주차장도 아닌 곳에 검은 승용차 한 대가 떡하니 버티고 있었다. 경찰에게 물었더니 '서장님 차량'이라는 답변이다. 잠시라지만 주차장도 아닌 곳에, 더구나 많은 사람이 오가는 현관 길목을 막고 차량을 세워놓아야 할까. 여전한 '권위주의' 현장. 휴대전화 카메라로 한 컷 찍어 시민들에게 고발한다." 당시 기사 중 일부다.

시민기자들은 각자 몸 담고 있는 현장, 관심 있는 주제에 대해 거침없는 글 쓰기를 이어갔다.

김미정 시민기자는 "광주드림으로 꿈을 이뤘다"면서 시민기자 활동

소감을 장문으로 남겼다. 해당 글을 옮긴다.

광주드림으로 꿈을 이루다

고등학교 때 꿈이 기자였다. 당시 유지인 이영하 주연의 '불행한 여자의 행복'이라는 영화를 보고 기자가 되고 싶다는 마음을 가졌다. 유지인이 기자로 나왔는데 그 모습이 멋져 보였던 것이다. 어렸을 때부터의 꿈은 아니었지만 영화 속 주인공에 빠져 순간 꿈이 되었다.

꿈은 꿈으로 삼십여 년의 세월을 살아왔다. 대학 다닐 때 학보사 기자 시험에 도전해 꿈을 이뤄보려 했지만 실현되지 않았다. 선배의 질문에 답을 제대로 하지 못해서였다.

지금은 시간이 지나 잘 생각이 나지 않지만, 독서에 관한 질문으로 기억한다. 선배가 원하는 답이 아니었던지 '독서에 취미가 없네요'하는 말을 들었다. '독서에 취미가 없다니요?' 선배의 독단적인 결론에 화가 나서 이렇게 되물었던 기억이 난다. 결과적으로 기자가 되지를 못했다.

무심코 들여다본 광주드림의 기사는 내 빛바랜 꿈을 실현시켜 주었다. 오랜 세월 가슴에서도 멀어져 있었던 기자라는 20대의 꿈을 이룬 것이다. 생활하면서 부딪치는 사회의 불합리한 점들을 제기해 공론화시키는 일을 하고 싶다는 생각이 들었던 순간이었다.

특별한 자격 요건이 있는 것도 아니고, 대학 학보사 시험처럼 선배의 면접이 있는 것도 아니고 '시민이면 된다'는 게 마음에 들었다.

(2006년) 6월 22일 광주드림 시민기자단 첫모임을 가졌다. 저녁 7시, 주부로서는 늦은 시간이었다. 아이들이 학교에 다녀와 엄마의 역할이 필요한 시간이었다. 외출하기 위해 가족에게 타당한 이유를 말해야 했다. 이유를 밝혀야 부재를 납득할 것이기 때문이다.

중학교에 다니는 아들에게 말했다. '엄마가 기자가 되었다.'

의아해 하는 아들에게 과거 엄마의 꿈도 말했다. 고등학교 다닐 때 꿈이 기자였다는 이야기를 하면서 말을 이었다. 30년이 지난 지금 꿈을 이루었다는, 약간은 과장되고 흥분된 듯한 어조였다. '엄마가 이제 와 생각하니 꿈이란 추상적인 것이지만 마음 속에서 삶을 인도하는 것 같구나. 비록 정식 시험을 치른

기자는 아니지만 엄마는 과거의 꿈을 이루었다. 마음속 기자의 마음을 담고 살았기에 이런 결과를 만들 수 있지 않았겠냐?'
아들의 반응을 살피면서 자랑하듯 이야기했다.
'사람이 살면서 과거의 꿈은 잃어버린 듯 현실적으로 살아가지만, 현실은 꿈을 반영하면서 살아간다.' '엄마 20대의 꿈이었지만 그것은 내가 살고 싶었던 삶의 방향이었다'는, 조금은 철학적인 말까지 곁들였다.
아들은 엄마가 하는 말을 알았다는 듯 고개를 끄덕였다. 오래 묵혔던 나의 꿈은 어쨌든 실현됐고 아들은 그런 엄마를 조금은 존경의 눈빛으로 바라봤다.
꿈이란 '하고 싶은' 것이다. 그렇게 살고 싶은 것이 꿈이며 살아갈 이유 의미가 되는 것이다. 자신도 잊고 있었던 기자라는 명예를 달고 보니 생각하는 대로 삶은 이어져 갈 것이라는 느낌이 든다.
이제 할 일을 찾은 듯하다. 마음 속에 투덜거리며 안 된다고만 했던 생각을 속만 끓이지 않고 말을 하고 싶다. 그리고 도드라지게 주목을 받지는 않지만, 성실히 최선을 다해 사는 우리 이웃의 이야기를 말하고 싶다. 이것이 내가 오랜 꿈을 실현한 이유이며, 소시민으로서 바위에 계란을 던지는 일일 수도 있지만 세상에 대한 외침이다.

김미정 시민기자 스스로의 뿌듯함이 이와 같았으니, 이 같은 제도를 만들어 운영하는 광주드림의 자부심까지 뿜뿜하지 않을 수 없었다. 광주드림 시민기자 1기가 이렇듯 강렬하게 출발했다.

신문사 앞 학교, 불편한 동거

'불가근불가원'이 언론과의 적당한 거리일진대, 하필 광주드림 사무실 길 건너 위치한 학교가 잡음이 많아 마르지 않는 취재원이 됐다.

여고와 상고 등을 운영하는 사학재단인데, 재단 이사장이 여러 가지 비리로 수사선상에 자주 오르내리던 인물이다 보니 눈을 감지 않고서야 기삿거리가 보이지 않을 수 없었다.

2006년 4월 '교사에 담보대출 종용 재단 유입'이란 기사도 그중 하나다. "해당 사학재단이 소속 교사들에게 퇴직금 담보대출을 종용, 대출받은 돈을 재단 측에 유입시키고 있다"라는 의혹이었다.

사립학교 교사들이 재단 측 요청을 거부할 수 있었을까? 이를 뿌리치지 못한 교사들이 개인당 4000~6000여만 원을 대출받아 지정된 계좌로 입금하고 있다는 사실을 보도했다.

이렇게 입금받은 계좌도 재단 명의가 아닌 제3의 인물의 통장이어서 '돈세탁' 의혹도 함께 제기됐다.

입금 시기는 감사원이 실시한 사립학교 특감에서 이 재단의 비리가 적발돼 검찰에 수사 의뢰된 때와 겹쳤다.

"감사에서 세금 탈루가 드러나 20억 원대 추징금을 물게 된 재단이 교사들에게 재정적 도움을 요청한 것"이라는 해석이 있었다.

그 규모를 파악하기 위해 광주드림이 대출을 주관하는 사학연금관리공단에 문의한 결과 한 달 새 퇴직금 담보대출을 받은 이 재단 소속 교사가 20명이 넘는 것으로 확인됐다.

본보는 당시 교사들의 이 같은 고발 내용을 확인하기 위해 학교 측과 재단 측 관계자에게 수차례 통화를 시도하고, 학교도 찾아갔으나 재단 측은 만남과 통화를 피하고 입을 다물었다.

광주드림을 통해 사회적 파장이 상당한 보도가 나가면서 추가 제보도 속속 들어왔다. 교사들이 퇴직금 담보대출 이외 신용대출 요구에도 시달려 왔다는 것이다. 이를 후속으로 보도했다.

이 사학재단의 부조리는 여기서 그치지 않았다.

"2002년부터 2005년까지 4년간 교비와 특기 적성 교육비 15억 4000만 원을 횡령했다"는 정황이 포착돼 교사단체가 검찰에 고발한 것이다.
하지만 이 사건을 수사한 검찰은 '횡령 혐의를 입증할 수 없다'라며 학교 이사장에 대해 무혐의 처분하면서 교원단체의 반발을 불렀다.
해당 학교에 대한 언론의 비판적인 보도는 계속됐다.
각종 비리로 낙인찍힌 학교를 개혁하기 위해 일부 교사들이 전교조에 가입했지만, 학교 측이 노조 활동을 보장하지 않고 탄압한다는 기사로 연결됐다.
급기야 전교조 광주지부 소속 교사들이 이 학교 정문 앞에서 합법적인 노조 활동 탄압하는 재단을 규탄하는 피켓시위를 벌이기도 했다.
이 같은 내용이 광주드림을 통해서 지속적으로 보도되자 학교 측은 적대감을 숨기지 않았다. 어느 날은 특정 지역에 배포된 광주드림 신문이 뭉텅이로 사라지는 일이 벌어졌다.
자신들에게 불리한 보도가 실린 신문을 쓸어간 것으로 파악한 광주드림은 해당학교에 공식 항의했다.
광주드림이 현장에서 건진 특종은 교육 분야에서 특히 많았다. 대표적인 것이 신설학교 교구납품 비리 고발이다.
2006년 8월이었다. 교육 담당이었던 필자는 당시 북구 신안동에 있던 전교조 광주지부에 들렀다가 '큰 건' 냄새를 맡았다. 무슨 내용인지는 구체적으로 말하진 않았지만, 전교조가 제보받은 학교 비리 문서가 있고, 이를 어떻게 해야 효과적으로 발본색원할 수 있을지에 대한 고민이 깊다는 게 관계자의 말이었다.
광주드림에 제공해 달라고 요청했지만 확답을 받진 못했다.
무엇보다 해당 문건을 제공한 제보자가 신원 노출을 극도로 꺼린다는 게 난관이었다. 그를 보호하면서 파장을 극대화하는 방안을 찾아야 한다는 것이다. 전교조는 당시 여러 방안을 놓고 저울질 중이었다. 그중 수사기관에 제출하는 것과 기자회견을 여는 안을 앞자리에 놓고 있는 것으로 보였다. 필자가 제보자를 만나게 해달라고 부탁했지만, 신원 노출에 민감한 상황이라 매번 부정적인 피드백이 돌아왔다. 그러다 몇 차례 시도 끝에 드디어 그를 만날 수 있었다.

광주지역 한 중학교 교장 박모 씨였다.

일단 만나서 얘기하다 보니, 그도 결심이 섰는지 전말을 들려줬다. 광주지역 신설 학교 교구 납품 비리가 구체적으로 고발되고, 이후 발본색원된 특종의 출발이었다.

당시 박 교장은 광산구 한 신설학교 개교 준비를 위해 미리 부임한 상태였다. 그곳에는 행정실장 윤모 씨도 발령이 나 함께 근무하게 됐다. 교사는 아무도 없고, 두 사람이 개교 준비를 책임져야 했다.

신설 학교는 말 그대로 건물만 있지 교실 등 모든 공간이 빈 상태로, 개교 준비는 교구와 가구 교보재 등 업체를 선정하고 납품받아 시설을 구축하는 것이 핵심이었다.

이 과정에서 문제의 문건이 작성됐다. 신설 학교 비품 구입 리베이트 액수가 적힌 A4 한 장이었다.

행정실장이 업체로부터 받은 리베이트를 친필로 작성, 교장에게 보고한 것이다.

방송 자재 납품업체 200만 원, 어학 기자재 납품업체 300만 원, 컴퓨터 업체 650만 원, 사무기 업체 100만 원 등 리베이트 총 액수가 2580만 원이라고 적혀 있었다.

박 교장은 행정실장이 자신과 상의 없이 업체들을 임의로 선정하고 받은 리베이트 액수에 놀랐다. 그리고 자신에게 문건을 건넨 건 비리의 공범으로 묶기 위한 술책으로 봤다.

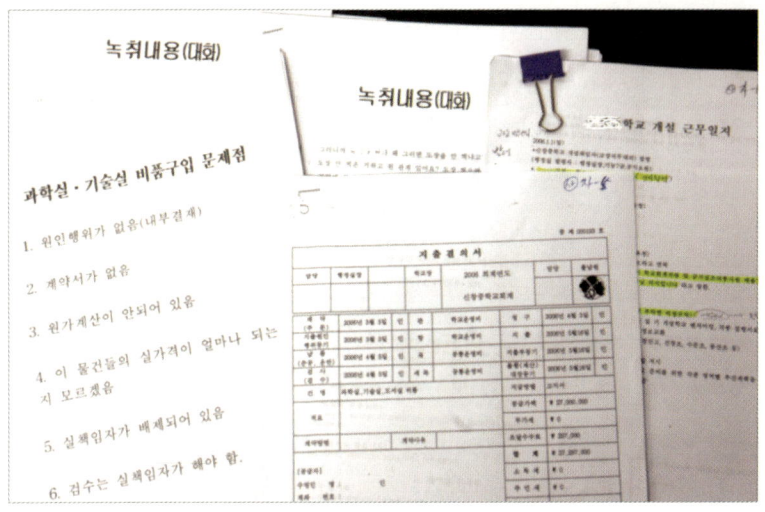

2006년 8월, 광주드림이 신설학교 교구 납품과 관련한 리베이트를 확인한 특종을
보도해 전국적인 파장을 일으켰다. 당시 본보가 입수한 비리 관련 문건과 녹취록.

묵과할 수 없는 일이었다. 그때 행정실장이 작성해서 건넨 문건을 따로 챙겨뒀던 박 교장이 이를 전교조에 제보한 것이다.

필자는 사안의 중대성을 간파했고, 이와 같은 유사한 비리 재발 방지를 위해선 언론에서 대대적으로 보도하는 게 필요하다고 설득해 박 교장의 동의를 끌어냈다.

그렇게 해서 '리베이트 2580만 원 확인, 신설학교 비품 비리 사실로'라는 제목의 첫 보도가 나갔다.

보도의 파장은 엄청났다. 아침에 일어나니 교육청 여러 부서, 경찰·검찰 등 수사기관 관계자, 광주시의회 몇몇 의원, 친분 있는 언론사 기자 등등의 전화가 빗발쳤다.

다른 언론까지 연일 대서특필하면서 광주지역 신설 학교 비품 구입 전수 조사가 진행됐다. 그 결과 중국산을 국산으로 속여 납품하고 시방

서와 다른 허접한 가구가 자리를 차지하고 있는 등 갖가지 부조리가 속속 드러났다.

신설 학교뿐만 아니었다. 일반 학교 기자재도 같은 문제가 불거졌다. 수사가 확대됐고 교장, 행정실장, 납품업자 등 여러 명이 기소됐다.

이는 광주시의회 행정사무감사에 이어 그 해 광주시교육청을 상대로 한 국회 국정감사에서도 핵심 쟁점이 됐다.

반년 동안 광주지역 교육계를 뒤집어 놓은 특종이었다.

이 보도는 이후론 교구 납품 비리가 발붙일 수 없게 만든 결실로 이어졌다.

지역신문발전법 지원 배제 논란

2006년 11월 광주드림은 정부 주관 지역신문발전특별법에 따른 기금 지원 신청서를 제출했다.

앞서 2005년, 처음으로 같은 기금 신청서를 제출해 지역신문발전특별위원회(위원회)의 실사까지 받았지만 최종 절차에서 고배를 마신 이후 두 번째 도전이었다.

하지만 두 번째 신청에선 위원회 결의로 '심사 배제' 통보를 받았다. "무가지여서 지원이 어렵다"라는 이유에서였다.

1년 전 첫 번째 신청 당시 실사까지 경험한 바 있고, 이후 아무런 제도 변화가 없는 상황에서 심사 배제는 부당하다는 본보 입장을 위원회에 공개 질의 형식으로 제출했다.

다음과 같다.

지역신문발전위원회에 드리는 광주드림 공개질의서

1. 절차적으로 위원회의 조치는 위법 논란을 낳고 있습니다.
위원회는 2005년도 1차에 이어 2006년도 2차 기금 신청 공고를 할 때도 '무가지 제외' 방침을 밝힌 바 없습니다. 때문에 광주드림은 위원회에서 규정한 심사 기준 등에 따라 2년 연속 기금지원 신청서를 제출했습니다.
광주드림은 2005년도 1차 기금 지원 신청에 참여해 당시 서류 심사를 통과하고 실사까지 받았습니다. 하지만 2006년도 2차에선 위원회가 법을 달리 적용함에 따라 심사에서 제외됐습니다. 동일한 법을 1년 사이에 각기 달리 적용한 것입니다.
지역신문발전특별법(이하 특별법)이 정한 지역신문발전기금 지원 대상은 '문화관광부에 일반일간지로 등록한 지역에서 발행되는 신문'입니다.
특별법 지원 대상에서 '무가지'를 제외한다는 법규는 어디에도 없습니다. 광주드림은 2004년 4월 창간, 2005년 7월 모기업으로부터 법인을 독립한 무료 일반일간신문입니다.
위원회는 신문법에서 무가지에 대한 지원을 제한하고 있기에 특별법 역시 이를 준용한 것으로 알려져 있으나, 서로 별개인 두 법을 위원회가 임의로 끌어다 해석한 것으로 보입니다.
결국 위원회가 자체 회의를 통한 '방침'으로 광주드림을 기금지원신청 심사 중 실사 과정에서 제외시킨 것은 법을 뛰어넘는 월권행위라고 볼 수밖에 없습니다. 이에 대한 위원회의 견해를 밝혀 주시기 바랍니다.

2. '무가지와 유가지'라는 구분은 지원 심사의 기준이 될 수 없습니다.
위원회는 무가지와 유가지의 차이를 언급하면서, 광주드림이 선정되면 다른 무가지들도 지원해야 할지 모른다는 우려를 이유로 광주드림을 제외시켰다고 밝혔습니다. 위원회가 우려하는 무가지는 일반일간신문의 형태를 띤 사실상 광고지로, 이들은 광고 비중이 전체 지면의 50%를 넘습니다.
위원회는 이미 지역신문발전기금 지원을 받기 위한 '필수요건'으로 광고비중 50% 이하를 규정한 바 있습니다. 사실상 위의 무가지들의 신청을 차단한 것입니다. 또한 이들은 중앙지이므로, 지역신문과는 무관합니다. 만약 이들이 기금 신청을 원한다면 광고 비중을 절반 이하로 줄여야 하는데, 이들은 그렇게까지 하면서 기금을 신청할 이유가 없습니다. 때문에 무가지에 대한 위원회의 우려는 '기우'입니다.

광주드림이 무가지를 발행하는 이유는 현재 유료 독자가 밑바닥까지 떨어진 지역 일간시장에서 유가신문이 가진 한계(독자 감소 - 여론 영향력 약화 - 광고 감소 - 수익 감소 - 지면 질 저하 - 독자 감소의 악순환)를 극복하고 좋은 신문을 만들기 위한 고민의 결과입니다.

또한 광주드림은 창간 이후 정론지의 기본을 지키기 위해 일부 광고 수익의 손실을 감수하면서 광고비율 50% 이하를 유지해 왔습니다.

광주드림은 위원회가 '무가지' 논리가 형식에 얽매인 것으로 판단하고 있으며, 형식논리를 벗어나 내용적으로 판단해줄 것을 요구합니다. 이에 대한 견해를 밝혀주시기 바랍니다.

3. 지역신문발전지원특별법의 취지에 어긋나는 조치입니다.

특별법을 만든 목적은 "지역신문의 건전한 발전 기반을 조성하여 여론의 다원화, 민주주의의 실현 및 지역사회의 균형 발전에 이바지함을 목적으로 한다(법 제1조 목적)"입니다. 이 같은 법 취지와 '유가지 및 무가지'의 구분이 어떤 관계가 있는지 밝혀주시기 바랍니다.

특별법의 내용상 취지는 결국 건전한 지역신문에 대한 선택과 집중을 통해 지역 신문 시장의 정상화 및 구조조정으로 알고 있습니다. 좋은 신문을 집중 지원하자는 것입니다. 지역에서 평판도나 내용상 좋은 신문이 어느 신문인지 위원회에서 판단해야 할 것입니다.

광주드림은 무가와 유가의 형식적 구분을 뛰어넘어 '지역에서 건강한 언론을 만들겠다'는 지역신문의 노력을 위원회가 지원하는 게 당연하고, 또한 그것이 특별법의 취지에도 합당하다고 생각합니다. 이에 대한 위원회의 견해를 밝혀주시기 바랍니다.

이에 대해 지역신문발전위원회는 3가지 쟁점을 드림에 설명했다. 다음과 같다.

1. 위원회 회의를 통해 '방침'을 정했다.
위원들이 회의를 통해 '무가지에 대한 지원은 지역 신문 발전 특별법이 밝힌 취지에 맞지 않다'고 방침을 정했다.

2. 무가지와 유가지는 병행 발전할 수 없다.
무가지 시장이 확대되면서 유가지들이 위축받고 있다. 지역신문들의 위기는 무가지 시장의 확대도 한몫하고 있다.
지원특별법에선 지원 대상에서 무가지와 유가지의 구분이 없는 것이 사실이다. 위원회의 판단은 '무가지와 유가지는 같이 발전할 수 있는 개념이 아니다'는 것이다. 지역신문들은 모두 유가지 개념이다.
지원 신청자들 가운데 무료신문은 광주드림이 유일한데, 이번에 대상으로 선정된다면 메트로나 포커스 등 다른 무료신문들도 지원 대상이 될 수 있다는 점이 위원회의 방침에 특히 크게 작용했다.

3. 광주드림이 선정되면 다른 무가지들도 지원 요구할 것이다.
1차 신청 당시에도 광주드림 때문에 위원회 내에서 무가지 지원 대상에 대한 논란이 많았다. 하지만 당시엔 순위 자체에서 밀렸기 때문에 그 상태에서 끝났다. 그러나 2차에서 광주드림이 다시 신청을 하면서 위원회가 방침을 정한 것이다.
2차 공고에서 미리 무가지를 제외한다는 내용의 공고를 하지 않은 것은 사실이나, 신청하니까 검토를 했고, 방침을 정한 것이다. 이 내용은 이번 결정 공고를 하면서 밝힐 것이고, 2007년 지원신청 공고를 할 때에두 무가지는 제외한다고 밝힐 것이다.

광주드림은 입장을 다시 정리해 위원회에 제출했다. 다음과 같다.

1. 우선 절차적으로 위원회의 조치는 위법행위다.

1차 신청 당시 서류 심사를 통과하고 실사까지 시행했다. 그 사이 법 개정은 없었는데, 2차에선 실사 대상에서 제외시켰다. 같은 법을 1, 2차에서 달리 적용한 것이다. 위원회가 무가지라는 이유로 실사에서 제외한 근거는 위원들의 '방침'이다. 법적으로는 '문광부에 일반일간으로 등록한 신문'이고 내용상 무가지를 막기 위한 장치로 지원 대상에 대한 필수 조건으로 '광고 비중 50% 이하'를 내걸었다. 광주드림은 이런 조건들을 충족했음에도 법에 대한 규정이 아닌 위원들의 '해석'을 이유로 제외됐다. 위원회가 법을 뛰어넘는 위법행위를 한 것이다. 2차 공고에서 '무가지는 안된다'라고 제한하지 않았다. 자격 기준에 따라 접수까지 한 뒤에, 새로운 기준을 정해 자격을 박탈한 것이다.

2. 지역신문발전지원특별법 취지에 어긋나는 조치다.

특별법이 규정한 법 취지는 "지역신문의 건전한 발전 기반을 조성하여 여론의 다원화, 민주주의의 실현 및 지역사회의 균형 발전에 이바지함을 목적으로 한다(법 제1조 목적)"이다. 법 취지와 유가지 및 무가지의 구분은 무관하다. 특별법의 내용상 취지는 결국 건전한 지역신문에 대한 선택과 집중을 통해 지역 신문 시장의 정상화 및 구조조정이다. 좋은 신문을 집중 지원하자는 것이다. 지역에서 평판도나 내용상 좋은 신문이 어느 신문인지 위원회에서 판단해야 할 것이다.

3. 무가지가 지원 대상 제외 사유가 될 수 없다.

위원회는 광주드림이 선정되면 다른 무가지들도 지원해야 할 것이라고 우려했다. 일단 메트로나 포커스 등의 무가지는 지역신문이 아니기에 비교 대상이 아니다. 또한 이들은 지원 신청을 하려해도 광고비율 50% 이하로 줄일 수 없기에 신청할 이유가 없다. 광주드림은 광고지일 때 가질 수 있는 이득을 포기한 채 광고비율 50% 이하를 지켜왔다.

광주드림이 무가지를 발행하는 이유는 지역에서 유가신문이 가진 한계(독자

> 감소 - 여론 영향력 약화 - 광고 감소 - 수익 감소 - 지면질 저하 - 독자감소의 악순환)를 극복하고 좋은 신문을 만들기 위해 선택한 전략이다.
> 광주드림은 또한 무가지이기에 신문협회나 기자협회 등의 가입 대상에서 제외되는 등 적지 않은 불이익을 안고 있다. 그럼에도 지역에서 유가신문이 가진 한계를 극복하고 독자들에게나 지역사회에 좋은 기사를 제공하기 위해 이같은 불이익을 감수한 채 무가지를 고집하고 있다. 지역에서 좋은 신문을 만들기 위한 이같은 시도를 지역신문발전위원회가 가로막고 있는 것이다.

이와 관련 광주드림은 이같은 처분의 부당함을 알리고 취소를 구하는 행정심판을 제기했으나, 총리실 산하 행정심판위원회는 결과를 뒤집지 않았다.

광주드림 내부에선 모기업 자문 변호사를 통해 행정소송까지 가자는 의견이 있었다. 하지만 소송의 실익 등 여러 가지 면을 검토한 결과 더 이상 진행하지 않기로 결정했다.

◆ "시청서 광주드림이 보이지 않게 하라"

2006년 11월, 광주시청사 지하 구내 이발소의 불법 영업을 고발하는 기사는 광주시의 대립각이 최고조에 달하는 사건이었다.

'시청에 파고든 불법 영업'을 메인 제목으로 '구내 이발소에 밀실·여성 안마사·침대…'라는 부제가 붙었다.

"시청사 구내 이발소에 칸막이가 설치된 밀실이 있고, 버젓이 무허가 안마 행위가 이뤄지고 있다"는 내용이었다.

업주는 안마가 아니라고 했지만, 광주드림은 공중위생관리법을 근거로 '무자격 안마 시술사에 의한 안마 행위는 불법'이며, '주무르는 행위'도 엄연히 안마 행위에 속한다는 경찰의 유권 해석을 근거로 더했다. 게다가 업주는 자신의 명함 뒷면에 '근육 마사지 10000원, 토요일 정상 근무 많은 이용 바랍니다'라는 문구를 새겨넣어 안마를 홍보해 온 정황도 고발했다.

칸막이 설치 자체도 법상 허용되지 않음을 지적했다.

해당 보도 이후 "어찌 이런 일이!"라며 분노한 시민들이 있는가 하면, "그런 것까지 트집 잡느냐"는 불편한 목소리도 없지 않았다.

하지만 행정의 도덕 불감증에 대해 단호해야 한다는 게 광주드림 편집국의 생각이었다. 보도와 관련해 이발소 측은 '허위 사실'이라며 해당 기자와 편집국장을 상대로 언론중재위에 제소했다. 하지만 중재가 성사되지 않았고, 업자는 후속 절차를 더 밟지 않아 기사와 관련 법적 다툼은 종결됐다.

창간 후 비판과 견제에 힘썼던 드림은 광주시청과 크고 작은 갈등이 많았는데, 이발소 보도는 가히 끝판왕이라 할만한 감정 폭발이었다.

이때 친분 있는 공무원이 들려준 시청 내 분위기가 기이했다.

'광주시청사 내 광주드림이 들어오지 않게 하라' 는 지시가 내려졌다는 것이다. 윗선에서의 요구는 꽤 구체적이어서 "만약 시청 내에서 드림 신문이 발견되면 반입한 사람을 찾아내 책임을 묻겠다"는 엄포까지 있었다고 했다.

이 같은 분위기를 전해 들은 기자의 반격이 호기로웠다.

"공무원들이 (드림을) 안 가져간 만큼 시민들에게 더 많이 알려질 텐데. 바보 아냐."

광주드림 기자들이 모두 싸움닭은 아니다. 시민 생활에 뼈가 되고 살이 되는 알찬 정보를 제공하기 위해 발품 파는 기자들도 많았다.
'맛있는 집'이 대표적이다. 2004년 4월 창간과 함께 시작됐으니 2011년 5월까지 무려 7년여를 유지한 장수 코너였다.

직장인들의 최대 고민인 '오늘 점심 뭐 먹지?'의 해결사, 아니면 최소한 조력자가 맛집 담당 임정희 기자였다. 창간 초기엔 매주 한 차례씩 실렸으니 7년 간 발굴한 맛집 데이터가 보기만 해도 배가 부르다. 게다가 임 기자는 맛의 기준이 워낙 꼼꼼하고 독보적으로 정평이 나 있다.

'그 지역에서 나는 싱싱한 재료를 사용하고, 조미 과정을 생략하지 않고, 옛날 방식을 유지하려고 애쓰며, 이 시기 아니면 먹을 수 없는 제철 음식을 주로 해서 내놓는 집'을 소개하는 코너니, 믿을만하지 않는가.

때문에 지인으로 부터 추천받은 맛집이라도 면밀히 점검해 자신의 기준에 부합하지 않으면 자격 박탈이다. 추천해준 사람이 민망할 정도로 단칼이다.

유명하거나, 잘 나가거나 등 외형은 아무 상관 없다. 오로지 본질은 맛. 간장, 된장, 고추장 등 양념을 직접 담그는 집이면 금상첨화. 하지만 갈수록 이런 집을 찾기 쉽지 않다는 게 애로사항이라고 토로했다.

정밀한 평가와 기사는 취재 과정에서도 담보돼야 한다.

"취재왔습니다"라고 알리지 않는 게 기본 중 기본이다.

취재한다고 알리고 가면 통상의 맛이 아닌, 특별한 밥상을 받을 가능성이 크기 때문이다. 홍보용으로 차린 럭셔리한 밥상, 이는 그 집의 보편적인 맛이 아니다. 그래서 그는 그냥 손님으로 간다. 주문해서 맛을 본다. 소개할 만한 맛인지 판단하는 과정이다.

그렇게 해서 기준에 맞으면 취재를 결심한다. 계산하고 명함을 건넨다. 취재 의사를 밝히는 것으로, 이때는 대개 점심 무렵이어서 한창 바쁠 시간이다. 주인장 붙들고 취재에 응해달라고 하는 건 예의가 아니다.

취재 허락을 받고 전화 가능 시간을 확인한 뒤 나오는 것까지가 현장에서의 일이다.

보도 후 깜짝 놀라는 측은 식당 사장님들이다. 십중팔구 '신문에서 봤다'며 손님들이 몰려들기 때문이다. 광주드림 맛집은 그만큼 신뢰도가 높았다. 골수팬들도 많아서 임 기자가 새로 개척한 집들을 성지순례 하듯 찾아다닌다.

파리 날리던 집이 손님들로 가득 채워지는 역사는 셀 수 없이 많다. 그때쯤 주인은 며칠 전 취재하고 간 기자를 떠올리지만, 손님처럼 잠깐 스친 이라 얼굴이 생각나지 않는다.

임 기자는 이런 정황이 더 편하다. 소개 이후 개인적으로 다시 찾아가기도 하는데, 주인이 혹시 알아볼까 민망해서다.

하지만 맛집 취재가 그리 쉬운 건 아니다. 광고나 영업 목적으로 접근하는 매체도 많아서 주인장들의 취재에 대한 거부감이 크기 때문이다. 신문에 실린 맛집에 대한 불신은 독자들도 만만찮다. '맛집은 광고'라는 인식이 큰 탓이다.

임 기자 역시 그런 오해에서 자유로울 수 없었다. 100곳에 5집 정도는 이 같은 이유로 취재를 거부하곤 했다. 매주 맛집 찾기가 수월했을 리 없다. 취재했으나 기준에 미달해 소개하지 못한 집도 많다. 그렇게 한두 집 실패하다 보면 마감이 간당간당, 속이 타들어 간다.

낮이고 밤이고 맛집 찾아 헤맨 삼만리가 까마득하다. 지인을 통해 소개받은 집이라 해서 특별 대접은 없다. 아니면 아닌 거다. 지인들도 그 같은 사정을 잘 알아서 지면 게재 여부는 일절 간여하지 않는다.

맛집으로 소개 후 더 번창한 집을 보면 보람이 크다. 반면 소개 후에도 형편이 나아지지 않고 쇠락한 집을 보면 마음이 아프다. 이렇게 7년 동안 광주드림이 찾아내고 소개한 맛집이 300여 곳에 이른다.

한편 남인희 기자는 돋보이는 필력으로 매일 지면에 세상을 보는 지혜의 창을 열었다.

갑갑하고 숨 막히는 사건 사고 뉴스 속 손바닥 편지는 잠시 호흡을 가다듬게 하는 쉼표 같은 존재였다.

많은 독자가 '매일 스크랩해 놓고 본다'라며 신문 보는 맛의 확장을 반겼다.

그는 왜 코너 이름을 '손바닥 편지'라고 했을까?

첫 장에서 그 의중을 읽을 수 있다.

부처
김진경

치자꽃 향기가 좋아
코를 댔더니
그 큰 꽃송이가 툭 떨어진다
귀한 꽃 다친 게 미안해서
손바닥 모아
꽃송일 감추었더니
합장 인산 줄 알았던가?
보는 이마다
합장인 채 고개를 숙이고 간다
어허, 여기선
치자꽃이 부처일세!

"꼭 기억해야 할 것이 있는데 마땅한 종이가 없을 때 손바닥은 참 요긴했습니다. 거기 적어 두었던 숙제나 모월 모일의 약속, 주소나 전화번호 혹은 단짝 친구가 그려 주었던 하트 모양…. 손바닥에 무엇을 적어 본 것도 참 오래전 일인 것 같습니다. '날씨 이야기' 문패를 '손바닥 편지'로 바꿉니다. 손바닥

> 만한 이 지면에서, 세상 어딘가에 살고 있는 누군가의 머리 위로 해가 뜨는지 비가 오는지 들여다보려 했던 그 마음은 바꾸지 않습니다. 당신에게 아침마다 보내는 작고 작은 손바닥 편지가 하루의 걸음에 힘이 되고 위안이 되기를 바랍니다. 내심 '커다란 약손'이 되기를 바라는 거창한 야망도 없지 않음을 고백합니다."

이처럼 필력이 돋보이는 인기 코너엔 '검색어로 보는 세상'도 있었다. 우리 사회 세태를 해석하는 촌철살인의 묘미가 '손바닥 편지'와는 또 다른 쾌감을 선사했다.

언론을 고발하고 기자를 그만두다

역사는 필연의 연속인 것 같지만, 때론 우연이 바꾸는 흐름도 무시할 수 없다. 하긴 그 우연조차 일어날 수밖에 없는 필연의 연장이었을지 모를 일이지만….

2007년, 광주드림은 왕성했던 기운이 긍정적이지 못한 방향으로 수렴되면서 조직원들의 이탈로 이어졌다. 우연인 듯 필연 같은 쇠락의 징조였다.

그해 2월부터 심상찮았다. 당시 광주 한 자치구 지방의원이 구정질문을 준비하면서 해당 구청에서 제공받은 자료가 광주드림 기자 손에 들어왔다. 해당 구의 구청장 업무추진비 현금 지출내역이었다.

2004년부터 2년간의 자료였는데, 매년 900만 원 상당이 보도 사례금, 행사 격려금, 구청장 인터뷰 등 대가로 지출했다는 기록이었다. 언론사

편집국장부터 취재기자까지 직급에 상관없이 촌지를 받은 것으로 적혀 있었다.

일부 언론사는 상시로 구청장 동정과 구정 소식을 보도하고 대가로 건당 10만 원씩 촌지를 받았다고 적시됐다.

여기에 더해 구청장 인터뷰, 신년 특집, 기획 취재 명목으로 사례비를 받았으며 일부 방송사는 방송 홍보 잡지 제작비 일부를 받았다는 내용도 있었다.

기사나 보도와 상관없이 '기념'으로 촌지가 제공된 흔적도 선명했다. 해당 구청은 '그린시티 선정', '민선 3기 취임 ○주년' 등 기념할 사안이 발생할 때마다 출입기자단에 현금 100~130만 원을 전달했고, 광주시청 출입기자단에 구정 주요 시책을 홍보하면서 180만 원을 건넨 기록도 있었다.

또 해외 취재를 나가는 기자들에게 쌈짓돈을 준 것도 적시됐다. 한 언론사 기자는 2005년 어느 날 구청과 무관하게 해외 취재를 갔는데, 구청장으로부터 10만 원의 격려금을 받았다고 기록됐다. 해외 취재에 나선 또 다른 기자에게도 같은 금액이 쥐어졌다.

이 밖에 언론사 자체 행사나 기자들이 참여하는 각종 행사에도 구청이 수십만 원씩 격려금 명목으로 지출한 것으로 기록돼 있었으니, 자치단체와 언론사 간 긴밀한 공생 관계를 보여주기에 충분했다.

해당 자료를 입수한 의원은 "행정기관이 홍보를 대가로 언론사나 기자에게 촌지를 건네는 관행이 드러난 것"이라고 판단했다.

의원은 이 자료를 바탕으로 해당 언론사 29곳에 공문을 보내 촌지 수수 여부를 공식적으로 확인했다. 물론 모두 부인하고 항변했다. 사실을 인정한 언론사는 한 곳도 없었다.

이와 같은 자료를 넘겨받은 본보 이지은 기자는 관련 기사를 작성했다. '기사 써주고 돈 받고'라는 타이틀이 달렸다.

파장은 엄청났다. 훗날 이 기자가 이와 관련 "평생 먹을 욕을 다 들은 것 같다"라고 회상했을 정도다.

광주지역 언론 현장에서 함께 활동했던 지라 한 번쯤 안면을 튼 기자들 상당수가 명단에 포함돼 있었다. 사적으로 드림 기자들과 친분이 있는 이들도 많아서 그들의 항변은 절절했다.

이와 같은 반응은 이 기자 앞에 펼쳐질 고난의 전주곡이기도 했다. 동료들을 저격한 셈이어서 공공의 적이 돼버린 것이다.

전날까지 친하게 지내던 기자들도 현장에서 만나면 인사는커녕 노려보고 원망하는 눈빛이 강렬했다. 자료에 언급된 기자들은 한결같이 "억울하다", "말이 안 된다"라며 항변했다.

이 기자를 더 괴롭게 한 건 기자들보다 문건 작성자로 알려진 공무원이 당하게 된 수난이었다. 구청 차원에서도 사태 수습이 난감하다 보니, 직원 한 사람의 실수로 정리하고자 하는 의도가 명확했다.

그렇게 공무원 한 명이 모든 언론사의 표적이 된 상황. 그 공무원이 이 기자를 향한 원망은 오죽했겠는가?

여러 언론사에서 압박받은 공무원이 이 기자에게 전화해 울먹이며 항변하며 했던 말은 충격이었다. 극단적인 선택을 암시하고 있었기 때문이다.

결국 해당 공무원은 휴직하고 심리 치료를 받아야 할 정도로 심각한 상태로 내몰렸다. 그 공무원의 수난만큼 이 기자도 피폐해지고 있었다. 언론을 고발한 기자는 결국, 그렇게 언론 현장을 떠나고 말았다.

이렇게 수난 속에 시작된 새해, 광주시청사에선 청소 노동자들이 광주드림의 그것과는 비교도 되지 않을 정도의 고통을 감내해야 했다. 그리고 그 현장엔 광주드림이 있었다.

3월 7일 오후 2시였다. 상무지구 광주시청사 시장실 앞은 아수라장이 돼 있었다. 바로 그 건물, 광주시청사 구석구석을 청소하는 50·60대 노동자들이 '시장을 만나게 해달라'며 3층 시장실 앞 복도로 진출했고, 이를 막으려는 청원경찰과 본청 공무원들이 맞서면서 펼쳐진 광경이었다. 당시 광주시는 2004년부터 3년간 청사 관리 업무를 용역업체에 위탁했고, 그 기한이 끝나가는데 기존 50여 명의 노동자들 고용 승계가 불투명해 이 같은 사태를 불렀다.

노동자들은 직무 숙련도와 경험 등을 들어 고용 승계를 요구했지만, 광주시는 "새로운 업체와 노동자 간 일"이라며 외면해오다 사태 수습 기회를 놓친 것이다.

이렇게 불안한 처지에 빠진 노동자들은 사실상 고용주인 광주시가 고용을 보장해달라며 호소하는 집회를 열어왔다.

하지만 "우리 소관이 아니다"는 광주시의 확고한 입장을 확인하고, 당시 박광태 시장을 만나기 위해 시장실을 검거하고 앞 복도에서 농성을 벌인 것이다. 여성 노동자 20여 명이 시장실 점거 농성 5시간 만인 7일 밤에야 광주시는 발등에 불이 떨어진 듯 협상에 나섰다.

'새 용역업체 사장을 불러 대안을 마련해 보자'라는 노조의 제안을 받아들여 업체 관계자에게 연락을 취해서 만들어진 자리였다. 하지만 밤늦게까지 사장은 끝내 나타나지 않았다.

결국 날이 바뀌어 3월 8일이 됐다. '국제 여성의 날' 바로 그날이다.

공무원들은 새벽 1시부터 부지런히 움직였다. 그리곤 곧바로 노동자와 노동단체 관계자 30여 명을 해산시켰다.

해산 작전은 가히 폭력적이었다.

시청 여직원들이 준비해 온 담요를 여성 노동자들에게 뒤집어씌웠고, 남직원들 대여섯 명씩 담요를 들어내는 방식으로 18명을 2층 세미나

실로 몰아넣었다. 이때 동원된 공무원들이 200여 명에 달했다.

여성 노동자들이 이 같은 강제 조치에 항거하기 위해 옷을 벗어 속옷만으로 버티는 지경에 이르렀고, 공무원들은 이들에게 손을 댔다는 구설을 피하려고 담요를 준비해 나름 치밀한 작전을 벌인 것이다.

이 과정에서 일부 노동자들이 실신하거나 다쳐서 병원에 이송되기도 했다. 함께 했던 몇몇 시의원들과 취재기자들도 강제로 들려 바깥으로 내쫓겼다.

폭력적인 진압과 함께 더 치욕스러운 것은 이를 지켜보던 공무원들의 표정과 언행이었다.

"당시에 공무원들이 다 웃고 있었어요. 노동자들을 끌어내기 위해 접근하던 공무원들이 심각하지도 않고, 별일 아니라는 듯 다 웃고 있었다니까요. 그게 너무 충격적이었어요." 당시 현장에 있던 조선 기자는

2007년 3월, 상무지구 광주시청사 청소 용역 노동자들이 계약 해지돼 거리로 내몰리는 사태가 벌어졌다. 광주드림은 이 사태 초기부터 이들이 복직에 이르는 수년 동안 관련 보도를 이어나가 끝탕을 파는 언론의 진면목을 보여줬다.

뒷날 이 일을 되새기며 울분을 참지 못했다.

이렇게 새벽에 2층 세미나실로 쫓겨나 격리돼 있던 노동자들은 아침이 밝자 시청이 동원한 물리력에 의해 다시 청사 밖으로 내몰렸다.

이렇게 시청사 밖으로 노동자들이 내몰렸지만, 이는 사태의 끝이 아닌 시작에 불과했다. 청소 노동자들은 시청사 정문에 천막을 치고 농성에 들어가 긴 싸움을 준비했다.

이후 모든 과정에 광주드림 기자가 함께했다.

특히 조선 기자는 청소 노동자들과 한 몸이 되다시피 움직이며 그들 상황을 독자들에게 전달했다. 그들이 집회하면 조 기자는 대열 안에서 함께 하며 취재했다.

그리고 폭력적인 진압에 직면하면 함께 수난을 당했다. 그는 '기자는 정직한 시민'이라는 믿음으로 군중이 아닌 집회자 속에 섰고, 그들과 함께 외치고, 쫓기고, 부대끼며 현장의 생생함을 전달했다.

수년에 걸친 노동자의 질긴 싸움과 이를 외면하지 않고 지속적으로 보도해 온 광주드림의 노고가 무위로 끝나진 않았다.

광주시가 시청사 청소·시설관리 등 64명 전부를 재고용키로 한 것이다. 사태로부터 5년이나 지난 2011년 2월이었다. 오래 걸렸지만 결국 승리한, 광주드림이 끝까지 함께 했다는 의미가 재조명된 현장이었다.

빅마트가 위험하다

2007년, 어려운 시절의 도래를 체감하지 않을 수 없었다. 전년 하반기부터 모기업의 재정 상태를 둘러싼 설왕설래가 심상치 않았긴 했다.

빅마트 신축 본점인 빅시티가 '자산 유동화'에 나서 투자자를 모집하는 광고가 드림 지면에 실리기 시작한 게 그 무렵이었다. 당시만 해도 생소했던 개념의 투자 설명회는 희망의 디딤돌이라기보다 절박함으로 무장한 배수진 느낌이 더 강했다.

빅마트의 위기는 내외부 복합적인 요인이 작동한 결과였다.

유통업의 특성상 대규모 매장 부지가 필요하고, 이를 매입하거나 임차해 써야 하는 사업이어서 부대비용이 많이 들었다. 게다가 당시 광주지역은 인구 대비 대형 유통매장이 가장 많은 도시라는 통계가 보여주듯 전국 규모 대형마트가 곳곳에 진출하며 향토기업을 위협했다.

빅마트는 골리앗에 맞선 다윗처럼 연일 버거운 전쟁을 벌이고 있었다. 게다가 전국 단위 매장들 입지가 빅마트의 주력 점포와 인접하면서 타격이 배가됐다.

남구 봉선2지구 석산공원을 헐고 들어선 이마트는 빅마트 봉선점에 직접적인 영업 손실을 입혔다. 서구 월드컵경기장 하부에 들어선 롯데마트와 아울렛은 인접한 빅마트 풍암점의 고객을 빨아들이는 블랙홀이었다.

앞서 첨단지구에 들어선 롯데마트는 빅마트 주력 매장이었던 첨단점을 위협하고 있던 상황. 문제는 여기서 끝이 아니었다는 것이다. 남구 백운광장엔 홈플러스 입점설이 끊이지 않았다. 이게 들어서면 진월동 빅마트 본점이 매출 하락 태풍을 피할 수 없는 터라, 내내 촉각을 곤두세울 수밖에 없었다. 이곳은 우여곡절 끝에 홈플러스 입점이 좌절됐다. 북구 매곡동 고려고 인접 부지에도 또 다른 대형마트 입점 시도가 이어졌다. 이곳 역시 빅마트 비엔날레점의 지척이어서 입점이 현실화할 경우 입을 타격은 가늠하기 어려웠다.

빅마트 주력 매장들이 이처럼 사면초가에 내몰렸고, 이는 영업 손실과 경영난으로 이어졌다. 당시 빅마트가 얼마나 악전고투 중이었는지는 수치로도 확인할 수 있다.

2010년 기준 '지역별 대형유통업체 입점 현황'에 따르면 광주에는 대형마트 14개와 기업형 슈퍼마켓(SSM) 16개 등 대형 유통업체 30개가 진출해 있었다. 광주시민 4만 7788명 당 대기업 유통업체 점포 1개 꼴이다.

특히 대형마트는 14개가 입점, 10만 2403명당 1개 꼴이었다. 전국 평균은 11만 7667명 당 1개였다. SSM은 더 심해서 광주지역에선 인구 8만 9603명 당 1개가 입점해 있다는 게 당시 통계다.

광주시가 전국 최초로 SSM 입점 제한을 뼈대로 하는 '대규모 점포 등의 등록 및 조정 조례'(일명 SSM조례)를 제정한 것이 이 같은 현실과 무관치 않다. 광주시 조례는 입점 예고제 도입과 함께 전통시장 반경 500m를 전통 상업 보존 구역으로 지정토록 했다. 매장 면적 500㎡이상은 개설을 제한하고, 대기업 유통사업자의 경우엔 500㎡ 미만이라도 해당 전통시장 상인회의 동의를 받도록 규정한 게 핵심이었다.

하지만 이 조례가 제정된 건 2010년, 이미 기업 회생 절차에 들어간 빅마트에게는 '사후약방문'에 불과했다. '동네 상권 보호'라는 제단에 빅마트라는 너무 큰 제물이 드려진 셈이다.

2007년은 바로 향토 유통업체 빅마트가 생존의 위기 앞에서 버거운 숨을 헐떡이고 있던 때였다.

그해 어느 날, 풍암지구에서 빅마트 하상용 대표와 만나 얘기를 나눴다. 빅마트라는 모기업이 처한 경제적 위기를 굳이 숨기지 않았던 자리, 광주드림은 계속 이어갈 수 있게 노력하고 있다고 했다.

창간 정신을 존중해 드림의 정체성을 지키면서 경영할 수 있는 인수 기업을 찾고 있다는 것이다. 그리고 당시 우선 언급한 회사 이름이 사랑방신문이었다.

정태형 회장과 조덕선 사장 등 사랑방 임원들과 어느 정도 얘기가 오간 상황으로 느껴졌다. 앞서 광주드림 창간 당시 하상용 대표는 "100년 가는 신문"을 공언한 바 있다. 이날 하 대표는 이를 회상하며 "약속을 지킬 수 없게 돼 미안하다"라고 고개를 숙였다.
그리곤 나에게 당부했다.
"내가 못다 한 꿈을, 채 팀장이 이어가 주길 바란다"라고.
당시 필자는 광주드림 부서장도 아니고, 한낱 팀장에 불과했다. 그런 이에게 너무 가당찮은 사명이고 부담이라며 손사래 쳤던 기억이다.
하지만 운명이었을까, 주술이었을까? 이후 광주드림의 명맥을 이어야 할 고비마다 나는 연결고리가 됐고, 절대 그 사슬에서 벗어나지 못했으니….
2017년 4월, 광주드림을 사랑방신문이 인수해 발행을 지속한다는 게 공식 발표됐다. 이후 빅마트는 구조조정에 들어가 주력 매장 대부분을 대형 유통 자본에 넘기고, 본점과 북부점 등 일부만 남기는 방식으로 분리 매각됐다.
광주드림 창간 모태였던 월간 전라도닷컴은 빅마트에서 계속 발행하게 됐다. 이 때문에 황풍년, 남인희, 남신희, 임정희 기자 등 선배 그룹이 빅마트에 남았다.
'광주드림! 곧 다시 뵙겠습니다.'
2007년 4월 13일 금요일자, 지령 763호인 본보의 표지 제목이다.
법적으로 사랑방신문이 대주주인 (주)SRB미디어가 인수 후 재창간 절차를 거쳐야 하는 환경이어서, 일정 기간 발행을 중지할 수밖에 없는 상황을 안내한 문구다.
2면 '알림'에 이와 관련한 상세한 내용을 실었다.
그대로 옮긴다.

광주드림! 곧 다시 뵙겠습니다.

2004년 4월22일 창간, 3년을 쉼 없이 달려온 <광주드림>이 전환기를 맞고 있습니다. 모기업인 (주)빅마트(대표이사 하상용)의 갑작스런 상황 변화에 따른 최근 몇달 간 혼란이 수습되면서 새롭게 주어진 환경입니다.

모기업이 바뀌게 됩니다
3년 동안 정론의 길에서 벗어나지 않도록 든든히 후원했던 빅마트의 품을 아쉽게도 떠나게 됩니다. (주)빅마트는 편집권 독립 등 제도적 보장을 굳건히 고수했고, 인적·물적 토대를 부족함 없이 제공했던 소중한 동반자였습니다. 이제 (주)빅마트가 해왔던 역할은 사랑방신문사와 자회사인 (주)SRB미디어(대표이사 정태형)가 맡게 됩니다.

<전라도닷컴>과 분리됩니다
<광주드림>의 모태는 월간 <전라도닷컴>이었습니다. 전라도 사람·자연·문화를 꾸꿈스럽게도 찾아내 전라도의 가치를 재조명한 지역의 자산입니다. <전라도닷컴>은 현재의 자리에서 그 가치를 지켜갈 것입니다. 탯자리를 떠나는 <광주드림>이지만 앞으로도 <전라도닷컴>과 인연의 끈 놓지 않겠습니다.

신문 발행이 잠시 중단됩니다
<광주드림>은 발행인·본사 소재지 등이 바뀌면서 법에 따라 등록과 재창간 절차를 밟아야 합니다. 대략 2주 정도가 소요될 것으로 판단하고 있습니다.

하지만 보도의 공백은 없도록 하겠습니다. 인터넷 광주드림(www.gjdream. com)을 24시간 가동, 지역의 뉴스와 정보를 실시간으로 담아낼 것입니다.

항상 낮은 곳에 귀 기울이겠습니다
앞으로도 낮고 소외된 이들의 목소리를 변치 않고 담아 내겠습니다. 제도권·행정기관 등을 겨눴던 견제와 감시의 눈초리 역시 거두지 않겠습니다. 다시 출발점에 서서 새롭게 다짐하는 광주드림의 재창간을 지켜봐 주십시오. 그리고 성원해 주십시오.

빅마트 대표이자, 광주드림 창업자 겸 초대 발행인인 하상용 대표의 고별사도 그 날짜 신문에 실렸다.
이 역시 그대로 옮긴다.

[발행인 고별사]
지난 3년 동안 참으로 행복했습니다

<광주드림>은 2004년 4월 어느 봄날, 광주시민의 '친구'를 다짐하며 힘차게 출발했습니다. 그동안 광주 곳곳을 거침없이 누비며 수많은 광주의 이야기를 쏟아냈습니다. 시민공감 지역신문의 새로운 지평을 열겠다던 우리들의 꿈과 열정은 아직도 풋풋하기만 합니다. 밝고 건강한 지역 공동체를 갈망하는 시민들과 수많은 독자도 이 소박한 신문에 든든한 후원이 돼주셨습니다.
우리는 창간 때부터 좋은 지역신문을 만드는 서로의 역할에 굳은 맹세를 하였습니다. 발행인으로서 저의 자세는 편집권에 대한 확고한 독립을 보장하는 것이었고, 제작을 담당하는 신문 종사자들은 스스로에게 엄격한 자정과 취재·보도 윤리의 잣대를 들이댔습니다. 그리고 이런 약조는 3년 동안 단 한차례도 깨어지지 않았습니다. 이로써 <광주드림>은 그 어떤 권력에도 휘둘리지 않았으며 광고주는 물론 모 기업과 발행인인 제 자신의 이해 관계에서도 자유로웠음

을 자부심으로 삼아 왔습니다. 우리가 지향하는 지역신문의 나아갈 바는 뚜렷했습니다. 그것은 지역을 중심으로 의당 추구해야할 문화적 다양성과 보편적 삶의 가치를 곧추세우는 일이었습니다. 서울을 '중심'으로 착각하고 맹종하는 몰개성적인 물신주의를 거부하며, 지역의 차이에 구애되지 않는 평균적 삶의 질을 추구하는 것이었습니다. 또 시장 만능주의의 그늘아래 무참하게 버려지는 사회적 약자와 소수자의 권익 보호에 용기 있게 나서는 일이었습니다.

결국 우리가 발 딛고 살아가는 광주를 정치·경제·사회·문화의 '중심'으로 복귀시키는 작업이었습니다. 독자 개개인의 삶은 물론 크게는 지역공동체를 둘러싼 환경과 조건들이 신문을 통해 개선되기를 바람이었습니다. 이런 지향은 '고객이 잘 살아야 기업도 성공할 수 있다'는 제 개인의 기업경영 소신과도 부합했기에 <광주드림>을 발행해온 지난 세월은 참으로 행복했습니다.

그러나 다양한 문화가 공존하며 소수자와 사회적 약자의 권익이 외면되지 않는 따뜻한 지역공동체를 갈망해온 <광주드림>에게 예기치 않은 어려움이 닥쳐왔습니다. 시민과 독자의 사랑 속에서 성장을 거듭해 온 <광주드림>의 탄탄한 바탕이었던 모 기업 <빅마트>가 분리매각이라는 구조조정을 겪게 된 것입니다. 이로 인한 기업 전체의 급격한 변화의 소용돌이에서 신문 또한 예외일 수 없었기에 급기야 새로운 활로를 모색하기에 이르렀습니다.

이제 광주시민과 더불어 꿋꿋하게 지켜온 <광주드림>의 꿈은 새로운 발행인과 모 기업을 통해 더욱 활짝 피어날 것입니다. 그간 신문을 제작해 온 대부분의 종사자들이 흔들림 없이 창간 정신을 이어갈 것이며, 숱한 난관을 딛고 3년 동안 쌓아온 신문의 정체성을 굳게 지켜가리라 믿습니다.

저는 백 년 천 년을 이어갈 좋은 지역신문의 씨를 뿌렸다는 심정으로 <광주드림>을 지켜보며 나름의 역할을 찾아 최선을 다하겠습니다. 그동안 성원해 주신 광주시민과 독자 여러분! 정말 고맙습니다.

하상용 (광주드림 발행인)

그렇게 광주드림 역사에서 굵직한 한 페이지가 넘어갔다.
새 길에 대한 기대와 우려는 남겨진 이들의 몫이 됐다.
2007년 4월 13일 마지막 호에 남겨진 '손바닥 편지'에 담긴 뜻이 심오

하다. 필자인 남인희 기자의 심정이 다른 기자들의 그것과 다르지 않았으리라.

가는 길 아득할 때 이 시를 읽곤 합니다.

노독
이문재

어두워지자 길이
그만 내려서라 한다
길 끝에서 등불을 찾는 마음의 끝
길을 닮아 문 앞에서
문 뒤에서 멈칫거린다
나의 사방은 얼마나 어둡길래
등불 이리 환한가
내 그림자 이토록 낯선가
등불이 어둠의 그늘로 보이고
내가 어둠의 유일한 빈틈일 때
내 몸의 끝에서 떨어지는
파란 독 한 사발
몸 속으로 들어온 길이
불의 심지를 올리며 말한다
함부로 길을 나서
길 너머를 그리워한 죄

가던 길 어두워 그만 내려서야 할 그때가 닥쳐오리라는 것을 안다 해도, 이후로도 다시 '함부로' 길을 나설 것입니다. '길 너머를 그리워한 죄'를 다시 짓고, 지을 것입니다.
그동안 광주드림을 읽어 주신 '당신'께 고개 숙여 절합니다.
안녕히

흔들리지 않고
피는 꽃 있으랴

창업보다 어려운 수성
사랑방이 이어가다

2007-2011

II

다시 출발선에 서다
"광주드림·전라도닷컴 너희 가치를 알려주마"
시민기자들 다시 출동!
기자들 시선으로 지면 평가
무가지와 생활정보지 미래를 탐색하다
시민편집국, 초유의 실험
새 술은 새 부대에
'화순탄광 100년사', '전방·일방 성쇠기' 기록
여성 배드민턴 대회에 이용대 참석
광주시 호화 관사 이전 무산시키다
고난의 행군이 시작되다
시민들이 기획한 광주드림 후원의 밤
마지막 카드도 무위로 끝나고
폐간에서 돌이키다

🟧 다시 출발선에 서다

성하면 쇠하고, 쇠하면 다시 성한 게 세상 이치라. 빅마트가 창간해 발행한 3년 동안 광주드림은 지역에서 꼭 필요한 언론이라는 평가를 받았다. 출발은 잘 된 셈이다.

하지만 모기업의 쇠락으로 새로운 길을 모색하지 않을 수 없었다.

창업 정신을 이어갈 '수성'이 과제로 떠오른 것이다.

창업자인 빅마트도, 그리고 광주드림 구성원들도 그 중심에 사랑방신문이 자리하는 걸 다행스럽게 생각했다.

사랑방신문은 우리 지역 성공한 기업 중 몇 손가락 안에 드는 건실한 자본이었다. 지역사회 곳곳에 기부하고 공헌하는 사회적 책임도 등한시하지 않고 앞장선 서민의 기업이기도 했다.

아파트·자동차 등 '장삼이사'들의 자산을 거래하는 지면 플랫폼으로 성장한 이 기업은 사명 그대로 지역사회 '사랑방' 역할을 해왔던 터. 사랑방의 창업과 성장을 일군 이들의 면면이 이와 같은 기업(가) 정신의 원천이고 뿌리임이 분명했다.

광주드림 인수 시점인 2007년 4월, 사랑방은 친구 사이인 정태형 회장, 조덕선 사장이 책임 경영하는 구조였다. 두 사람은 형제와 같이 각별한 인연으로 알려져 있다. 가정 형편이 어려웠던 유소년기, 이 때문에 순탄치 못했던 진학과 학습을 야학에서 함께 동문수학한 사이여서 동지애가 끈끈했던 것이다.

이들 외 야학 동료 몇몇이 힘을 합해 창업하고 일군 기업이 사랑방신문이었다. 이처럼 사랑방 창업사에서 정 회장과 조 사장의 역할은 막대하다.

예의 그 야학에서 수학한 정 회장은 대학을 졸업한 뒤 전북지역 한 언론사 기자로 근무하고 있었다. 그러던 1990년, 바로 윗동네 대전에서 우리나라 최초의 생활정보신문인 교차로가 창간해 성업 중인 상황을 목도한다.

유럽에서 태동한 생활정보지는 이 시기 한국에 들어와 새로운 사업 영역을 개척 중이었다. 아파트·땅 등 부동산과 중고차 등 자산을 당사자 간 거래로 연결해 주는 지면 매체는 그때까진 생소한 사업 플랫폼이었다. 하지만 중개 비용이 없거나 또는 저렴해서 금세 서민들의 거래 도우미로 자리했다.

정 회장은 이 같은 상황을 관심 있게 살펴보다 광주로 와 같은 유형의 생활정보신문을 만들게 된다.

그게 사랑방신문이었다. 1990년 11월이다.

이 대목에서 조 사장이 밑천을 댔다. 사랑방신문 창간과 운영에 필요한 자금을 책임진 동업자였던 것. 학업을 지속할 가정 형편이 아니었던 그가 일찌감치 사업에 뛰어들어 일정 정도 성공을 거뒀었기에 가능한 뒷받침이었다.

이밖에 야학에서 함께 공부했던 친구들이 사랑방신문 사업을 함께 했다. 사랑방신문은 창간 후 계속 성장하며 재무 구조가 탄탄한 기업으로 자리잡았다. 2004년 광주드림 창간 당시, 빅마트와 전라도닷컴이 사랑방신문의 수익 구조를 분석하고 광주드림에 어떻게 적용해 볼까를 연구하고 고민했을 정도다.

기업이 일정 정도 규모를 갖추고 성장하면서 동업자 간 지분도 정리했는데, 조 사장에게 가장 많이 배분했다. 훗날 정 회장은 이와 관련 "자금을 책임졌으니까"라며 그 배경을 설명한 바 있다.

그렇지만 누구도 과반은 넘지 않은 구조가 유지돼 경영은 정 회장과 나머지 이사들이 연합해 책임지는 방식으로 상당 기간 지속됐다.

비상장사였던 사랑방신문사는 어느 시기부터 이사들 내부에서 주식 지분 변화가 이뤄졌고, 광주드림을 인수하던 시기엔 조 사장이 과반에 달한 상황으로 점쳐진다.

그해 4월, 사랑방신문사와 빅마트 간 광주드림 인수 계약이 체결됐다. 광주드림이 빅마트를 떠나 새로운 자본에 의한 인수가 공식화면서 직원들의 동요가 없을 수 없었다.

사랑방신문에 기대를 품기도 했지만, 어떤 이들은 새로운 환경에 대한 부담감으로 다른 길을 선택하기도 했다. 광주일보 기자로 일하다 2004년 광주드림 창간 무렵 합류했던 윤현석 기자는 후자였다.

이 밖에도 여러 명의 기자가 혼란의 시기, 광주드림을 떠나고 말았다. 자매지였던 월간 전라도닷컴과 분리되면서 구조적으로 결별해야 하는 동료도 있었다. 황풍년, 남인희, 남신희 등 선배 그룹이 대표적으로, 이외에도 김창헌, 김태성 기자 등이 월간지 제작을 위해 잔류했다.

반면 광주드림에 새로 합류한 이들도 있었다. 당시까지 빅마트 홍보팀에서 근무했던 박중재 전 전남일보 기자는 현업으로 복귀해 사랑방 체제 광주드림 취재부서에 배치됐다. 사랑방신문 편집부 소속 박준배 기자는 일간신문에서 일하고 싶어 파견 형식으로 광주드림에 자리 잡았다.

하지만 이 시기, 무엇보다 시급한 건 편집국장 등 간부급 충원이었다. 창간 때부터 중요 역할을 해온 선배 그룹이 전라도닷컴에 남으면서 사령탑이 부재했기 때문이다.

사랑방신문에선 편집국장 요원을 스카우트하기 위해 광주지역 언론사 간부들을 물색, 당시 전남일보 소속 박우기·오일종 부장 등 2명을 동시에 영입했다. 이렇게 해서 사랑방신문 인수 후 광주드림 첫 편집국장은 박우기, 부국장에 오일종 기자가 선임됐다.

무엇보다 초미의 관심사였던 발행인엔 사랑방신문사 정태형 회장이 자리했다.

마땅한 인선이었다. 광주드림 식구들도 환영했다. 지역 일간지에서 기자 생활한 이력이 있어 신문 경험자라는 게 안심이 됐다. 무엇보다 성품이 온화하고 나눔에 열정적이고 인정 많은, 경영자 면모로 각인돼 있어 인간적으로도 따르는 이들이 많았다.

새 자본에서의 인수가 기정사실화하고 빅마트 책임 하 마지막 호인 4월 13일 자 발행 이후 광주드림은 사무실 이전과 재발행 준비 작업에 들어갔다.

신문 제작에 필요한 자산을 정리하고, 양도-양수 기업 간 인수 작업이 이뤄졌다. 사무실 물색이 급선무였다. 당시 사랑방신문사 본사가 있던 북구 신안동 소재 광주전남주택건설회관 4층이 사무실 공간으로 낙점됐다. 간단한 리모델링 작업을 거쳐 집기 등 배치 작업이 진행됐다. 해당 건물은 사랑방신문사와는 지척이었다.

이로써 남구 진월동 시대가 저물고 북구 신안동 시대가 막을 올렸다.

새로운 사무실엔 편집국 광고국 등 부서별 책상이 배치됐고, 발행인실과 회의실, 서버룸 등이 별도 공간으로 마련됐다.

양도 양수 등 법인 정리 작업이 진행되면서 신문 발행은 몇 주간 일시 중지가 불가피했다. 그리고 마침내 5월 1일, 재창간 형태로 광주드림이 다시 선보였다.

2007년 5월 1일(화)자, 지령 1호(통합 764)로 광주드림이 부활한 것이다. 1면 메인에 자리한 사진 기사는 '광주드림과 사랑방신문이 하나가 되었습니다'로 시작했다.

새로운 터전에서 새롭게 출범하는 광주드림의 기대와 희망을 담아 독자에게 알리는 내용이었다.

이어 정태형 발행인은 별도의 창간사에서 광주드림의 방향성을 제시했다. 이를 옮긴다.

> **광주드림 창간사**
>
> **오래도록 '소박하지만 우렁차게'**
>
> 시민공감 지역신문 '광주드림'이 새롭게 출발합니다.
> 3년 전 광주시민의 다정한 친구가 되겠노라고 다짐하며 작은 발걸음을 내딛던 그 모습 그대로입니다. 출발은 새롭게 하지만 느낌은 그때와 다르지 않습니다.
> 지난 3년간 광주드림이 추구해온 가치와 정신은 소중합니다. 또한 그것은 온전히 지켜져야 한다는 생각입니다.
> 아주 특별한 이야기가 아닌 우리 주변의 평범한 이야기, 서울이 아닌 광주의 이야기, 시장(市長)이 아닌 시민의 이야기, 사장이 아닌 사원의 이야기, 힘센 사람이 아닌 힘 없는 이의 이야기, 평탄한 아스팔트길이 아닌 울퉁불퉁 자갈길 위의 작은 이야기들…. 이 모두가 광주드림을 지탱해준 소중한 자산이자 가치입니다.
> 무엇보다 '드림'의 오늘이 있기까지 넘치는 사랑을 베풀어주신 독자야말로 '드림'의 가장 든든한 동반자입니다. 때론 박수를 보내주고, 때론 채찍과 비판도 서슴지 않았던 독자들이 없었던들 '드림'이 꿈꿔왔던 지역신문의 지평(地坪)은 단 한 뼘도 열지 못했을 것입니다. 광주드림을 이만큼 키워주신 독자 여러분께 진심으로 감사드립니다. 아울러 갖은 역경 속에서도 꿋꿋하게 '드림 세상'을 일궈온 전(前) 구성원과 발행인께도 감사의 마음을 전합니다. 그들이 이뤄낸 성과물은 새 광주드림의 자양분이 될 것입니다.
> 새로이 첫발을 내딛는 광주드림의 꿈 역시 독자 여러분과 함께 펼쳐 가겠습니다. 광주와 함께 하겠습니다.
> 광주가 웃으면 같이 웃고, 광주가 울면 같이 눈물을 흘리겠습니다. 광주가 즐거워하면 어깨춤을 출 것이며, 광주가 화를 내면 기꺼이 추상같은 회초리를 꺼내 들 것입니다.

지금까지 그래왔던 것처럼 광주의 구석구석을 누비며 광주 사람들의 이야기를 정성스럽게 담아내겠습니다. 그 어떤 권력이나 기관·광고주의 압력에도 굴하지 않는 길을 가겠습니다. 곳곳에 산재한 부정과 비리, 불합리한 부분에 대한 비판과 감시의 기능을 더욱 강화하겠습니다.

더불어 합리적이고 건강한 대안을 제시하는 데 소홀함이 없도록 하겠습니다. 비판만 있고 대안이 없다면 그 또한 무책임일 수 있습니다. 무겁고 어두운 주제에 집착하다 보면 '희망'의 불빛이 차단될 수도 있습니다.

드림이 꿈꾸는 세상은 당연히 밝고 희망찬 미래여야 한다고 생각합니다. 140만 광주 사람 모두가 꿈꾸는 아름다운 세상, 그것이야말로 우리가 도달해야 할 목적지입니다.

'드림'이 전하는 목소리는 소박하지만 우렁찰 것입니다. 소수자와 사회적 약자의 목소리가 지면의 주인이 되는 신문, 그러면서도 차이를 인정하고 연대의 장을 제공하는 신문, 문화적 다양성을 충실하게 담아내는 정보의 창고, 이런 것들이 바로 진정한 지역언론의 전범(典範)이 아닐까요.

광주드림은 이제 두려운 마음으로 먼 길을 떠나려 합니다. 가다가 넘어지지 않도록, 영원히 같은 길을 걸을 수 있도록 독자 여러분의 변함없는 사랑과 성원을 부탁드립니다.

정태형(발행인)

2007년 5월, 사랑방신문 인수 후 광주드림 발행인으로 선임된 정태형 사랑방신문사 회장.

'소박하지만 우렁차게'를 선언한 광주드림은 이에 걸맞게 조직 편제를 개편했다. 취재 진용을 기존 부서제에서 팀제로 전환한 것이다.

행정팀 교육팀 경제팀 문화팀 등이 포진했다. 의사 결정이 팀별로 이뤄져 유연했고, 부서제에 비해 단단한 팀워크가 강점이었다.

특정 주제와 사안에 올인해 속속들이 파헤치는 기획 보도가 많아진 배경이다.

🔸 "광주드림·전라도닷컴 너희 가치를 알려주마"

재창간 무렵 광주 지역사회에서도 광주드림에 힘을 실어주는 행사를 기획하는 등 새 출발을 응원하는 기운이 짱짱했다.
'닷드사사'라는 모임이 결성된 게 그즈음이다. '전라도닷컴과 광주드림을 사랑하는 사람들'인데, 팬클럽과 같은 열정이 충만했다.
이 모임은 재창간 축하 광고를 실어 응원 메시지를 전했다.

> **광주드림과 전라도닷컴을 사랑하는 사람들**
>
> 시장 만능주의의 그늘 아래 무참하게 버려지는 사회적 약자와 소수자의 권익 보호에 용기 있게 나서왔던 신문!
> 외부의 간섭과 압력으로부터 편집권을 침해당하지 않고, 강자에겐 엄정하고 약자에겐 힘이 되어온 신문!
> 시민의 눈물과 웃음이 있는 현장이면 어디든 달려가 시민들의 생생한 목소리, 그 눈물과 웃음을 담아온 신문!
> 광주드림의 재창간을 축하합니다. 그리고 기대합니다.

전라도닷컴 시절부터 독자와 구독자, 필자로 인연 맺어온 이들이 주축인 이 모임은 모기업 빅마트의 쇠락과 이에 따른 매체들의 운명에 누구보다 가슴 졸이며 향배를 예의주시하며 애달파해 왔다. 그런 애정의

광주드림이 사랑방신문에 인수된 이후인 2007년 5월, 독자들이 나서 광주드림과 전라도닷컴의 가치를 알려주는 토론회를 열었다.

소유자들에게 광주드림의 새로운 출발은 얼마나 기대되는 대목이었을지 짐작하고도 남음이 있다.

하여 그들의 응원은 후원 광고에만 머물지 않았다.

"광주드림·전라도닷컴 너희 가치를 알려주마"라면서 시민토론회를 준비하고 실행한 것이다.

2007년 5월 3일 북구문화의집에서 실제 진행됐다.

'닷컴과 드림을 사랑하는 사람들'이 "광주드림과 전라도닷컴은 여러분에게 어떤 존재였습니까?"라는 물음으로 준비한 무대였다.

두 매체의 모기업이었던 (주)빅마트가 곤경에 처했을 때부터 '우리 지역에서 이런 신문과 잡지는 꼭 지켜야 한다'라며 의기투합한 이들의 결속력이 마침내 결실을 거둔 것이다.

두 매체에 글을 써왔던 필자와 독자들이 뜻맞아 어울리다 보니 어느덧 회원이 100여 명으로 늘어나 있어 이 같은 기획이 가능했다.

온라인과 오프라인을 넘나들며 교류해 오던 이들이 광주드림과 전라도닷컴 후원 첫 번째 사업을 펼친 것이다.

시민토론회의 주제는 '전라도닷컴과 광주드림을 통해 본 지역 언론의 역할과 가능성'이었다.

'광주드림과 전라도닷컴이 해온 일을 정확히 짚어줘야 앞길도 분명해진다'라는 공감대 속에서 마련된 토론회는 지루하고 딱딱하다는 고정관념을 깰 수 있도록 재미지고 의미있는 자리로 기획했다.

'닷컴과 드림이 함께한 사람들'이라는 코너의 영상물이 상영되고, 광주MBC 얼씨구 학당 진행자인 지정남·백금렬 씨가 풍자해학 창작 판소리 '이래야 진짜 언론!'을 준비해 배꼽 빠지는 공연을 선보였다. 이어 '시민 증언! 현장에서 만났던 광주드림'이라는 코너에서 광주시청 해고 비정규직 노동자와 인화학교 성폭력대책위원 등의 증언이 이뤄졌다.

광주·전남민언련에서는 '광주드림의 기사 태도와 시민의 삶'이라는 보도 분석 결과물을 제시했다. '전라도닷컴의 지역사랑'은 광양 농부 서재환 씨와 진뫼마을 김도수 씨가 증언했다.

이 밖에도 전고필 북구문화의집 상임위원이 '관광 행정을 앞질러 간 전라도닷컴'을, 이기갑 목포대 교수가 '전라도 말맛을 되살려낸 전라도닷컴'을 칭송했다.

특히 이날 토론회엔 지역신문의 성공 신화를 만들어 가고 있던 '옥천신문'과 '여의도통신' 발행인 오한흥 씨가 초대돼 '언론 하나 바로 서면 지역이 달라진다'라는 주제로 강연했다.

토론회 모든 과정이 필자와 독자들에 의해 준비되고 기록되면서 지역언론사(史)에 의미 있는 시도로 자리매김한 행사였다.

당시 시민토론회를 정리한 기사를 소개한다.

'끌텅' 파고 오감 뒤흔드는 '드림·닷컴' 계속 힘내라
'광주드림·전라도닷컴을 통해 본 지역언론' 시민토론회

"'끌텅'을 파온 광주드림이었고, 오감을 뒤흔들어온 전라도닷컴이었다. 이런 매체들이 지역을 건전하게 하는 자산이다."

지나온 세월 광주드림과 전라도닷컴의 발자취를 조명해 본 시민토론회가 지난 3일 북구문화의 집에서 열렸다.

모기업의 경영 변화·두 매체의 분리 등 최근의 혼란 상황을 극복하고 흔들림 없이 나아가라는 격려와 후원의 의미를 담아 두 매체의 필자와 독자들이 마련한 자리였다. 이날 '닷컴과 드림을 사랑하는 사람들'(카페 cafe.daum.net/comdreamlove)은 창작 판소리 공연·시민토론회 등 모든 프로그램을 스스로 마련해 흥겹고 뜻깊은 자리를 선물했다.

광주드림이 3년 동안 해왔던 역할과 가치는 현장에서 만났던 시민들의 증언을 통해 표현됐다.

지난 3월 광주시청 청소 비정규직에서 해고돼 복직 투쟁 중인 공공서비스노조원 중 한 명인 윤옥주 씨는 "시장실 앞 농성 등 일련의 과정에서 관심 가져준 언론은 광주드림밖에 없었다"면서 "막막한 시기 조합원들은 드림만 찾았다"고 증언했다.

"광주드림의 갑작스런 휴간으로 답답하기 그지없었는데, 다시 만나 볼 수 있게 돼 반갑다"고 기대한 그는 "진짜 힘없는 이들의 발과 입이 돼 주라"고 당부했다. 인화학교 성폭력대책위 김용목 목사는 "200여 일 넘게 천막농성을 하고, 40여 일 넘게 천막 수업을 진행 중이지만 우리들의 얘기는 외부로 전달되지 못했다"면서 "광주드림이 없었다면 2년여 동안 투쟁을 이어올 수 있었을까 싶다"고 말했다.

지난해 신설학교 납품 비리가 불거졌을 때 '내 학교도 고발한다'며 도화선을 지핀 김선호 신가중학교 교장도 마이크를 잡았다. "광주드림은 신식 학교가 생긴 100년 이래 처음으로 광주 교육계 뿐만 아니라 대한민국 교육계 전체를 변화시킨 신문"이라고 평가한 그는 "두 달 이상 끈질기게 물고 늘어진 근성이 다른 신문과 차별화된 동력이었다"고 주장했다.

김경일 생명의 숲 사무국장은 "지리산댐 반대 운동을 벌일 때 먼 길 마다않고 달려와 들어주고 기록한 언론이 전라도닷컴이었다"면서 "'왜 안되는지' 뒷배경까지 정확히 전달해 감동을 준 언론이었다"고 평가했다.

전고필 북구문화의 집 상임위원은 품들인 자료조사와 분석을 통해 전라도닷컴의 의미를 역설했다. 우선 전라도닷컴은 전라도의 고샅을 그냥 지나치지 않고 속속들이 반추했다고 의미부여했다. 또 "전해오는 얘기를 통해 공간을 구성하고 새로운 얘기를 더해 질펀한 삶으로 버무려 냈다"면서 "이 잡지를 통해 남도 사람 한 사람 한 사람이 박물관으로 자리매김했다"고 말했다. "전라도닷컴은 조명받는 한 순간이 아닌 지속적인 순간을 담아냈다"는 평가도 곁들였다. 전 씨는 이어 "전라도닷컴은 위대함을 뛰어넘어 작고 하찮은 것들마저 귀히 여기고 존중했다"면서 "흔히 간과하기 쉬운 것을 살려내 총체적인 남도를 담았다"고 의미부여했다.

"전라도닷컴이 관광 행정을 앞서가고 있다"는 것이 전 씨의 결론이었다. 진뫼마을 김도수 씨는 "섬진강 적성댐 반대 운동 글을 연재하면서 끈끈한 인연을 맺어왔다"면서 "이 잡지로 인해 수몰될 뻔한 마을을 지켜냈다"고 고마워했다.

이날 시민토론회에서 '광주전남민언련이 분석한 광주드림'이라는 보고서가 특히 눈길을 끌었다.

당시 지역언론을 모니터링해오던 민언련은 3년여 동안의 결과물을 통해 광주드림이 지닌 다른 신문과 차별화된 가치를 김지형 간사를 통해 발표했다.

민언련은 우선 지자체 감시·비판자로서의 언론의 역할에 충실했다고 평가했다.

동구청의 금남로 프로젝트 청사진에 가린 선심성 사업을 검증했고, 문화전당 설계 변경 논란에 깃든 이기주의를 짚었다는 것.

곧 지자체장의 독단적인 행정에 쓴소리를 아끼지 않았다는 것으로, 지방 권력 감시라는 본연의 역할을 성실히 수행했다고 칭찬했다.

둘째, 소외계층 대변에 충실했고, 인간 중심·공동체적 삶에 초점을 맞춰왔다고 분석했다. 광주시청사 청소 비정규직 해고와 관련 노동자들의 목소리를 충실히 담았고, 나아가 광주시의 잘못을 지적함과 동시에 다른 도시의 사례를 통해 해법을 모색하는 노력이 돋보였다고 평가했다.

셋째, 심층 취재·후속 보도에 충실했다고 강조했다.

2005년 9월 '명문대 진학률 광주 1위'라는 국감 자료를 모든 언론이 받아썼을 때, 광주드림만 조사 방식을 문제 삼아 자료의 허구성을 들춰냈다고 분석했다.

"국감 자료의 신뢰성마저 검증하고 나선 기자 정신이 빛났다"는 것이 민언련의 평가다.

송정동 성매매 업소 화재는 단순 화재로 묻힐 뻔했으나 광주드림의 끈질긴 탐사 보도로 유흥업소 운영, 경찰-구청 유착 의혹 등을 제기하며 큰 파장을 몰고 왔다고 의미를 부여했다.

선거 보도 역시 차별적이었다고 점수를 줬다.

지난해(2006년) 5·31지방선거 보도와 관련, 광주드림은 다른 신문보다 유권자 운동 관련이나 정책 보도에 비중을 뒀다고 분석했다. 선거 초기 표방한 '광주드림 5·31 선거 보도 지침'도 참신했다고 의미를 부여했다. 민언련은 "광주드림이 2005년과 2006년 연이어 민주언론상을 수상한 것은 이러한 차별화된 정신과 보도 때문에 가능했을 것"이라고 분석했다.

시민기자들 다시 출동!

새 터전 '사랑방'에서 전열을 가다듬은 광주드림은 '시민공감 지역신문'이라는 사시를 다시 곧추세웠다. 그 중심에 시민기자가 있다. 5월 중순 '시민기자가 돼 주십시오'라는 사고(아래)를 내고 2기 모집에 들어

> 광주드림이 시민들 일상의 삶 속으로 더 가까이 다가가려 합니다. 생활 주변 소소한 이야깃거리도 더 싣고자 합니다. 진정 시민공감 지역신문으로 거듭나겠다는 각오입니다. 여러분이 살고 있는 광주 구석구석의 이야기를 전하고, 불의와 부조리를 고발해 주실 분을 시민기자로 위촉하고자 합니다.
> 자격 제한은 없습니다. 기사체와 같은 정형화된 문체도 필요치 않습니다. 평상시 써왔던 대로, 생각하는 바를 표출해 주십시오. 사진 분야에 대한 참여도 환영합니다. 지면에 반영되기 위해선 사실 확인은 필수입니다.
> 본보 기자들이 시민기자들과 함께 하며 돕겠습니다. '독자에서 기자로…' 열려 있는 광주드림의 주인은 시민들입니다. 많은 성원 바랍니다. 인터넷 광주드림(www.gjdream.com)에 접속, 시민기자 지원란에 지금 응모하십시오.

시민 참여 저널리즘을 표방한 광주드림의 핵심 자산이 시민기자다.
2007년 6월 사랑방신문사 교육장에서 열린 시민기자학교 현장 모습이다.

갔다.

이렇게 공모한 결과 97명이 접수해 광주드림 2기 시민기자단이 꾸려졌다. 2기 기자단은 6월 21일 사랑방신문 교육장에서 출범식을 갖고 본격적인 활동에 들어갔다.

이날 출범식에 참석한 시민기자들은 광주 곳곳의 생생한 목소리를 전달할 것을 다짐했다.

시민기자단 97명은 고등학생부터 70대 어르신까지 연령 분포가 고르고, 대학생·공무원·교사·회사원·시민단체 관계자·농민·운전원·주부·기업체 대표 등 다양한 직종이 망라했다.

출범식에선 또 시민기자단의 역할과 활동 방향, 기사 쓰기 방법 등에 대한 교육과 앞으로 운영 방안에 대해서도 논의했다.

박우기 편집국장은 "시민기자단 운영은 시민참여형 신문을 만들기 위함이다"며 "더 친숙하고 독자들에게 가까이 다가설 수 있는 신문을 위해 함께 해달라"고 당부했다.

시민기자들 역시 왕성하게 활동해 취재 결과물을 쏟아냈다. 광주드림은 이들의 기사를 취합해 '시민기자 출동'이라는 면을 신설해 정기적으로 보도했다.

6월 25일 자 보도된 2기 시민기자단의 첫 작품인 '시민기자 출동' 페이지엔 시내버스 승강장 표지판의 오류, 광주천 자전거 도로의 위험성, 거리 불법 광고 기승, 비만 오면 잠기는 도로 등의 기사가 채택돼 지면에 실렸다. 이후로 '시민기자 출동'은 거의 매일 지면의 한 페이지를 장식했다.

일부 시민기자들은 사진 기사로 메시지를 전달했으며, 이 중 일부도 지면에 실렸다. 때론 '시민기자의 눈'이라는 코너로 보도된 기사들도 많았다. 공사판 광주천 곳곳에 물이 들어차 보행이나 자전거 운행이 어렵다고 지적한 손홍식, 조원종 시민기자의 눈이 그런 류의 기사였다. 시민기자들의 활약은 여기서 끝나지 않았다.

6월 27일(수) 자는 시민기자가 작성한 '서로가 서로를 못 믿는 불신의 사회'라는 기사가 1면을 장식하기도 했다.

이 같은 시민기자의 활약상이 연일 지면에 보도되면서 지역사회 잔잔한 파장이 일었다. 행정기관 등에서 광주드림 시민기자들이 고발한 현장을 점검해 문제점을 시정 조치한 것. 그런 상황을 신문사에 알려와 문제가 해소됐음을 설명하고, 보도해달라고 부탁했다.

민원 해결사가 된 것이다. 큰 틀에서의 문제에 천착한 직업 기자들과는 달리, 시민인 기자들이 일상을 점검해 주민들 삶과 더 밀접한 얘기를 다뤘기에 가능한 결과였다.

기자들의 취재력도 상승했다. 일회성에 그치지 않고 이전에 지적했던 문제가 시정될 때까지 관심의 끈을 놓지 않는 자세가 돋보였다.
2007년 6월 '광주는 여전히 배달다방 천국'이라는 시리즈가 다시 시작된 배경이다.
앞서 2005년 8월 '배달다방의 도시 광주, 어두운 질주'라는 제목의 기획 기사를 내보낸 뒤 2년이 흘렀지만 달라진 게 없다는 판단에 다시 나선 것이다. 2005년 보도 당시 단속 강화·제도 개선 등 여러 대책이 논의됐지만 공염불에 그친 현실에서, 이른바 '끝텅'을 파겠다는 오기가 발동했다.
광주는 당시까지도 "배달다방이 성공한 유일한 대도시"라는 오명에서 벗어나지 못했다, 외지의 미성년자(속칭 '미자')들이 광주로 몰려들고 있었다. 부끄럽지만, 엄연한 사실이었다.
아찔한 옷차림의 '미자'를 태운 오토바이들이 쉼 없이 질주하는 풍경이 도심에서 흔히 목격됐다. 그해 10월 전국체전 개최가 예정돼 있고, 문화중심도시를 꿈꾼다는 광주의 자화상이었다.
"배달 자체가 성적 서비스"라는 메시지를 앞세운 새로운 기획 보도는 배달을 시키는 시민 의식을 겨냥했다.
당시 기사에 따르면 배달다방을 주문하는 소규모 업자들의 왜곡된 인식이 고스란히 드러나 있다.
"많을 땐 하루 10번도 더 시켜요. 손님 접대하자고 보면 자연스럽게 불러지더라고요."
"그냥 시간 보내기죠. 농담하고, 가볍게 만지기도 하고…."
북구 중흥동 6거리, 이른바 엔진 거리의 한 업자가 본보 취재진에 털어놓은 실태다. 언어·신체적 성희롱으로 자연스럽게 이어지는 현실이 고스란히 드러났다.
"글쎄요? 죄의식을 느껴보진 않았죠." "미성년자가 아닌 바에야 배달다방이 할 수 있는 일종의 서비스 아니에요?"

당시 광주지역에서 횡행한 배달다방의 토대가 된 시민 의식의 현주소가 이랬다.

본보는 이와 같은 왜곡된 인식이 문제의 출발점임을 지적하는 기사를 내보냈다. 가출 청소년을 구조하고 보호하는 단체와 함께 실태를 제대로 제시하는 것으로부터 출발했다.

광주시청소년상담지원센터 위기지원팀이 "배달다방 종업원 중 열에 아홉은 미성년자"고 "또 그 중 일부는 티켓 영업, 이른바 성매매를 하고 있을 것"으로 추정하는 시기였다.

관련 단체가 이들이 미성년자일 것으로 추정하는 근거는 "미성년자가 아니라면 다방에서 일할 이유가 없다"는 것이다.

유흥주점·노래방 등에 나가면 훨씬 벌이가 괜찮기 때문이다. 일의 강도 역시 배달다방이 훨씬 더 세다는 게 이들의 설명이었다.

본보는 기사를 통해 "상대적으로 미성년 단속이 강한 유흥업소에선 근무가 불가한 어린 소녀들이 이른바 '한시적'으로 머무는 공간이 배달다방"이라는 현실을 지적했다.

이는 정황상 '커피 배달 여성들의 대다수를 미성년자로 봐도 무방하다'라는 결론으로 이어졌다. 이런 사정임을 알리면서 본보는 "시켜 먹는 이들의 책임이 가볍지 않다"고 질타했다.

미성년자들이 다방에서 일할 수 있게 만든 근간인 제도적 허점도 파헤쳤다.

청소년보호법에 따르면 미성년자의 다방 취업이 불가능한 것은 아닌 현실을 고발함이다. 다방이 술 판매를 하지 않는다는 이유로 주류업이 아닌 식품접객업소로 분류돼 있는 데 따른 것이다. 이 경우에도 미성년자는 주방·홀 등 실내 근무에 한하며, 부모의 동의가 필요하다.

하지만 배달에 나서면 바로 '불법'으로 문제가 달라진다. 청소년보호법은 '다류(차)를 조제·판매하는 업소가 청소년(만 18세 미만)으로 하여금 영업장을 벗어난 배달을 조장하거나 묵인할 경우 처벌한다'고 규정하고 있기 때문이다.

법적 제도적인 허술까지 겹쳐 광주지역 배달다방이 근절되지 않고 있다는 광주드림의 기획 기사는 사회적으로 큰 파장을 일으켰다.

무엇보다 '시켜 먹는 것 자체에 책임을 물어야 한다'는 주장은 배달다방 근절을 위해 필요한 조치가 무엇인지를 적확하게 짚어냈다는 평가를 받았다.

 기자들 시선으로 지면 평가

사랑방신문에서 새롭게 시작한 광주드림은 기자들이 직접 해온 지면 평가에 내실을 더 기했다. 2004년 창간 이후 지면 평가는 지속됐지만 이때 들어 더 정교하고 정기적이라는 틀을 갖춘 것이다.

9월 첫째 주, 터전을 옮기고 난 뒤 첫 번째 지면 평가가 이뤄졌다. 평가에는 편집부·교육팀·경제팀·행정팀·문화팀에서 기자 한 명씩 참여했다. 지면 평가는 전체적인 차원의 점검과 개별적인 기사에 대한 평가도 이뤄져 다방면에서 심도 있는 논의가 진행됐다.

실제 2007년 9월 첫째 주 지면 평가 내용을 살펴보면 신랄한 면모를 확인할 수 있다.

"'오늘 광주는' 코너는 좋다. 나머지 지면의 쪽지 기사의 경우 상당 부분 비중 없는 단신 기사로 메워지는 경향이 있다. 그래서인지 오히려

신문의 집중성을 흐트러뜨린다는 지적도 있다. 과연 쪽지 기사를 넣어야 할 것인지, 아니면 빼야 할 것인지 전체 기자들이 한번 토의를 해봤으면 한다."

전체적인 흐름을 지적한 부분이다. 여기서 끝이 아니다. 요일별 지면에 대한 평가도 이어진다.

"월요일 자 '또 두발 폭행' 기사의 경우, 단순히 학생을 때리고 강제 전학시키겠다는 고발성 내용에 중점이 맞혀진 듯싶다. 비단 서석중학교만의 문제가 아니기에 광주 시내 중·고등학교 내 두발 문제에 대한 기획 기사가 돼야 하지 않았나. 두발 문제에 대한 후속 보도가 이어졌으면 좋았을 것 같다."

"사람 판 '스타 농민 3명 대학 강단에 서다' 기사의 경우, 전남대 보도자료에 의존한 기사여서 아쉬웠다. 얼마든지 초점을 맞출 수 있는 인물들이 있었다. 보도자료에 의존하다 보니 사진도 부족했다."

조그만 부분에도 신경 써야 한다는 경각심을 주문하기도 했다.

"라이프 스타일 '축의금 맞아? 보험 아니야?' 기사는 재미있었다. 독자들 반응도 좋았다. 하지만 삽화의 사진 모두 봉투 속에 5만 원이 들어가 있어 5만 원을 내라는 소리로 착각할 수도 있었다. 작은 것이라도 신경을 써야 할 듯싶다."

"'이 씨 부부가 구청장 찾은 까닭은' 기사는 딱꼬집기 필진의 글에서 아이템을 찾은 것이다. 어떤 글이나 사안에서도 기사가 나올 수 있다는 것을 보여준다. 옥에 티는 부모의 가슴에 '생채기'란 표현이 있는데, 생채기는 작은 상처. 깊은 상처의 아픔을 표현하기에는 부적절한 표현이다. 기자들이 틀리기 쉬운 표현이다."

반론 보도에 인색하면 안 된다는 조언도 따끔했다.

"'로케트 전지 반론 보도'와 관련 반론 보도에 인색할 필요는 없는 것 같다. 하지만 이번에는 취재 과정에서 회사 측에 대한 취재가 부족했기에 반론 보도를 한 것이다. 앞으로 취재 과정에서 유념해야 할 문제다."

이와 같은 광주드림의 지면 평가에서 눈여겨볼 건, 위원들의 평가에 대해 반론권이 보장됐다는 점이다. 즉 위원회에서 지적된 내용이 공람 절차를 거치고, 해당 사안에 관련된 기자들에게 해명할 기회가 주어졌다. 예컨대 쪽지 기사를 넣어야 할지에 대한 논란과 관련, 편집 책임자는 "쪽지 기사가 집중성을 떨어뜨린다는 데 동의할 수 없다. 다만 별 정성 들이지 않고 1단 성격의 기사를 올리는 데서 문제가 시작된다"라면서 "쪽지 기사를 잘 살리면 우리 신문의 독특한 포인트가 될 수 있다"고 반박하기도 했다.

이 같은 방식의 지면 평가는 기자들 내부 소통의 장으로서 가치도 높았다. 주마다 평가회가 끝나면 편집국장이 소감을 남겨 의미를 되새겼다.

"평가위원들 고생했습니다. 소통이 안 되면 조직은 정체됩니다. 다양한 의견을 주고받으면서 신문의 색깔과 방향을 자율적으로 조정해 나가는 과정으로 보아야 합니다. 지면 평가가 단순한 의례적 평가에 그쳐선 안 됩니다. 구성원 모두가 공유하고 각자의 의견을 활발히 개진해 다음 지면에 반영시킴으로써 신문의 질적 향상을 도모해야 합니다. 적극적인 참여 부탁드립니다."

이 같이 기자 스스로의 진단과 자성이 광주드림 기사의 질을 담보하는 최고의 게이트키퍼가 됐다는 평가를 하고 싶다.

늘 그랬듯이 광주드림의 취재와 보도는 개발에 밀려 사라지는 사람과 마을에 초점을 맞춘 경우가 많았다.

같은 해 7월 말부터 보도한 '아파트가 밀려온다, 기로에선 마을들' 시리즈 역시 마찬가지였다. 광주에선 언제부턴가 우후죽순처럼 아파트들이 들어섰다. '도시화'란 이름으로 거침없이 진격해 온 콘크리트 더미에 압사당할 처지에 놓인 시민들은 '숨 막히는 도시'라며 환멸을 느낄 정도가 됐다.

광주드림은 당시 광주지역에서 아파트 건설이 목전인, 즉 바람 앞에 놓인 등불 같은 처지의 도시 속 마을을 찾아 주민들의 얘기를 들었다. "아파트 개발 소문 돌면 마을은 그때부터 황폐"라는 주민들은 뒤숭숭한 개발 후폭풍을 담담하게 증언했다.

시리즈에서 제일 먼저 찾아간 마을은 북구 건국동 본촌마을이었다.

광신대학교 인근으로 한때 120가구가 세를 과시하며 살았던 광산 김씨 집성촌이었는데, 당시엔 80여 가구만 남아 있는 상태였다.

이곳 역시 아파트 개발 사업, 이른바 '작업'이 진행되고 있었다. 대기업 건설사가 주민 90% 이상의 동의를 얻어 주택 개발 사업에 뛰어들면서 아파트가 들어서는 게 기정사실이 됐다. 이렇게 개발 바람이 불면 마을은 그때부터 폐허가 되는 수순을 피하지 못한다.

"아파트 들어오면 언제 뜯길지 모르잖아. 누가 집 수리를 하겠어. 그냥 저냥 살게 되지."

한 주민의 말처럼 마을엔 빈집과 허물어져 가는 건물들이 눈에 띄게 많아졌다.

시리즈 두 번째로 찾아간 마을은 남구 봉선동 불로마을이었다.

조상 대대로 삶의 터전이었던 논밭이 몇 년 새 아파트로 변하고 말았으니, 먹고 살 터전을 상실한 주민들은 남은 집터 역시 아파트로 개발해 주기를 바라는 지경에 이르렀다.

세 번째로 찾아간 곳은 동구 용산동 화산마을. 제2순환도로가 화산마을 한복판을 남북으로 가로질러 양지와 음지마을로 나눴고, 북쪽인 양지마을은 용산 택지 개발 예정 지역이 됐다.

500년 역사의 서구 염주마을도 사라지는 중이었다. 한때 120가구가 번영을 구가했던 마을이지만, 당시엔 20여 가구만 초라한 행색으로 남아 옛 영화만 곱씹고 있었다. 마을의 밑천을 상실한 탓이었다. 끼니와 벌이의 중심이었던 논밭들에 아파트가 들어서면서 염주골은 쇠락의 길로 접어들 수밖에 없었다.

화정주공·염주지구·신동아·한양·광명·대주아파트 등이 솟아오른 터가 마을의 밑자리였고, 그나마 남아 있는 몇 채 안 되는 마을 코앞까지 사우나·노래방·식당 등이 줄지어 진군하면서 터전을 지키지 못한 주민들의 한이 절절했다.

광산구 운남마을도 소멸을 피할 수 없는 동네였다. 광주역에서 하남로를 따라 극락강을 건너면 바로 만나게 되는 지역으로, 이곳 역시 대규모 택지 개발로 20층이 넘는 아파트 '숲'이 된 지 오래였다.

본보 시리즈를 통해 만난 주민들은 운림촌이라 불렸던 옛 영화를 토로하며 아쉬움을 삼키지 못했다.

시리즈 일곱 번째는 동구 용두동 거진·거상·거하마을을 찾아갔다. 거(巨)를 돌림자로 쓰는 세 마을은 삼각 축으로 터 잡아 살아온 형제 마을이었다. 이곳 역시 옛 모습은 찾을 길 없고 자고 나면 '상전벽해' 하는 도심 속에서 점점 더 고립돼 가는 중이었다.

이렇게 광주드림은 도심 속 아파트에 밀려나는 사람과 마을의 이야기를 기록했다. 지금 돌아보면 상상조차 할 수 없는 삶이 광주드림의 기록 속에 선연하게 남겨져 있다.

무가지와 생활정보지 미래를 탐색하다

SRB미디어 사랑방신문이 광주드림 인수를 결정한 배경엔 무료 일간지와 생활정보신문 간 시너지 효과에 대한 기대도 있었다.

SRB미디어는 100페이지가 넘는 '사랑방' 제호의 생활정보신문을 발행하고 있다. 새로 인수한 광주드림 역시 '사랑방' 과 같은 크기인 타블로이드였다.

자체 인쇄소를 갖고 있던 SRB미디어로선 기존 사랑방 시스템에 광주드림을 효과적으로 얹혀 비용 절감이 가능하다는 판단이 있었다.

또 사랑방이 주력으로 하는 부동산과 자동차 분야 광고 외 일간신문을 통한 지역 내 기업, 관공서 등의 광고로 확장할 가능성도 봤다.

그럼에도 이미 인쇄 매체의 퇴조가 기정사실화한 시절이었으니, 종이 신문의 미래에 대한 불안감은 여전했다.

정보는 이미 온라인으로 소통돼 오프라인으로 전파하는 뉴스매체의 한계가 분명했다.

생활 정보 역시 온라인 플랫폼에 장악돼 가고 있는 상황. 기존 사랑방신문이 주도권을 행사해 온 부동산 매매, 중고차 거래 등이 거대 자본이 투자된 온라인 플랫폼으로 빨려 들어가고 있었다.

사랑방과 광주드림 경영진은 이와 같은 환경 속 새로운 미래를 구상하기 위해 선진지 견학을 준비했다. 무가지와 생활정보신문의 태생지인 북유럽 연수였다.

'유럽지역 무료신문 시장 탐방 및 견학'이란 제목의 프로젝트는 2007년 11월 17일~27일(10박 11일) 까지 진행됐다. 유럽 4개국(영국, 프랑스, 스위스, 오스트리아)이 대상이었다. 연수단은 사랑방신문을 대표해 조덕선 사장, 김선영 상무, 전승태 광고국장 등 3명, 광주드림을 대표해선 정태형 발행인과 필자 포함 총 5명으로 꾸려졌다.

탐방 대상은 무료신문과 생활정보신문 등 4개사였다. 연수단은 훗날 결과보고서를 남겨 당시 보고 들은 내용을 문서로 정리했다.

보고서에 따르면, 연수 목적은 영상매체와 인터넷으로 대표되는 21세기 첨단정보통신의 시대에 인쇄 매체의 현재상과 미래상을 고민하는 것이었다.

생활정보지나 무료신문 모두 유럽이 태생지와 선진지가 분명한 만큼, 참관의 대상지로의 가치는 충분했다.

보고서에서 배울 점으로 기록한 건 "유럽의 무료 일간지는 독자들에게 밀착하고, 그들의 요구를 반영한 뉴스를 전달하며, 하루 만에 소멸하는 일회성 소모품이 아닌 두고두고 볼 수 있는 정보 책자로서 역할에 충실한 것을 발견할 수 있었다. 이는 인쇄 매체의 상품성을 높이고, 무료신문의 가치를 배가시킬 수 있는 장점"이라고 평가했다.

반면 "광고에 의존할 수밖에 없는 경영 환경상 지나치게 선정적인 내용을 싣거나, 깊이 있는 정보가 아닌 오락 위주로 흐르고 있는 점은 경계해야 할 대목"이라고 남겼다.

또 "구독률과 활자 매체 친밀성 등 지역·문화적 여건이 현저하게 다른 유럽에서의 신문 제작과 경영을 한국적 상황에 바로 대입시키기 어려운 현실 또한 부인할 수 없는 과제"라고 덧붙였다.

구체적으로 스위스 무료신문 '르 마탱 블루'(Le Matin Blue)의 사례는 이랬다. 광주드림 창간 1년여 뒤인 2005년 10월 첫선을 보인 이 신문은 제네바·로잔 등 불어권 스위스 지역 140만 인구를 대상으로 발행되고 있었다.

당시 추정 구독자가 35만 명으로, 유료 일간지 <르 마탱>, <24heures>, <Tribune de Geneve>, <journal de Morges>, <La Broye> 등 다수의 매체

2007년 11월, 광주드림을 인수한 사랑방은 무료신문과 생활정보지의 발상지인 북유럽 연수를 통해 미래를 모색했다.

를 자매지로 발행하는 언론 기업이었다.

연수단과 만난 트리스탄 세프(Tristan Cerf) 편집국장은 "지역뉴스, 경제, 세계 소식, 트렌드 등을 담아내고 있다"면서 "특히 구독자들이 가장 많이 읽는 페이지는 날씨 정보로, 신문 마지막 페이지 전체가 날씨란"이라고 소개했다.

트리스탄 국장은 또 연예·오락 기사가 인기가 좋고, 설명과 그래픽을 곁들인 과학란 'QUID'도 많이 읽힌다고 말했다.

사업성과 관련, 이 신문은 창간 3년 차인 당시까지 흑자 전환엔 이르지 못하고 있었다. 트리스탄 국장은 "광고주에게 페이지 선택권을 주지만, 광고와 연계되는 기사는 함께 싣지 않으려 노력한다"면서 "광고 마케팅은 별도의 회사에 위탁해서 시행 중"이라고 했다.

자매지가 많은 장점을 활용해 '반값 마케팅'도 시행 중이었다. 본지인 <르 마탱> 광고주가 <르 마탱 블루>에도 광고 의뢰 시 단가를 50% 인하해 준다는 것이다.

사이트는 그룹 내 전체 언론사 홈페이지를 통합 운영해 비용을 절감하고 있었다. 무료신문 '르 마탱 블루'는 독자층으로 젊은 세대(14~29세)를 겨냥한다고 했다.

"나이 든 세대는 신문을 사서 보는 특성이 있다. 신문을 잘 안 보는 젊은 세대들이 보는 신문이면 충분히 가능성 있다. 젊은이들을 상대로 영업하는 광고주를 끌어들일 수 있다"라는 주장이었다.

연수단이 두 번째로 둘러본 유럽의 무료신문은 오스트리아의 호이테(Heute)였다.

이 신문은 광주드림과 비슷한 시기인 2004년 여름 창간했다. 오스트리아 수도인 비엔나 시 지하철 전역을 배포권으로 뒀는데, 인구로는 당시 600만 명이 포진하고 있었다.

리차드 슈미트 편집국장은 연수단과 만나 "지하철서 읽히는 신문을 제작한다. 한눈에 관심 갈 만한 가볍고 재미있는 기사 위주로 편집한다"면서 "경제나 정치 등 지루한 얘기는 적게 취급하거나 뒷면으로 배치한다"는 전략을 제시했다.

이 신문은 스포츠 신문 같은 선정성도 가미해 발행하고 있었다. 사업성과 관련 호이테는 젊은 세대(14~29살) 겨냥 TV·오락·스포츠·대중문화에 초점을 맞추고 있다고 했다.

당시 전면 광고에 1만 2000유로(한화 1500만 원 상당)를 창간 초기부터 고정했는데 "600만 명이 보는 신문이라는 타이틀로 판촉하고 있다"라고 했다.

"실제 광고 효과가 나타나는 신문이라는 게 중요했다"고 한다. 전자제품·식품 등 광고를 내면 판매가 늘어나는 실적으로 광고주 유인에 나서 창간 2년 만에 흑자 전환에 성공한 모델이다.

하지만 '수익이 된다면 선정성도 마다하지 않겠다'라는 태도여서 정론지를 지향하는 광주드림 모델로 삼기엔 적절하지 않다는 한계 또한 분명했다.

당시만 해도 유럽지역 일부 편집진은 "인터넷 환경이 아직까진 신문의 위협 요소가 못 된다고 판단한다"라면서, 그 근거로 "기사의 신뢰성에서 신문과 비교가 안된다"라는 확신이 강했다.

하지만 이후 10년도 안 돼 신문은 온라인 콘텐츠에 밀려 쇠퇴의 길이 분명했으니, 지금 돌아보면 안일한 인식이었다고 하지 않을 수 없다.

🟧 시민편집국, 초유의 실험

사랑방신문에 인수돼 첫해를 보낸 뒤 맞이한 이듬해 2008년은 새로운 환경에 연착륙한 기운으로 더 큰 걸음을 성큼성큼 내딛기 시작했다.
무엇보다 '시민 참여 저널리즘'이라는 가치를 부여잡고 이에 매진하는 노력을 게을리하지 않았다.
시민기자 활동이 활발했던 광주드림은 거의 매일 지면에 '우리 동네 소식'이란 페이지를 만들어 시민기자들의 기사로 채워왔다.
광주드림은 여기서 더 나아가 '시민편집국'으로 그 지평을 넓혔다.
창간 4주년을 맞은 2008년 4월이었다.
지면 제작에 시민들의 참여를 더욱 활성화하겠다는 의지가 담긴 실험이었다. 시민기자 중 9명으로 시민편집국을 구성한 것부터가 당시로선 파격적인 시도였다.
김미자, 조원종, 손홍식, 장우철, 표인술, 박강, 김정윤, 도연, 박현구 시민기자 등 9명이 그 멤버였다.
시민편집국은 자체 회의를 통해 손홍식 시민기자를 시민편집국장으로 선출해 기자단의 중심에 세웠다. 시민편집국은 자체 제작회의를 통해 아이템을 정하고, 직접 취재해 기사를 마감했다. 당시 시민편집국이 특집 지면으로 기획한 내용은 다음과 같다.

특집 지면으로 기획한 내용

○ 광주드림 4년 돌아보기(담당 조원종)
  - 광주드림 논문 쓴 허진아 씨
  - 언론단체 민언련이 말하는 광주드림은?

- 시민들이 바라본 광주드림(잘한 점, 미흡한 점, 바라는 점)
○ 광주를 바꿔온 시민기자의 힘(장우철 박현구)
- 1년 동안 뭘 했나
- 시민기자 좌담회
- 시민기자 앞으로는 이렇게
○ 광주를 바꿔! 시민들이 말하는 광주 현안·대책(표인술 박강)
- 대중교통, 불편하거나 짜증나거나
- 재래시장, 살아나고 있나
- 기초질서, 부끄럽지 않나요?
○ 가정의 달(정영대)
- 다문화가정 웃음꽃은 언제
- 아이 낳기 겁 난다 겁 나
- 이 땅에서 장애인으로 살아가기(도연 시민기자)
○ 광주로 떠나요(조원종)
- 자전거를 타면서 둘러보는 광주의 풍경
- 자전거 여행 명소 소개+화보
○ 그래도 아름답고, 밝은 빛고을(손홍식 김미자)
- 빛과 소금 봉사자와 단체들 탐방
- 살만한 세상임을 확신하는 그들의 광주 사랑 이야기
- 문화 예술 스포츠 등 분야별 인물 탐험

이 같은 과정을 통해 기획·취재된 시민편집국 6개 지면이 그해 5월 2일 자에 실렸다.

창간 4주년 기념호였다. 원래 창간기념일은 최초 창간일인 4월 22일이었지만, 사랑방신문이 인수한 이후 재발행한 날짜인 5월 1일로 변경해서 기념했다. 사랑방신문과 헤어진 이후인 2011년부터는 창간일을 다시 4월 22일로 변경했다.

당시 시민편집국 기사를 알리는 사고 내용을 싣는다.

> **시민편집국**
>
> **시민기자들이 만들었습니다**
>
> 광주드림이 창간 4주년을 맞아 시민편집국을 구성·운영합니다.
> 지면 제작에 시민들의 참여를 더욱 활성화하고자 함입니다. 매일 '시민기자 출동'면을 제작해 오면서 자신감을 얻은 본보가 참여 저널리즘을 한 걸음 더 진전시킨 것입니다. 시민편집국 첫 회의는 지난 (4월) 22일 밤 7시 30분 본보 회의실에서 이뤄졌습니다.
> 9명의 시민기자로 구성된 시민편집국원 중 7명이 참여했습니다. 이날 회의에서는 손홍식 시민기자가 편집국장으로 선출돼 지면 제작 회의와 취재·마감을 책임졌습니다. 오늘 자 창간 4주년 기념호에 실린 6개 면의 시민편집국 지면은 이날 회의에서 결정되고, 이후 직접 취재한 산물입니다.
> 본보는 앞으로도 시민편집국이 자체 회의를 통해 지면 제작 기획안을 마련, 지면 할애를 요청하면 최대한 반영할 것입니다. 본보의 시민 참여 저널리즘에 독자 여러분의 많은 관심과 지원 부탁드립니다.
>
> **시민편집국 명단**
> 김미자 조원종 손홍식 장우철 표인술 박강 김정윤 도연 박현구

광주드림의 시민편집국은 이후로도 수시로 회의를 열어 지면 제작을 기획하고, 취재한 결과물을 내놨다. 광주드림은 이를 지면에 충실히 반영했다.

구체적으로 각 지역 공원 현황과 관리 실태, 우리 동네 (선행) 천사 등의 아이템으로 취재한 결과물이 보도됐다. 광주드림 기자들은 팩트 체크를 비롯해 교정, 편집 작업을 거들어 그들을 도왔다.

새 술은 새 부대에

광주드림은 새로 출범한 조직답게 활기가 넘쳤고, 뭔가 해보자는 기운이 짱짱했다. '광주드림 발전 TF팀'도 이런 기운에 기반해 호기롭게 깃발을 추켜들었다. 그해 6월이었다.

광주드림의 발전과 수익성 향상에 대해 편집국 내 고민이 필요하다는 공감대를 바탕으로 팀이 구성됐다. 인수 후 첫 번째 편집국 인사에서 TF팀 출범이 결정되고, 당초 구성원 4명으로 팀이 꾸려졌다.

채정희, 박중재, 정상철, 박준배 기자가 팀원이었다. 이후 여성과 젊은 세대 보강 요구가 있어 강련경 조선 기자 등 2명이 새로 합류했다.

TF팀은 편집·제작 등 신문의 질 향상, 중장기 발전계획 수립, 수익성 제고 등에 대한 고민을 과제로 부여받았다. 이렇게 출범한 TF팀은 주 1회 전체 회의를 기본으로, 2~3명씩 특정 주제와 관련해 논의하는 수시 모임으로 지혜를 모아갔다.

이렇게 두 달여를 활동한 TF팀은 7월 말 최종 보고서를 냈다.

무엇보다 관심의 초점은 수익성 제고 방안이었다.

여러 가지 안건들이 논의됐다. 신문 활용, 인터넷 활용, 사업 등 세 가지 분야로 나눠 안건들을 점검했다.

각종 아이디어 중 TF팀이 채택한 안건들은 모두 4가지였다.

①스폰서 페이지 정기 발행 ②광주드림 배 배드민턴 대회 개최 ③자발적 유료화 ④자전거 박람회 개최 등이었다.

이중 '스폰서 페이지 발행'은 광주드림이 쌓아온 신뢰도와 내용을 자산으로, 광고 영업과 연결해 보자는 구상이었다.

'정보를 팔아 돈 버는' 개념으로, 매 시기 지역 관심사에 대한 콘텐츠를 집중적으로 제공해 소개되는 업소와 독자의 만족도를 높여야 한다는 전략을 제시했다.

월별 또는 계절별로 이슈를 결정해 정기적으로 발행하는 것을 기본으로 했다. 광주드림 콘텐츠 중에서 '맛집의 재발견', '축제를 즐겨요', '아파트 드림' 등이 구체적으로 제안됐다.

'광주드림 배 배드민턴 대회' 제안은 생활체육 중 가장 많은 활동 인구가 포진한 배드민턴 대회를 수익 사업으로 활용하자는 것이었다. 당시 언론사가 주최하는 배드민턴 정기 대회가 없어 선점 효과를 노려야 한다는 게 배경에 깔렸다. 특히 배드민턴 대회는 서민층이 주로 활동하는 생활체육의 대표주자여서 광주드림의 이미지에도 부합한다는 판단이었다.

광고 게재에 부담을 호소했던 기업이나 기관들을 대상으로 우회적인 도움을 요청할 수 있는 명분도 충분했다.

당시 TF팀이 채택한 아이디어 중에는 자발적 유료화도 있었다.

광주드림 인터넷 사이트에 후원회원 가입 코너를 운영하는 것이었다. 무료 신문이었던 광주드림을 공짜로 보기 미안하다는 열혈 독자들의 후원을 유도할 수 있다는 판단에서 구상됐다.

방법은 매월 일정액을 후원하는 자발적 독자를 모집하는 것으로, 후원 금액은 3000원, 5000원, 1만 원까지 다양하게 마련하기로 했다.

이 같은 제안이 나올 수 있었던 건 광주드림에 우호적인 감정이 있는 독자들의 반응이 큰 역할을 했다.

TF팀이 사전 조사로 "후원 방안 마련 시 참여하겠느냐?"고 물은 결과 "매월 5000원 정도는 후원할 수 있다"는 의견이 많았던 것이다.

어떤 이는 "무료 신문이라 도울 방안이 없어 아쉬웠다"면서 "5000원 정도는 할 수 있다. 광주지역 전체가 캠페인이라도 벌이도록 발 벗고 나서겠다"라고도 했다.

"집으로 배달해 달라. 우편료 개념의 후원금을 부담하겠다"는 마음도 확인할 수 있었다.

TF팀은 자발적 유료화가 "무료신문 광주드림의 일부 유료화 효과", "좋은 기사에 힘 실어준다는 주인 의식 함양", "공짜로 보는 데 미안함을 갖고 있는 열성 독자들에게 기회 제공" 등의 효과가 있을 것으로 내다봤다.

'자전거 박람회·대행진'도 사업 아이템으로 제시됐다. 고유가 시대가 전개되면서 자전거에 대한 관심이 증폭된 게 컸다. 또 예전엔 무관심하던 각 지자체가 자전거 활성화 선봉에 나서는 분위기여서 사업 성공 가능성이 높다고 봤다. 당시 광주에선 5개 구가 경쟁이나 하듯 공공 자전거 구매에 나서고 있었다.

전국의 사례를 조사해 보니 부천시 오정구에선 청사 광장에서 자전거 대축제를 연 바 있는데 당시 자전거 모형 만들기, 자전거 대행진, 포스터 사진 전시회 등의 프로그램이 진행됐다.

삼성동 서울 코엑스에선 '08 서울 바이크쇼'가 준비 중일 정도로 분위기는 무르익어 가고 있다고 생각했다.

TF팀은 당장은 아니어도 향후 관심 둬야 할 중장기 과제도 제시했다.

인터넷 쇼핑몰 구축, IPTV 시장 진입, 여수·순천 등 전남 동부권 진출 등이었다.

이중 IPTV 시장 진입은 '인쇄 매체의 한계가 분명한 상황에서 차세대 산업 진입 준비'라는 명분을 바탕으로 'IPTV 콘텐츠 제공자 또는 케이블TV의 디지털화 동반자 모색'이라는 방법론을 제시했다.

창간 4주년을 맞은 2008년 5월 '지구촌 통신원' 제도를 시행한 것도 획기적인 시도였다.

미국과 일본·영국·프랑스·중국 등 세계 주요 도시에 거주하는 광주 출신 인사들을 현지 통신원으로 위촉해 다양하고 생생한 지구촌 소식을 담아내고자 한 것이다.

우선 독일에선 유학생 전영선 씨가 통신원으로 활동하며 '저상버스가 당연한 독일' 등 기사를 통해 교통약자 이동권에서 선진적인 도시의 면모를 드림 독자들에게 전달했다.

독일 통신원은 또 '난민 문제에 대한 독일(인)의 태도'를 제목으로 하는 글을 통해 "정치적 박해 받는 자, 망명권 갖는다"는 원칙을 지켜가고 있는 선진국의 자세를 전달했다.

서현환 일본 통신원은 '쌀밥·된장국·채소절임·생선구이'라는 '일본인들 아침 식탁 엿보기'를 소개했다.

서 통신원은 5·18 광주를 다룬 영화 '화려한 휴가'가 도쿄에서 상영될 때 일본인들이 흘린 눈물도 기록했다.

김용현 몽골 통신원은 '몽골, 유라시아 대륙 중심이면서 변방 아이러니'를 전달했다.

김용인 미국 통신원은 뉴욕의 심장 브로드웨이를 생생하게 소개하고, 뉴요커들의 식사 해결 처 '델리'의 풍속도 전했다.

중국 유학생 류광일 심양 통신원은 중국의 침대열차를 직접 타면서 겪은 여행기를 맛깔나는 글 솜씨로 전달했다.

그는 또 '9월 신학기 개학 중국의 대학 풍경'을 통해 남녀 구분 없이 모두 군사 훈련을 받는, 우리와는 다른 문화를 기사화하기도 했다.

'사람 잡는 A/S'라는 글에선 유명회사 사칭 가짜 센터에 수리비를 농락당한 자신의 체험담을 생생하게 전달했다.

이용범 영국 통신원은 만 10세까지 부모 없이는 등하교하지 못하는 영국의 초등생 교통 안전 대책을 전해줬다. 또 'Car Boot Sale'이라 불리는 영국의 전통적인 벼룩시장 풍경도 소개했다.

그 중 중국 통신원 글 한 편을 소개한다.

> 중국 통신원
>
> ## 중국 침대버스 1000km 장정
>
> 상해~청도까지 12시간 쉬지 않고 주행
> 먹을 것 준비 없으면 주린 배 움켜쥐고
>
> 최근 업무 때문에 산동성 청도와 연태 두 곳을 다녀와야 했다. 습관적으로 인터넷 페이지를 열어 항공권 가격 검색을 하고, 가장 싼 곳을 골라 클릭했다. 평소엔 검색만 잘하면 반값 이하로 살 수 있는데, 지금은 상해 엑스포 때문에 30% 할인표도 구하기 쉽지 않다. 뒤지고 또 뒤진 끝에 마지막 신분증 란에 여권번호를 넣자 다음과 같은 안내문이 올라온다.
> '내국인에게만 판매하는 가격임, 외국인은 별도 문의 바람.'
> 제값을 다 내고 비행기를 타야 한다는 게 영 내키지 않는다.
> "그래 그럼 침대열차로 가면 되는 거지 뭐…."
> 열차표 예매를 위해 상해 남역에 갔다.
> "10일자 산동성 청도행 침대표 한 장요."
> "없어!"
> "어제는 분명히 오늘부터 판다고 하지 않았느냐? 그런데 없다니 무슨 말인가?"
> "다 팔리고 없는 걸 어떡하라고?"
> 황당하다. "그래. 그동안 중국에 살면서 한 번도 침대버스를 못 타 봤는데 이번 기회에 경험해 보자"고 작심했다.
> 그나마 버스표는 어렵지 않게 구할 수 있었다.
> 출발 당일 주섬주섬 행낭을 꾸려 버스에 올라타자 기사가 비닐봉지를 건넨다. 실내에선 맨발로 움직여야 하기에 신발을 담아야 하는 봉지다. 자리 위치를 물어 배낭을 침대에 올려놓고 주위를 둘러보니 첫 느낌이 '비좁다'.
> 버스 외부엔 장거리 교통수단답게 많은 짐을 실을 수 있는 공간이 있고, 내부의 객실은 상·하 2층으로 나뉘어 3열로 길게 배열되어 있다.
> 한편으로 중앙 하단부에는 남녀 공용의 화장실이 한 칸 설치돼 있고, 세면대

도 있지만 물은 나오지 않았다.

통로가 비좁아 한 사람만 겨우 지나다닐 정도다. 한 사람이 누울 수 있는 최소한의 폭을 가진 침대 위로 올라가면 앞사람의 머리밑으로 내 발이 들어가는 구조로 돼 있다. 문제는 그 공간도 충분하지 않아 신장 170cm를 초과하는 사람은 몸을 펼 수가 없다. 새우잠을 잘 수밖에 없다.

침대 버스의 정규 승차 인원은 45명. 하지만 실제는 다르다. 버스가 시내를 벗어나기 전 북부터미널과 또 다른 외곽지역에서 잠시 정차하더니 사람들을 꾸역꾸역 태운다.

정원 초과다. 침대가 없는 사람은 통로에 앉아있다가 다른 승객이 지나면 자리를 비켜주느라 곤욕을 치른다.

상해에서 청도까지는 약 1,000km다. 이 버스는 오후 7시에 출발하여 아침 6시에 도착한다. 버스 기사 2명이 서로 교대하기 위해 잠시 고속도로 갓길에 정차하는 것 빼곤 달리고 또 달릴 뿐이다.

시간에 쫓겨 점심도 거르고, 휴게소에서 식사할 요량으로 달랑 생수 한 병만 갖고 버스에 오른 필자는 밤새 주린 배를 움켜잡고 불면의 고통을 겪어야 했다. 빵이며 옥수수, 닭발 등을 바리바리 싸와서 먹는 옆자리 승객들이 그렇게 부러울 수밖에 없었다. 그래도 시간은 흘러 롤링과 바운딩을 온몸으로 받아내며 잠깐 잠이 들었나 보다. 시계를 보니 새벽 3시가 좀 넘었다.

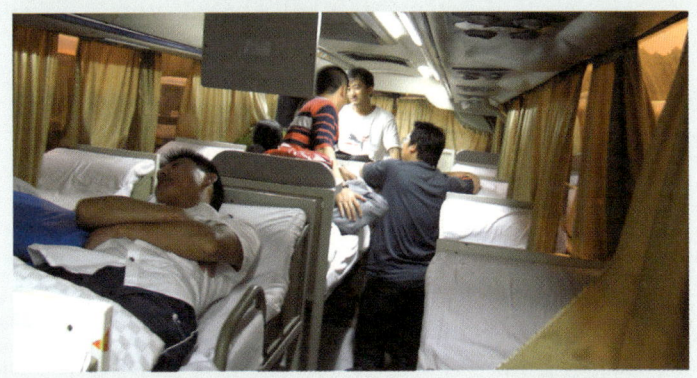

광주드림은 지구촌 통신원 제도를 운영, 세계 곳곳의 뉴스도 현장의 눈으로 전달했다. 2007년 9월 중국 통신원은 중국의 침대 버스 탑승기를 게재했다.

> 다시 잠을 청할 무렵 전면 침대의 천방지축 세 여학생들의 조잘거림 때문에 도무지 잠이 들 수가 없다.
> "어제 버스 타기 전에 아이스크림을 먹었는데 그래서 화장실을 자주 가야 하나 봐." "나는 그렇게 먹고도 화장실에 한 번도 안 갔는데." 쑥떡쑥떡, 까르르르… 히히덕….
> 기어이 참다못한 열혈 한국인이 외친다.
> "남들 자고 있으니 조용히 좀 해라." 잠시 이어지는 침묵 모드. 그러나 5분을 못 넘긴다.
> "시끄러워 죽겠네, 할 말 있거든 너희들 집에 가서 하루 종일 떠들어."
> 그 뒤론 '셔터 마우스'다. 필자의 험악한 인상이 가져온 평화였다.

현지인이 아니면 작성할 수 없는 기사다. 광주드림 지구촌 통신원들은 이같이 흥미로운 콘텐츠를 수시로 지면에 쏟아냈다.

🟧 '화순탄광 100년사', '전방·일방 성쇠기' 기록

신문의 역할은 고발, 홍보, 어젠다 설정 등 여러 가지이겠으나, 무엇이든 기록이라는 작업이 수반된다는 게 불변의 진리다.

유형의 문화와 자산은 혹 사라질 수 있고, 또 그런 현실이 다반사인 시대여서 기록의 중요성이 더욱 절실하게 다가온다. 광주드림이 지역의 자산과 현장을 기록해 남기는 데 남다른 애정과 관심을 쏟는 이유다.

2008년 '화순탄광 100년사'와 '전남방직·일신방직 성쇠기'를 집중 취재해 기록한 것이 이와 같은 정신의 소산이다.

그 해 5월 행정팀(채정희, 이광재, 박준배)은 긴 호흡의 기획물을 고민한 끝에 그해 채굴 100년여를 맞은 화순탄광을 주목했다.

화순탄광은 한때 광주권 경제의 아랫목으로 설설 끓는 땔감이 돼 왔던 호남 동맥이다. 하지만 지금은 옛 영화일 뿐. 연료로서 가치 저하와 이에 따른 석탄산업 합리화라는 명목으로 구조조정에 내몰려 겨우겨우 명맥만 잇고 있었다.

지역사회에선 당시까지 '100살의 의미와 가치'도 제대로 정리·기록하지 못하고 관심 밖에 방치해 두고 있는 실정이었다.

광주드림은 100년의 의미가 그리 간단치 않다고 봤다. "그 세월, 탄광으로 먹고살았다는 이들과 발전했다는 지역이 부지기수"였기 때문이다. 폐광이 정해진 수순이었으니, 100년을 정리해야 한다는 사명감이 더 커졌다.

'화순탄광 100년 잊혀진 영화'라는 기획 시리즈는 이렇게 시작했다.

행정팀 3명의 기자는 사전 기획 회의를 통해 자료를 수집하고, 관련 인사를 통해 시리즈의 방향성을 잡아나갔다. 그렇게 대략의 얼개가 짜지면서 각자 역할을 나눠 화순탄광 현지, 인근 지역 마을 등에 나가 수시로 취재하고 기록했다.

현장에 가보니 회의에서는 알 수 없었던 생생한 목소리와 증언을 추가할 수 있었다. 그렇게 몇주 동안 사전 취재가 진행되고, 자료가 축적된 후 드디어 기획 시리즈가 작성돼 지면에 실렸다.

<역사…호남 구들장 100년 '활활'> 이 첫 번째 기사였다.

화순탄광의 역사는 박현경(1883~1949)이라는 인물과 떼놓고 생각할 수 없다. 화순의 대부호였던 그가 조선 왕실 궁내부에서 광업권을 취득한 게 1906년이다. 이게 화순탄광 '100년사'의 시발점이었다는 기초 지식을 전했다.

전성기는 한참 뒤에 도래했다.

근무자가 2100여 명에 달하고, 연 70만 톤을 생산했던 '최전성기'였던 80년대부터 시리즈는 시작됐다. 갑방, 을방, 병방 등 3교대 근무로 24시간 쉬지 않고 채탄이 이뤄졌다는 시기다.

'면서기(공무원) 월급의 3배는 됐다'라는 전성기는 박정희 군사정권 때도, 그리고 그 이전에도 구가해 온 화순탄광의 영화였다.

하지만 이후론 줄곧 내리막길을 면치 못했다. 화순탄광의 2007년 생산량은 27만 8000톤에 그쳤다.

'국가 재건' 명분으로 석탄 증산에 정책적인 지원이 이뤄지기 시작한 1950년을 석탄산업 부흥 원년으로 삼는다는 것도 확인할 수 있었다. 이때는 대한석탄공사가 설립된 시기다.

하지만 석탄공사 이전 화순탄광의 역사는 막장만큼 캄캄했다. 기록이 없기도 했거니와 기억하려 하지 않는다고도 했다. '기록 빈약'은 시간적인 한계를 의미하지만, '기억 상실'은 역사의 상처에서 강요된 바 컸다.

일제시대와 해방, 그리고 미군정과 6·25전쟁을 겪으면서 점철된 좌우익 대립의 중심에 화순탄광과 그 노동자들이 있었던 탓이었다.

1945년 해방 이후 여운형 등 사회주의 계열이 중심이 된 건국준비위원회(건준)와 이를 계승한 인민위원회의 지방조직에서 화순탄광 노동자들의 역할이 컸다.

일제시대 수탈당했던 노동자로서 권리에 먼저 눈 뜬 화순탄광엔 노동조합이 결성돼 있었다. 때문에 해방 이후 일제 철수의 빈자리서 조직화된 힘은 탄광을 자치하고, 행정·치안의 기틀을 세우는 데 유용한 힘이 됐다.

1945년 10월 건준에서 개편된 화순인민위원회는 화순탄광 노동자들의 참여가 있었기에 가능했다.

하지만 미 군정은 사회주의 세력을 탄압해 인민위원회가 해체되고 참여 인사들은 쫓기는 신세로 내몰렸다.

이후 미군정은 석탄을 생활필수품으로 지정하고 화순탄광을 직할했다. 탄광이 다시 외세에 넘어간 것이다. 일제 강점기 당시 자행됐던 자원 수탈 악몽이 재현된 상황이 시리즈 초반에 기록됐다.

이어 화순탄광 시리즈는 '(2) 번영…광주까지 먹여 살렸다'라는 제목으로 "1988년 최고 전성기…석탄 종사자 수는 2,175명"이라는 내용을 담았다. 화순의 강남으로 불렸던 천운장 마을의 영화도 소개했다. 화순탄광의 전성기를 증언해 주는 동네로, 광업소에서 1km 정도 떨어진 관사촌이다.

'(3) 상처…사고로 스러진 생명들' 편에선 "60·70년대 매몰·화재 사고 일주일에 한 번꼴"이라는 증언과 "형제는 같은 갱에서 근무할 수 없다"라는 실정을 소개했다.

'(4) 마을…허공에 둥둥' 에선 "방안까지 '드르륵 드르륵' 탄차 구르는 소리가 들렸다"라는 실태를, '(5) 막장…숨 막히는 삶'에선 갱 바닥에서 탄가루 범벅 도시락을 먹었던 광부들의 삶의 모습을 그렸다.

'(6) 소멸…100년의 현장 사라진다'는 광부들 사택 촌 거의 없어지고, 즐비한 폐갱들도 흉물로 전락한 현실을 보여줬다.

"날짜 없는 사형선고 받은 사람들"을 주제로 한 '(7)진폐…끝나지 않은 고통' 편에 이어 마지막 '(8) 기로…폐광 이후 준비는?'에선 "탄광 역사 보듬고 새 화력 준비해야 한다"는 메시지로 총 8편에 이르는 대형 기획물을 끝마쳤다.

같은 해 8월, 행정팀은 또 다른 근대문화 유산을 기록하는 작업에 나섰다. 광주 도심에 위치한 전남방직과 일신방직이 그 대상이었다.

'전방·일방 성쇠기'라는 제목의 시리즈는 '(1)수탈…목화의 고장'에서 방직공장의 씨앗이라고 할 수 있는 목화와 그 재배지인 호남을 조명하며 시작을 알렸다.

'(2)종방…성장과 불하' 편에선 전방·일방의 전신 '가네보' 공장이 광주에 온 배경과 과정을 보도했다.

'(3)직공…희망과 절망' 편에선 입사는 '하늘의 별'이었다는 최대 호황기 70년대를 다뤘다.

이어 '(4)분리…전방과 일방'에선 전방은 회사 이름을 갖고, 일방은 정문을 차지했던 1961년 분할 과정을 다룬 뒤, 마지막 '(5)미래…도약과 장애'에서 한때 '10대 기업'이었던 최전성기는 지났지만 '입고 사는 한' 성장은 지속된다는 메시지로 시리즈를 마무리했다.

이같이 발품 팔아 기록해 둔 광주·전남의 근대 산업 유산에 대한 기획 기사는 2020년대 전방과 일방이 공장을 이전하고 부지를 개발하는 수순에 접어들면서 진가를 발휘하고 있다. 광주가 지키고 보존해야 할 자산으로서의 가치를 재조명하는 근거를 제공해 주고 있기 때문이다.

기록은 이토록 막중한 의미를 지니지만, 때론 가슴 아픈 상처의 박제이기도 했다. 주민 간 담장 갈등을 취재 보도한 몇 개월간 광주드림 기자들 심정이 그랬다.

광주드림은 늘 시민들 곁에 있고자 했다. 해서 늘 취재의 중심엔 '시민적 가치'가 자리했다. 그렇게 '시민 공감'이라는 사시를 지향해 온 드림의 목소리는 시민적 지지를 받아왔다. 하지만 난처한 경우도 많았다. 특히 '시민들'끼리 충돌한 현장이 그랬다.

대표적인 사건이 2008년 5월, 당시에는 북구였던 동림주공 1단지와 2단지 사이 설치된 담장 갈등이다.

'분양'과 '임대'로 나뉘어 인접한 두 단지 간에 철제 울타리가 설치되면서 주민 간 대립이 시작됐다. 길이 6m, 높이 2m. 누군가의 가슴을 후벼 파기에 충분한 시설물이었다.

2008년 10월, 당시로선 북구인 동림동 소재 아파트 단지 내 담장 분쟁이 시끄러웠다. 임대와 분양 세대 간 갈등으로 표출된 사태였다.

동림주공은 '담장 없는 마을'을 콘셉트로 임대와 분양아파트 경계에 담장 대신 '백구 어린이 공원'을 설치했다. 어린이 공원은 남녀노소, 세대와 사회적 경계를 허무는 화합의 상징이었다.

하지만 분양과 임대라는 '사회적 계급'은 '공동체'를 일거에 무너뜨렸다. 분양아파트인 2단지 주민들은 "어린이 공원이 단지 한 가운데 있어 외부 주민이 찾아오려면 '사유지'를 지나야 한다"며 주택공사 광주·전남본부에 철제 담장 설치를 요구했다. 주민들의 민원이 계속 제기되자 주공은 경계 261m 중 어린이 공원 보행통로 40m를 남겨두고 221m 구간에 철제 담장을 쳤다. 보행통로 역시 막아달라는 요구에 나머지 구간도 모두 봉쇄했다.

이 같은 내용을 알리는 보도가 나가자 북구청의 시정명령으로 보행통로 6m가 철거됐지만, 2단지 주민들이 다시 막으면서 갈등이 증폭됐다.

2단지 주민들이 내세운 외형적인 이유는 '사유지'에 대한 재산권 행사였고, 아이들의 안전이었다.

그러나 이면에는 '임대아파트와 다르다'라는 내재된 차별이 작용한 것으로 판단된다. 1단지 주민들은 "분양아파트 주민들이 자신들을 '잠재적 범죄자'로 몰아가고 있다"며 분통을 터뜨리기도 했다.

철제 담장 설치 이후 주민 갈등은 극에 달했다. 서너 차례 철거와 설치가 반복됐고 주민 간 고소 고발도 이어졌다.

지속적인 본보 보도 이후에도 이 담장은 설치와 철거를 반복했다. 결국 구청의 '강제 철거' 명령에 따라 보행통로 40m 구간의 철제담장이 철거됐지만 주민들 가슴 속에는 더 높은 불신의 벽이 생긴 현장이었다.

2008년 6월, 광주드림에선 아주 흥미로운 에피소드가 생산됐다.

"러시아어 할 줄 아는 사람 없어?" 갑자기 편집국을 뒤흔든 절박한 목소리로부터였다.

박중재 기자를 비롯한 일단의 무리가 사무실 컴퓨터 앞에서 러시아 포털 사이트를 뒤지다 의미 있어 보이는(?) 자료를 발견하고 그 내용을 파악하기 위해 도움을 요청한 것이다.

하지만 메아리는 없었다. 당시 드림엔 러시아어를 할 줄 아는 직원이 아무도 없었기 때문이다.

이들이 갑자기 러시아 인터넷을 뒤진 이유는 무엇이었을까?

2013년 하계유니버시아드대회(U대회) 유치전에 뛰어들었다가 실패한 광주시의 실정을 알기 위해서였다. 2013년 U대회 개최지 유치전은 광주광역시와 러시아 카잔(KAZAN), 그리고 스페인 비고시의 3파전으로 진행됐다. 결론적으로 러시아 카잔이 최종 승리해 개최권을 따낸 바 있다.

이와 관련 광주시는 "아슬아슬한 표 차로 탈락했다"라고 발표했는데,

왠지 미덥지 않았다는 기자들이 실태 파악에 나선 것이다.

광주시는 2013년 U대회 유치 활동을 명목으로 기업 후원금 59억 원을 포함해 총 106억 원을 쏟아부은 바 있어 정확한 득표수를 알리는 건 언론으로서 마땅히 해야 할 일이었다.

2013년 U대회 개최지는 국제대학스포츠연맹 위원 27명의 투표 결과로 결정됐다. 당시 FISU는 후보 도시별 득표 결과를 공개하지 않는 게 원칙이라며 입을 다물고 있었다.

표결에 앞서 광주시는 "러시아 카잔과 2차 투표에서 후보지가 결정될 것"이라고 장담해 왔다. 하지만 결과는 싱겁게 끝나고 말았다. 카잔이 1차 투표에서 과반 넘어 2차 투표까지 가지도 않고 개최를 확정지은 것이다.

FISU 규정은 1차 투표에서 과반을 득표한 도시가 없으면 1, 2순위 도시가 결선에 올라 최종 1표라도 더 얻은 도시가 개최권을 획득하는 것으로 돼 있다.

광주시는 자신들의 장담과 달리 1차 투표에서 탈락했음에도 "나름대로 선전했다"고 자위했다. 하지만 광주드림을 비롯한 언론들은 도대체 몇 표나 얻었는지가 궁금했다.

해서 박 기자를 비롯한 행정팀 기자들이 유치전 승자인 러시아 포털을 뒤진 것이다.

그들이 러시아 포털 사이트에 입력한 검색어가 'KAZAN'이었고, 마침내 실마리를 잡은 것이다. 편집국 기자들은 각자 인맥을 수소문한 끝에 러시아어 전공 학생 섭외에 성공했다.

그를 통해 확인한 내용은 러시아 관영통신 '리아 노브스찌'에 실린 기사였다.

그리고 그 매체엔 우리가 알고자 했던 바로 그 정보가 실려 있었다.

"카잔이 FISU 위원의 투표권 27표 중 20표를 얻어 스페인 비고와 대한민국 광주에 완벽하게 승리했다."

이 보도가 사실이라면 광주는 스페인 비고와 나머지 7표를 나눠 가졌다는 것으로밖에 해석되지 않았다. 앞서 국내 한 인터넷 언론에서 고위 관계자의 말을 인용해 '카잔 20표, 비고 3표, 광주 4표를 얻었다'라고 기사화한 적 있었는데, 박 기자가 찾은 러시아발 정보의 맥락도 이와 유사해 신빙성을 둘만 했다.

이게 사실이라면 어찌 되는가? 유치전에 쏟아부은 109억 원에 비해 너무 초라한 성적이라 하지 않을 수 없었다. 광주드림은 이 같은 정황을 토대로 '하계 U대회 광주 몇 표 얻었나'라는 제목의 기사를 보도했다.

광주시는 전면 부인하고 반박했다.

"FISU가 후보 도시별 득표 상황을 발표하지 않았는데, 러시아 언론이 자국의 득표수를 공개한 것 자체가 신빙성이 없다"라는 것이었다.

광주시가 이처럼 부인하고, FISU가 공식적으로 확인해 주지 않으면서 득표수 확인은 더 이상 가능하지 않게 됐다.

하지만 광주시의 국제대회 유치 행정에 대한 감시의 눈초리는 더 강해질 수밖에 없었다.

이와 같은 우여곡절을 겪고 광주시도 절치부심한 결과, 2015년 하계 U대회 유치전에선 성공해 개최권을 따내는 성과로 이어졌다.

여성 배드민턴 대회에 이용대 참석

이용대 선수의 윙크 한방이 대한민국을 들썩이게 한 때가 있었다. 2008년이었다. 그해 8월 베이징 올림픽에서 대한민국 배드민턴 국가대표 이용대-이효정 혼합 복식조가 금메달을 목에 건 뒤 벌어진 현상이다.

경기가 종료된 뒤 이 선수가 윙크를 찡긋 날렸는데, 이게 TV 중계를 통해 전파를 타면서 대한민국의 팬심을 저격한 것이다. 이렇게 베이징발 윙크는 금방 서해를 넘었고, 이 선수는 귀국도 하기 전 이미 스타로 등극했다. 여기서 그치지 않고 그에게 금메달을 안겨 준 배드민턴의 인기도 덩달아 치솟았다.

앞서 광주드림이 그 해 6월 가동한 발전 TF팀은 여러 가지 사업 중 배드민턴 대회 개최를 결정했고, 이 시기 대회 준비가 구체화하고 있었다. 이 같은 상황에 불어닥친 '이용대 바람'은 드림 배드민턴 대회 앞날에 서광이 비치는 것처럼 따사로웠다.

광주드림은 배드민턴 대회 개최를 준비하면서 광주시배드민턴연합회와 머리를 맞댔다. 당시 김차복 시 연합회장과 함께 드림 대회에 결정적인 역할을 한 이는 조인관 사무국장이었다.

연합회와 협의 결과, 광주·전남지역에 여성부 대회가 없다는 점에 주목했고, 결국 이 방향으로 가닥을 잡은 것이다.

이렇게 탄생한 광주드림 여성 배드민턴 대회는 코로나가 창궐했던 2년여를 제외하고 현재까지 매년 개최돼 여성 배드민턴 동호인들의 요람이 되고 있다.

그 시발점이었던 1회 대회가 2008년 10월 초 열리게 된다.

순수 여성 생활체육 동호인들이 참여하는 대회에 대한 호응은 뜨거웠다. 그동안은 대부분 남성 위주의 종합대회가 대세여서 여성들은 여성복식이나 여성-남성 혼합복식 등 끼워 넣는 식으로 편성돼 주목도에서 떨어진다는 불만이 많았던 터. '2008 광주드림배 여성 배드민턴대회'가 이 같은 서운함을 한 방에 날려 보내길 기원하며 10월 3일 전남대 체육관에서 막이 올랐다.

이날 대회에는 광주지역 배드민턴 동호회원과 전국 각지에서 온 250여 팀 500여 명이 참가해 그동안 갈고닦은 기량을 마음껏 뽐내면서 초가을 셔틀콕의 향연을 즐겼다.

대회가 열린 전남대 체육관에는 참가 선수와 가족, 응원단, 광주시 배드민턴 연합회 관계자 등 1500여 명이 자리해 배드민턴을 통한 시민 한 마당 잔치의 장으로 진행됐다.

이 같은 성과도 주목됐지만, 더 큰 하이라이트는 별도 이벤트로 준비돼 있었다. 베이징 올림픽 배드민턴 혼합복식 금메달리스트인 이용대 선수가 국가대표팀 김중수 감독과 함께 이 대회 개막식에 참여한 뒤 팬 사인회까지 연 것이다.

이미 '국민 남동생'으로 등극한 이 선수가 이날 체육관에 들어서자 엄청난 환호성이 터졌다. 체육관에 모인 대부분이 휴대폰을 꺼내 그의 일거수일투족을 촬영했다.

"용대 오빠~, 여기 좀 봐주세요."

이 선수가 '2008 광주드림배 여성 배드민턴대회'에 얼굴을 비친다는 사실은 대회 당일 배드민턴 동호회원들 사이에서 전파되며 경기장 안팎이 술렁거렸다.

팬 사인회 장소인 전남대 체육관 앞에는 시민들이 1시간 전부터 줄이 길게 늘어서 베이징 올림픽에서의 '살인 윙크' 등 이 선수와 관련된 얘기로 웃음꽃을 피우며 그를 기다리던 상황이었다.

2008년 10월, 광주드림 주최 생활체육 여성 배드민턴 1회 대회가 전남대 체육관에서 열렸다.

이윽고 청바지와 티셔츠 차림의 이 선수가 전남대 체육관에 들어서면서 대회 참가자들과 응원을 나온 가족들의 우레 같은 박수와 함성이 터져 나왔다.

곳곳에서 휴대폰과 디지털카메라 플래시가 터졌다. 일부 팬들은 이 선수를 가까운 곳에서 보기 위해 밀려들었고 부모들과 함께 나온 어린이들도 즐거운 비명을 질러댔다.

이 선수는 대회 개막식 참석 이후 팬 사인회장으로 이동해 길게 늘어선 팬들과 만났다. 이 선수는 팬들이 내미는 스케치북, 유니폼, 모자 등에 일일이 사인을 해주며 성원에 보답했다.

그는 "올림픽 이후 처음으로 광주시민들을 만나게 됐는데 따뜻하게 맞아줘 너무나 고맙다"라며 "더욱 열심히 노력해 배드민턴을 사랑해 주시는 팬들의 성원에 보답하겠다"고 말했다.

이날 행사장에서는 이용대 선수 못지않게 배드민턴 국가대표팀 김중수 감독도 인기를 끌었다.

교대부속초 - 충장중 - 동신고 - 조선대 출신으로 19년째 한국 대표팀을 이끌어온 김 감독에게도 팬들의 사인과 사진 촬영 요청이 줄을 이었다.

김 감독은 "대표팀 감독을 하면서 우리 지역 출신이 그동안 올림픽 배드민턴에서 금메달을 따지 못해 때론 외롭기도 했다"라며 "이 지역 출신이 용대가 금메달을 목에 걸었고 고향에 함께 와 감사의 뜻을 전달하게 돼 감회가 새롭다"고 말했다.

이같이 첫 대회를 성황리에 마무리한 광주드림배 여성 배드민턴대회는 이 기운을 이어받아 현재까지 승승장구하고 있다.

 광주시 호화 관사 이전 무산시키다

2009년 새해는 사랑방신문 소속이면서 파견 형식으로 광주드림에 와 취재 부서에 근무했던 박준배 기자의 원대 복귀 인사로 시작됐다. 이는 한 사람에 대한 단순한 인사이동만으로 이해되지 않았다.

전쟁 기운이 감지되면 제일 먼저 이뤄지는 자국민 철수와 같은 조치로 인식한 이들이 많았다.

2009년은 사랑방으로서도 큰 도전에 직면한 해였다. 광주 전남지역 생활 정보 신문 시장에서 독점적 지위를 유지해 온 사랑방신문을 겨냥한 경쟁 매체의 등장이 예고돼 있었기 때문이다.

광남일보가 신개념 생활정보지를 표방하며 창간한 상록수 신문이 그 것이었다. 실제 창간은 같은 해 11월이었지만, 전년도인 2008년 4월 아시아 미디어 그룹이 광남일보를 인수한 이후 구체적인 움직임이 포착돼 사랑방으로선 긴장하지 않을 수 없는 시기였다.

이와 같이 모기업이 직면한 불확실성은 광주드림에도 영향을 주지 않을 수 없었다. 비용 절감 등 적자 폭 축소 주문이 심상찮은 강도로 흘러 나오기 시작했다.

그럼에도 광주드림은 언론 본연의 역할에 충실한 게 본령이라 생각하고, 지역사회 뉴스 현장 곳곳을 돌아다니는데 게을리하지 않았다.

무엇보다 감시의 초점이었던 광주광역시에 대한 기자들의 레이더가 시장 관사를 포착했다. 2월이었다. 당시 광주시장(박광태)의 관사는 서구 상무지구에 있었다. 198㎡(60평) 규모의 아파트다. 이때 광주시는 관사를 새로 물색했는데, 광주의 최고 부촌인 남구 봉선동 빌라가 물망에 올랐다. 250㎡(75평) 규모였다.

광주시는 왜 이 같은 고급 빌라를 관사로 점찍었을까?

당시의 광주시의 해명은 이랬다. "하계 유니버시아드 대회 실사단 방문과 세계 광엑스포 개최 등 잇따른 국제행사를 앞두고 외빈들을 영접할 장소가 필요하다"라고.

이어 "각종 국제행사를 유치하기 위해서는 광주를 찾는 외국인들을 관사로 초청해 우의를 다지는 것이 가장 효과적"이라고 부연했다.

광주드림은 이 같은 광주시의 입장이 시민 정서와 맞지 않다고 판단했다. 우선 광주시장 관사가 상무지구에 들어선 '명분'을 스스로 저버렸다는 점에서 문제를 제기했다.

광주시장 관사 등 고위 공직자 거처가 상무지구로 정해진 건, 소각장·음식물 사료화 공장 등 입지로 촉발된 주민들의 환경적인 논란과 우려를 불식시키기 위함이었기 때문이다.

당시 광주시는 '주민들과 고통을 함께 하겠다'라며 관사를 정치적으로 활용했다. 그런 시가 주민들과 한마디 상의도 없이 관사 이전에 나선 건 상무지구 주민들을 무시한 처사로 봤다.

일부 주민들이 "주민 민원은 아무것도 해결하지 않은 상황에서 억장이 무너진다"는 반응을 보인 게 이런 정서와 무관치 않았다.

광주시 재정 현황에 비춰 이 같은 고급 관사가 타당하냐는 합리적 문제 제기도 이어졌다. 본보는 이를 "서민의 삶과 동떨어진 행정의 일탈"이라고 꼬집었다.

"재정 자립도 두 낫고 현재도 어려운 지역경제 상황에서 시가 관사 이전을 추진하는 이유를 모르겠다. 하루하루 살얼음판을 걷는 서민들의 마음을 조금이라도 이해한다면 관사 이전 검토를 즉각 중단해야 한다"라는 시민단체 성명이 잇따른 배경이다. 논란이 이어지자 결국 광주시는 시장 관사 이전 작업을 백지화했다.

이를 최초 제기한 박중재 기자는 해당 보도로 같은 해 광주전남민주언론시민연합이 주는 민주언론상을 수상했다. 이 같은 기자들의 일상적인 활약에 더해 시민기자들의 활동 역시 활발했다.

시민기자들로 구성된 시민편집국 두 번째 시도가 이때 진행됐다.

창간 기념일을 한달여 앞둔 3월이었다. 이성희, 손홍식, 정상선, 배남일, 김미자, 이성수 시민기자 등이 구성원으로 참여했다.

이들은 봄을 맞아 광주 곳곳 도심 공원을 점검해 시설의 안전성, 관리실태 등을 분담 취재해 10꼭지의 기사를 송고했다.

분기별로 이뤄진 시민기자학교를 통해 배가된 역량과 본사와의 소통으로 이 같은 작품이 가능했다. 시민기자학교에선 우수시민기자를 선정, 표창함으로써 노고를 치하하고 사기를 진작시켰다.

6월엔 세 번째 시민편집국이 편성돼 독립적으로 기획, 취재를 이어갔다. 세 번째 시민편집국엔 손홍식, 윤수웅, 김미자, 이성희, 정상선, 조재호 시민기자가 참여했다.

세 번째 시민편집국은 '자전거 타기 위험한 광주'를 기획 아이템으로 결정하고, 각자 맡은 바 영역에서 취재해 기사를 작성했다.

광주드림은 이 같은 시민편집국의 기획물을 지면에 최대한 배치해 독자들에게 전달했다. 당시(9월) 알림(사고)를 통해 시민기자 면모를 짐작할 수 있다.

> **알림**
>
> **시민기자 139명 광주를 바꿉니다**
>
> 광주를 바꾸는 힘, 시민기자 139명이 다시 뜁니다. 창간과 함께 시민참여 저널리즘을 구현해 온 본보가 3기 시민기자단을 출범시킵니다.
> 3년여 동안 생활 주변 소소한 얘기들로 훈훈함을 더했고, 부조리와 무질서의

현장을 고발·시정했던 시민기자들은 존재 자체로 '광주의 힘'이 돼 왔습니다. 새롭게 출범하는 '광주드림 시민기자단'은 그동안의 성과를 이어받아 생활밀착형 정보 발굴에 더욱 치중토록 하겠습니다. 아울러 각 기자들의 전문성과 관심 분야를 최대한 살리는 직능별 활동도 강화하겠습니다.

3기 시민기자단(139명) 명단

오남경 문일엽 박지영 박형준 김호근 김영배 김대욱 최홍영 한경승 김정호 이재광 김수지 권효주 이진교 신영배 김원식 안민환 박정희 고오주 배중권 서성현 이 석 김용규 김원태 강삼권 이성재 선지혜 이금덕 정상선 두용환 이형석 조민근 이광형 곽상희 신유주 손영진 박은정 신수오 김미숙 최 민 박경재 문원준 홍민숙 양웅철 김숙희 권지혜 유경천 김남호 이나라 이춘석 조재호(북구 각화동) 김기섭 박 현 유송이 조용석 양동선 김춘홍 김성수 장우열(59명·새로 위촉) 임경원 박연숙 김순화 김상옥 임명규 이광수 박은섭 이엄지 서정성 김광식 박현구 신생균 장우철 양해석 김미정 하애진 이승철 신상속 배이화 이미란 김수영 김정윤 조태희 오태백 기영철 김도연 이광일 박성광 김향남 박경미 백승권 이영진 박상현 허권회 강성수 김미자 신정인 백종한 정영대 김두형 신미경 신예정 이수웅 김 영 위민호 김승욱 이성희 최지명 신영관 이민철 배남일 손홍식 김미정 박 강 김서현 봉정선 김보라 임안식 진권섭 표인술 정윤희 이상곤 송우람 배이상헌 정형근 정갑도 김용국 김홍수 심홍섭 김재길 박선제 박삼원 서일권 박용수 김성용 조원종 조재호(광산구 운남동) 이성수 김왕현 장명웅(80명·재위촉)

아울러 본보는 새로 출범하는 시민기자단 상견례와 함께, 기사 작성법 등을 강의하는 시민기자학교를 오는 26일 엽니다. 시간은 오후 7시, 장소는 사랑방신문사(북구 신안동) 지하교육장입니다.

간단한 식사와 다과가 준비돼 있습니다. 기타 자세한 내용은 인터넷 광주드림 (www.gjdream.com) '시민기자의 방' 코너에 공지돼 있습니다. 문의는 520-8042. 시민기자단 139명은 지난 21일까지 인터넷 접수 기준이며, 이후로도 홈페이지를 통해 상시 모집합니다.

5월 1일 창간 기념일을 한 달 앞둔 4월엔 조직 개편 인사가 진행됐다. 기존 팀제를 다시 부서제로 전환한 게 핵심이었다.

사랑방신문 인수 후 창간일로 변경된 5월 1일 자로 5주년 기념호가 제작됐다.

이와 함께 편집국 간부 인사도 단행돼 오일종 편집국장이 취임했다. 전임 박우기 국장은 경영본부장으로 자리를 옮겼다.

같은 해 5월 23일 노무현 전 대통령이 서거하면서 온 나라가 충격에 휩싸였다. 이어 8월 18일 김대중 전 대통령 서거까지 겹치면서 정국은 그야말로 격랑이었다. 사회적 분위기와 무관치 않은 언론 역시 풍운의 현장을 누비지 않을 수 없었다.

10월엔 광주드림 여성 배드민턴대회 두 번째 대회가 전남대 체육관에서 펼쳐졌다.

이 시기, 광주드림은 '디지털 퍼스트'를 선언하며 온라인 영향력 확대에 총력을 기울였다.

그 결과 10월 29일 네이버 2단계 제휴인 뉴스캐스트(현 뉴스스탠드) 진입에 성공했다. 검색 단계를 넘어 네이버 초기화면에 제호를 걸 수 있는 단계의 제휴로, 광주·전남·북 매체 중 최초였다.

당시는 기존 매체들이 온라인 진출에 관심이 덜했던 시절이라, 네이버 다음 등 포털 진출의 가치를 제대로 인식하지 못했다. 광주드림은 지역신문 후발 주자라는, 오프라인에서의 약점을 극복하기 위해 전략적으로 온라인에 치중해 왔기에 이처럼 빠른 행보가 가능했다.

게다가 부동산·자동차 등 중개를 주업으로 온라인 플랫폼을 개발해 온 모기업 사랑방신문의 시스템과 결합한 광주드림의 디지털 전략은 다른 매체와 차별화가 충분한 역량이었다.

이 같은 성과를 바탕으로 2009년을 마무리하는 12월, 광주드림은 전

직원 워크숍을 열어 발전 방향을 논의했다.
지면 혁신, 수익 사업, 인터넷 환경 등 각 분야 주제 발제와 토론이 진행됐다.

🔶 고난의 행군이 시작되다

돌아보면 2010년은 광주드림에 격동의 한해였다. 여느 해와 다름없이 해가 떴을 테지만 희망차고 밝은 빛보다 무겁고 암울한 기운에 짓눌려 있었음에 틀림없다.
사랑방신문에 인수된 뒤 4년 차, 적자 구조를 개선하지 못한 기업의 지속 가능성 위에 드리워진 먹구름이 짙어서다.
그럼에도 광주드림은 매일 매일 뉴스를 쫓고 현장을 기록하는 신문의 사명을 게을리하지 않았다.
새 기운이 오롯한 2월, 광주드림은 지면과 조직을 개편했다.
'선택과 집중' 강화를 내세워 한 사안을 여러 각도에서 점검하는 '들여다보기'면을 신설했다.
1면 편집 방향도 틀을 확 바꿨다.
같은 해 6월 예정된 지방선거에 대비해 조직을 개편, 자치부와 생활부 양대 부서 체제를 꾸렸다.
3월, 광주드림의 변화는 생각보다 빨리 왔다.
발행인이 바뀐 것이다. 2007년 5월 사랑방신문이 광주드림을 인수할 당시 발행인으로 자리했던 정태형 회장이 물러나고 모기업 김선영 전무가 발령받았다.

사랑방신문에서 중역이었던 김 전무는 광주드림 경영법인인 SRB미디어 대표이사로 취임한 뒤 신문사 경영과 편집 책임자가 됐다.

김 전무의 광주드림 발행인 인선은 정태형 회장이 사랑방신문에서 영향력을 상실했다는 것을 의미했다. 이는 달리 말하면 조덕선 사장 친정 체제 구축이 완료됐다는 의미이기도 했다.

김선영 발행인 취임 이후 광주드림에선 수익성 논리가 한층 강화됐다. 투자 대비 수입, 즉 비즈니스 관점이 강조되면서 비용 절감이 최대 화두로 떠올랐다.

발행 부수 축소, 인력 감축 등이 주문되면서 광주드림 내부 불안감이 한층 커졌다.

이런 가운데 모기업은 7월 광주드림의 경영 주체인 ㈜SRB미디어를 독립 법인으로 분사했다. 사업적으로 탄탄했던 인쇄 부문은 따로 떼어내 ㈜SRB미디어로부터 분리시킨 것이다. 오롯이 광주드림만의 독자 생존을 주문한 것으로 해석됐다.

일정 정도 이상의 적자는 책임지지 않겠다는 메시지도 분명했다. 한마디로 '번 만큼 쓰라'는 것이었다. 고난의 행군이 시작된 것이다.

이 시기 기자들이 회사를 떠나기 시작했다.

조선 기자는 출산 휴가 끝 복귀하지 않고 사직했고, 10월엔 이광재 기자, 12월엔 이석호 박중재 홍성장 기자, 다음 해 1월엔 신동일 기자도 사직 대열에 합류했다.

드림을 떠난 기자들 상당수는 경쟁 매체인 광남일보로 옮겨갔다.

몇 년 전 아시아미디어그룹이 인수한 광남일보에선 전남일보 출신의 김한식 당시 전자신문 호남지사 기자를 편집국장으로 영입했고, 그와 인연 있었던 기자들 상당수가 동행한 것이다.

광주드림 기자 중에서도 전남일보 출신 중심으로 상당수가 김 국장을 따라갔다. 후술하겠지만 광주드림의 비극적 운명은 이 대목에서 뿌려진 씨앗이 장성한 결과였다.

어수선한 분위기 속에서도 기자들은 본연의 임무인 취재와 보도 활동을 멈추지 않았다.

2010년 9월, 그해 민주언론상을 수상한 기사가 광주드림에 실렸다. 광주대광여고의 외국어고 전환 시도에 대한 문제 제기였다.

당시 대광여자고등학교를 외국어고등학교로 전환하려는 학교법인 홍복학원의 시도는 거의 성공하는 듯 보였다. 9월, 광주시교육청은 '광주광역시 특수목적고등학교 지정·운영위원회'를 개최해 대광여고의 외고 전환을 승인하기에 이른다.

전교조 등 교육단체들은 "날치기 통과"라며 반발했지만, 이미 물은 엎질러진 뒤였다.

절차상 이제 교육부장관의 인가만 남았다. 당시 홍성장 기자는 반전이 절실했다. "뭐가 없을까" 생각하던 홍 기자는 운영위 심의 자료를 들춰봐야겠다고 마음먹었다. 광주시의회 교육위원회 소속 서정성 광주시의원의 도움으로 관련 자료를 입수했다.

이중 홍 기자가 중점적으로 들여다본 것은 '수익용 기본재산'이었다. 보통 학교를 만들 때 수익용 기본재산이라는 걸 운영 법인에서 내게 돼 있다. 그 자산을 바탕으로 수익을 마련해 대광여고를 외고로 바꿔 운영하겠다는 게 홍복학원의 기본 계획이었다.

"예를 들어 수익용 기본재산에서 나오는 수익이 1억 원이라고 하면, 이걸 어떻게 쓰겠다고 예상된 대차대조표가 신청서에도 포함돼 있어야 한다"는 것이다.

자료를 들여다보니 이상한 점이 발견됐다.

당시 대광여고 법정부담금 납부율이 2%에 불과했는데, 모 법인인 홍복학원이 낸 신청서에는 '대광외고'의 법정부담금 납부가 100%로 문제 될 게 없다고 돼 있던 것이다.

홍복학원의 수익용 기본자산이 크게 늘어난 탓이었다. 홍복학원은 이를 통해 매년 1억 8089만 원의 수익을 내겠다고 장담했다.

"이게 어떻게 가능할까?" 의심스러웠다. 자료를 계속 살펴보니, 외고 전환 후 감정평가 기준액으로 36억 1787만 원에 달하는 토지를 수익용 기본재산으로 내놓겠다는 내용이 있었다.

"정말 그만한 가치가 있는 땅일까?" 홍 기자는 그 토지를 직접 확인해 보기로 했다.

부동산 주소지를 확인하고, 직접 가봤다. "이럴 수가."

그 땅은 완전히 '맹지'였다. 광산구 외곽에 있는 곳이었는데 폐교된 초등학교 건물만 달랑 있었다. 주변도 숲처럼 풀과 나무만 울창했다. "여기서 어떻게 수익이 날 수 있나? 도저히 말이 안 된다."

기본재산의 이자수익으로 법정부담금을 100% 내겠다는 홍복학원의 약속은 '빛 좋은 개살구'임에 틀림없었다.

이 자체로도 홍복학원의 외고 전환 계획은 하자투성이였다.

그런데 취재를 더 해보니 이게 끝이 아니었다. 알고 보니 해당 부지는 이미 홍복학원이 가지고 있던 땅이었다.

학교 법인은 본인들이 가진 재산이 늘어나면 신고하게 돼 있다. 그런데 홍복학원은 이 땅을 신고하지 않고 숨겨 왔다는 사실도 확인했다.

그래 놓고 외고로 전환하면서 이걸 새로운 수익용 기본재산으로 내놓겠다고 그럴싸하게 서류를 꾸민 것이다.

이렇듯 문제가 한둘이 아닌데, 광주시교육청도, 시의회도 그 어떤 누구도 이를 지적하지 않았다는 것도 의아했다.

홍복학원이 제출한 자료를 형식적으로 처리했을 뿐 누구도 이를 검증하지 않고 외고 전환 절차를 진행한 것이다.

이쯤 되니 "외고 전환을 용인해선 안 된다"라는 의욕이 활활 타올랐다. 특히 홍복학원과 설립자 이홍하 씨는 '사학 비리'의 원흉으로 지목돼 있었다. 이들이 외고를 운영토록 내버려 둘 순 없는 일이었다. 외고가 비리 사학의 돈벌이 수단으로 전락할 수 있다는 우려가 컸기 때문이다.

홍 기자는 그해 10월 취재한 내용을 기획 보도했다.

홍복학원의 '법정부담금 완납'이 가능할지에 대한 문제 제기로 시작해 이홍하 씨가 '학교로 돈을 벌어 학교를 늘리는 방식'을 꼬집었다. 이는 수업료, 교비 등 불법 전용이라는 비리로 가능한 것이라고 고발했다.

교사들 인터뷰를 통해 대광여고의 비민주적이고 투명하지 못한 학교 운영의 문제도 기사화했다. 대법원 판례를 통해 홍복학원의 문어발식 확장의 불법 소지도 따졌다.

보도의 후폭풍은 컸다.

"외고 전환을 인준해선 안 된다"라는 여론에 힘이 실렸다.

마침 보도가 나간 이후 광주시교육청에 대한 국회 국정감사가 진행됐다. 국회의원들이 광주드림 기사를 바탕으로 '폭탄 질의'를 쏟아부었다. 한참 전 '서류'를 접수했지만, 교육부는 어떤 결정도 쉽게 할 수 없었다. 이러던 찰나 교육감 첫 주민 직선으로 당선된 장휘국 광주시교육감이 취임 후 대광여고의 외고 전환 문제에 결단을 내렸다.

교육부에 외고 지정을 위한 협의 신청을 철회했고, 교육부 장관도 이를 받아들이면서 관련 행정행위가 종료됐다.

그리고 2010년 12월 8일, 장 교육감은 '외고 전환 불가'를 홍복학원에 통보했다. 80~90% 정도로 끝났다고 생각했던 홍복학원의 외고 전환 시도는 이렇게 물거품이 됐다.

모두가 내딛지 않은 한 걸음을 광주드림이 더 나간 결과였다. 이 보도

2010년 12월, 홍성장 기자가 대광여고 외고 전환을 저지한 기사의 가치를 인정받아 2010광주전남민주언론상을 수상했다.

로 홍 기자는 같은 해 광주전남민언련이 주는 민주언론상을 받았다. 이홍하 씨에게 문제 제기하다 대광여고에서 쫓겨난 교사들 모임에서 홍 기자를 초청해 고맙다는 인사를 전했다.
결과론이지만 이홍하 씨는 이 사건 이후 몰락의 길을 걸었다.

시민들이 기획한 광주드림 후원의 밤

수익성 측면에서 적자 구조를 면치 못한 환경은 광주드림의 미래에 늘 불안감을 안겨주는 요인이었다. 무료 신문이라는 구조는 누구나 가져다 볼 수 있는 만인의 미디어라는 장점이 있지만, 지속 가능성을 담보할 수 있는 수익 구조에선 허점을 드러낼 수밖에 없는 한계가 명확했다.

이렇게 무료 신문을 인수해 3년여 넘게 발행해 나가면서 자본주인 사랑방신문의 고민도 점점 더 깊어졌다.

그리고 이 같은 분위기는 광주드림에게 무언의 압박이 되지 않을 수 없었다.

이 같은 상황을 모를 리 없는 광주드림 내부에선 "뭐라도 해 보자"는 절박함이 커지고 있었다.

그해 10월 진행한 후원의 밤 행사가 그런 고민의 일단이었다.

하지만 당시 후원의 밤은 광주드림이 주체가 아니라 '광주드림을 사랑하는 이들'이 자발적으로 나서 힘을 보탰다는 점에서 유례가 없는 이벤트였다.

광주드림을 사랑하는 독자 몇몇 아이디어에서 출발했다.

그들은 스스로를 '광.주.만.행(광주드림을 만나 행복한 사람들)' 으로 지칭하고 행사의 호스트를 자처했다.

후원의 밤 프로그램을 기획하고, 이 행사에 초대자로 마땅한 인물을 섭외하고 모셨다.

그렇게 해서 확정된 호스트(초대자)는 윤장현(아시아인권위원회 이사·이하 당시 직함), 류한호(광주대 신문방송학과 교수), 임의진(목사·경향신문 '임의진의 시골편지' 필자), 이성희 (광주드림 시민기자 대표), 민판기(광주드림 필진 대표), 김요수('샘터' 필진), 신성진(광주 전남 민언련 대표), 지정남(마당극 배우, 방송인), 문순태(소설가), 강준만(전북대 신방과 교수) 였다.

아래는 당시 후원의 밤 초대장 문구다.

광주드림 후원의 밤에 초대합니다

"막둥아, 이것 할머니 갖다 드려라."
"요 이쁜 막대기가 뭣인디?"
"할머니 허리가 자꼬 굽어진께 지팡이 쓰시라고."
우리 마을 끝집에는 솜씨좋은 영팔이아재가 살았습니다.
아재는 눈여겨 봤다가 마을에 있어야 할 것을 만들어주셨습니다.
"몽글아, 놀러 댕길 때는 동생들을 잘 따둑여야제, 니 것만 챙기지 말고."
"맨날 나한테만 뭣이라 하요?"
"놀지만 말고 동생들 데꼬 와서 공부도 하믄, 낸중에 니가 또 대접받어야."
우리 마을 가운데에는 책만 읽는 곱사할아버지가 계셨습니다.
크고 작은 일에 그 분의 슬기가 보태져 정다운 마을이 되었습니다.
"뽕잎은 누에만 묵는 것이 아니여, 장에다 오래 담궈놔 봐."
"이 뻣신 뽕잎도 묵어질랑가."
"햇빛 뜨가지믄 이 놈 얻으러 오지나 마소."
우리 마을 첫집에는 눈치빠른 깍꿍아짐이 혼자 사셨습니다. 이집 저집 살림살이를 쫙 끼고 있어서 어디서 뭔 일을 해도 힘이 되어주셨습니다.
우리동네에 영팔이아재처럼
필요한 것이 무엇인지 샅샅이 챙겨주는 광주드림이 있어 좋습니다.
여기 광주에 곱사 할아버지처럼
옳은 길이 무엇인지 꼼꼼히 살펴주는 광주드림이 있어 앞길이 보입니다.
전라도에 깍꿍아짐처럼
없는 사람한테 힘을 팍팍 실어주는 광주드림이 있어 행복합니다.
광주드림은 광주에 희망을 말해줍니다.
광주드림으로 펼쳐보는 세상은 거짓이 없습니다.
광주드림의 꾸밈없는 꿈을 지지합니다.
이제 우리들이 모여 광주드림을 지금 보다 더 많이 사랑하겠다고 말해줍시다.

초대자
윤장현 류한호 임의진 이성희 민판기 신성진 지정남 문순태 강준만 이렇게 '광주드림, 날개를 달다'라는 제목의 후원 행사가 10월 8일(금) 7시~9시 30분, 무등산 입구 '운림제'에서 열렸다.

백금렬 씨가 사회자로 나선 이날 행사는 ①사전 공연:송화촌 난장 팀, 굿패 굴림 등 ②'광주드림'이 걸어온 이야기 '逐作後人程(수작후인정)' ③축하 공연:민판기 색소폰 연주, 정찬경 교수 ④광주드림에 바란다 (시민기자 또는 독자 대표, 언론계 인사, 시민단체 인사) ⑤광주드림 응원 퍼포먼스 '꿈꾸는 나눔' ⑥'꿈꾸는 나무'에 응원 메시지 붙이기 등의 순으로 진행됐다.

무엇보다 이날 행사에서 역점을 둔 것은 '적립식 후원금' 제도를 알리고, 참여를 유도하는 것이었다. 매월 일정 금액을 후원하면 이를 누적 합산해 후원자가 원하는 시기에 적립된 금액만큼 광고면을 할애하겠다는 개념이었다. '자발적 유료화'라고도 불리는 이 후원 제도는 이후 광주드림의 공식 정책이 돼 상당 기간 운영됐다.

적립식 후원제를 안내한 알림(사고) 내용이다.

> 광주드림 후원해주십시오. 광고비로 적립해드립니다.
> 창간 6년째. 광주드림은 권력을 등지고, 약자 편에 서 왔습니다. 독자들의 한없는 격려와 질책이 있었기에 가능했습니다. 감사드립니다. 하지만 한계가 있습니다. 정론을 영속적으로 받침해 줄 물적 토대가 취약하다는 겁니다. 광고에만 의존해야 하는 무료 신문의 한계입니다.
> 광수드림은 독자들과 함께 이 고개를 넘어서려고 합니다.
> '적립식 후원 광고제' 시행이 그것입니다. 매월 일정 금액을 후원하는 개인 및 단체를 모집하고, 후원자에겐 해당 금액만큼의 광고 지면을 제공하는 제도입니다. 그동안 광주드림을 공짜로 보기 미안했다면, 이번 기회에 마음을 모아 주십시오. 한 달 5000원, 또는 1만 원을 내주시는 후원자를 최고의 광고주로 모시겠습니다.

🟧 마지막 카드도 무위로 끝나고

2011년, 운명의 해가 밝았다. 광주드림 폐간이 결정됐고, 어쩌면 그대로 사라질뻔 했더랬다.

새해 1월 (주)SRB미디어는 (주)SRB미디어 광주드림으로 사명을 변경하고 이사진을 개편했다.

기자들이 줄줄이 사직해 조직이 형편없이 쪼그라든 상황에서 남은 조직원들의 위기감이 극대화했다. 극단적인 상황도 예견되는 상황인지라 조직원들은 서둘러 노조를 결성하기에 이른다.

1월 광주드림 지회를 결성해 민주노총 산하 공공노조에 가입했다. 그리고 곧바로 노조 출범식까지 일사천리로 진행했다.

이 시기 사측은 마지막 카드를 준비하고 있었다.

기획 기사를 통한 지면 수익 확대 방안이었다. 이 임무에 적임자까지 선임하고, 광주드림 소속 직원들에게 동의를 구하고 나섰다.

적임자는 바로 광남일보로 스카우트돼 편집국장으로 일했던 전자신문 출신 김한식 기자였다.

김한식 국장은 광남일보 부임 당시 광주드림 출신 등 상당수 기자들을 스카우트해 함께 입성했다. 하지만 광남일보 편집국 수장으로 몇 달을 채우지 못하고 보직이 변경되고 말았다. 조직 내부 갈등이 컸던 탓이다. 사랑방신문은 이처럼 궁색한 처지에 빠진 김 국장을 눈여겨보고 있었다.

그가 광남일보 편집국장 몇 달 동안 갖가지 기획 기사로 만만찮은 규모의 수익을 올린 이력이 있기 때문이다.

사측은 곧바로 김한식 기자를 광주드림 차기 편집국장으로 낙점하고 조직원들에게 이해를 구했다.

남아있던 조직원들은 고민에 빠졌다.

김한식 개인에 대해선 영입을 수긍하는 분위기였지만, 딸린 조건이 문제였다.

김 국장이 광남일보에 입성할 때처럼 광주드림 부임 시에도 외부에서 5명 정도의 기자들을 데려오겠다는 내용이 있었기 때문이다. 함께 오겠다는 기자 중엔 몇달 전 광주드림에 사표를 내고 광남일보로 갔던 이들도 포함돼 있었다. 남아있던 기자들이 그들에 대한 감정이 좋지 않았던 터라 분위기가 우호적이지 않았다.

게다가 김한식 국장 부임 시 현재 편집국장은 정리해고할 분위기여서 이것 또한 기존 조직원들의 마음을 심란하게 했다. 기존 조직원들은 사측과, 또 김한식 국장 개인과 여러 차례 면담하며 협상했다.

요구는 크게 두 가지였다.

김한식 국장 부임 시 외부에서 데려오겠다는 인사 중 최근에 드림을 그만두고 나갔던 이들은 수용할 수 없다는 것이 첫 번째였다. 헤어질 당시 감정이 좋지 않았던 터라, 다시 들어오면 조직의 분란만 키울 것이라는 우려 때문이었다.

두 번째 요구는 현재 편집국장의 거취와 관련된 것으로, 구조조정 대신 논설 등 다른 역할을 달라는 것이었다.

하지만 사측과 협상은 평행선을 달렸고, 접점이 찾아지지 않았다.

결국 김한식 편집국장 영입 계획은 무산됐다.

아마 사측은 이 시기, "마지막 카드가 날아갔다"라는 결론을 내린 것으로 보인다.

6월 7일, 사무실 복도에 공고문이 내걸렸다. "6월 30일 자로 광주드림을 폐간한다"라는 법인 이사회 결정 사항이었다.

순간 사무실에 있던 10여 명의 직원들은 망연자실할 수밖에 없었다.

사측 분위기가 심상찮긴 했지만, 폐간까진 생각하지 않았던 것이다.
부지불식간에 뒤통수를 얻어맞은 것처럼 멍했던 이들이 한참 뒤 정신을 차렸지만, 아무 말도 하지 않았다.
울분도, 분노도 없었다. "그래 받아들이자"라는 분위기로 읽혔다.
최근 1년여 동안 겪었던 불안과 스트레스에 짓눌렸음인지 "차라리 잘 됐다"는 자위가 가끔 흘러나오기도 했다.
공지가 붙은 건 신문 제작이 한창인 오후 시간이었는데, 직원들은 그저 묵묵히 제작에 열중했다.
기묘한 침묵이고, 기이한 평온이었다. 어찌어찌해서 지면 제작이 끝났다. 그리고 다가온 통음의 시간, 시내 모처에 모여 밤새 술을 마셨다.
그 자리에서 울분이 터져 나왔다.
그럼에도 "싸우자" "우리끼리 해보자"라는 투쟁이나 결의를 주문하는 이는 없었다.
많이 지쳐 있었으리라.
"빅마트도, 사랑방도 감당하지 못했던 일을 누구라서 책임지고 할 수 있겠는가?"라는 현실적인 고민도 무시할 수 없었다.
"차라리 지금 여기서 드림의 가치를 박제하는 게, 신문의 명예를 훼손하지 않을 것"이라는 주장은 차라리 숭고하기까지 했다.
그 밤, 기자들은 남은 한 달여 발행일 동안 지면을 어떻게 제작하고, 역사의 제단에 헌정할 것인가를 고민하는 것으로 술자리를 마무리했다.
다음날부터 편집국은 폐간 수순에 들어갔다.
광주드림에 연재해 온 시리즈를 하나하나 마무리했다.
막상 정리하려고 보니 그동안 타블로이드 조그만 판형이 담아온 광주는 생각보다 훨씬 크고 넓었다. 외부 전문가 필진이 참여한 수많은 연재물에 <끝>이라는 종지부를 찍었다.

폐간에서 돌이키다

그렇게 동요 없이 마무리를 향해 가던 중 6월 어느 날, 뜻밖의 소식이 날아들었다.

광주드림 인수 의향을 내비친 이들이 있다는 것이었다.

중간자 역할을 자임한 이가 주선해 용봉지구에서 그들을 만났다.

경기도에서 법인 요양원을 운영하는 의사들이었다. 요양원 규모가 수백 병상에 달한다는 것인데, 이들을 주선한 이는 그들의 친구로 광주드림에 산업 보건 관련 칼럼을 써온 의사 송한수 씨였다.

경기도 의사들은 평상시 의료 복지 분야 정책과 난맥상을 짚어줄 언론 매체를 갈망해 왔다고 했다.

광주드림이 온라인에 뉴스를 제공할 수 있는 기반이 돼 있는 만큼 경기도 소재 법인이라도 필요한 경비를 지원하는 데 문제가 없을 것이라고 봤다.

첫 만남에서 적극적인 지원 의지를 확인한 드림 조직원들이 동요하기 시작한 게 이 무렵이다.

그들은 광주드림을 인수하는 방식 말고, 매월 일정액을 후원하는 방식을 제안했다.

이게 가능하기 위해선 광주드림이 후원을 받을 수 있는 법인 형태를 갖춰야 한다고 했다. 그게 사단법인이다.

남아있는 기자들은 즉각 사랑방신문에 이 같은 사실을 알리고 폐간 작업 중단을 요청했다.

"인수 의향"으로 판단한 사랑방 측에선 자신들이 협상하겠다면서 만남을 주선해 달라고 요구했다.

하지만 양측은 생각이 너무 달랐다.

"인수가 아닌 후원할 것"이라는 경기도 법인은 사랑방을 만날 의사가 전혀 없었다.

'남아있는 직원들이 사랑방과 협상해 법인을 넘겨받으라'고 했다. 이후 사단법인으로 전환하면 매월 일정액을 후원하겠다는 원칙을 분명히 했다.

반면 사랑방 측에선 '후원자가 누군지도 모르는데 어떻게 회사를 넘긴다는 것이냐'며 고개를 저었다.

결국 광주드림 노조가 주체가 돼 사랑방과 협상에 나서기로 했다.

사랑방은 경기도 법인 관계자를 만나게 해달라는 주문이 여전했다. 노조는 양자의 중간에 서 있는 셈이었고, 생각이 너무 다른 두 축은 상호 불신의 늪에 빠져들었다.

이런 가운데 광주드림 폐간 소식에 가슴 졸이던 광주지역 시민단체들이 움직이기 시작했다.

"폐간을 선언한 마당에 다시 해보겠다는 이가 있으면 그냥 넘기라"며 사랑방을 압박하고 나선 것이다.

결국 6월 10일 광주지역 시민사회단체들이 당시 북구 신안동 사랑방 신문사 앞에서 집회를 열어 폐간 반대를 촉구하고, 면담을 요구하며 사무실 진입을 시도했다.

이렇게 광주드림 폐간이 광주지역 이슈가 되면서 부담을 느낀 사랑방은 조건 없이 광주드림의 모든 권리를 양도하기에 이른다.

직원들은 서둘러 사단법인을 만들기로 했고, 사랑방은 그 사단법인에 신문 제작에 필요한 시설과 권리를 넘기는 데 합의했다.

조건이 없었던 건 아니다. 제호와 광주드림 인터넷 도메인은 사랑방 소유로 남기고, 사단법인이 드림을 발행하는 동안에만 무상으로 사용토록 하겠다고 했다.

단, 발행 주체가 달라지면 바로 회수한다는 조건이 붙었다.

당시 이렇게 '볼모'가 됐던 제호와 도메인에 대한 권리는 3년 뒤 사랑방 측에서 사단법인에 일체 권리를 넘겨줘 제자리를 찾게 됐다.

우여곡절 끝 폐간에서 돌이키긴 했지만, 광주드림이 끊김이 없이 지속 발행된다는 의미는 아니었다.

이미 사랑방신문 책임 아래 최종 발행일은 6월 30일로 못 박혀 있었다.

이후론 새로운 법인이 설립돼 권한과 장비를 인수하고, 신문 등록 등 관련 절차를 진행해야 하는 지난한 여정이 기다리고 있었다.

그것도 전국적으로도 유례없는 사단법인을 만들어 일간신문 발행 주체로 삼아야 한다는 과제여서 불확실성이 더 컸다.

이 같은 작업을 누군가 대신 해줄 수 있는 것도 아니었다.

경기도 법인은 '사단법인이 만들어지면 매월 일정액을 후원하겠다'라고 약속했지만, 법인 설립 작업은 전적으로 광주드림 구성원들이 책임지고 진행해야 할 상황이었다.

기존 기자 중 "다시 해 보자"라고 의기투합한 이들은 필자와 정상철, 황해윤, 임문철 기자 등 4명에 불과했다.

박우기 오일종 임정희 기자 등 선배급은 '이젠 후배들 주축으로 해 나가라'며 이후 여정에 동참하지 않았다.

경영 분야에선 고성도 본부장이 의리를 지켜, 힘을 보태겠다며 나섰다. 광고 사업 등 영입에 문외한이었던 기자들로선 '천군만마'와 같은 원군이었다.

드디어 6월 30일, 예고한 대로 사랑방신문 책임 아래 마지막 발행이 이뤄졌다.

1면엔 '발행 중단'을 안내하는 사고가 실렸다.

옮긴다.

> 알림
>
> ### 곧 다시 뵙겠습니다
>
> 2011년 6월30일. 시민공감 지역신문 광주드림이 잠시 발행을 중단합니다. 지령 1828호. 2004년 4월22일 창간 후 7년여 만입니다.
>
> 지금, 7년여 동안 걸어온 길을 돌아봅니다.
>
> "잘 했다"는 칭찬도 있었습니다. "부족했다"는 질타는 왜 없었겠습니까? 자부심과 아쉬움 속, 광주드림은 새로운 길을 준비하고 있습니다. 활자 매체의 쇠락과 무료 신문이라는 한계에서 기인한 경영난이 원인이 됐음을 부인할 수 없습니다.
>
> 그래도 다행입니다. 지금 광주드림 앞에는 그동안의 수고와 가치를 인정하고 "새 길을 지원하겠다"는 '원군'이 기다리고 있습니다.
>
> 그들과 함께 더 새롭고, 강한 지역신문으로 거듭나겠습니다.
>
> 이를 위해 정비 작업이 필요합니다. 하여 지금의 발행 중단은 더 큰 전진을 위한 준비로 이해해 주십시오. 이 시기 광주드림은 인터넷(www.gjdream.com)을 통해 독자들과 소통을 계속하겠습니다.
>
> 지금껏 광주드림이 지역의 정론지로 자리매김할 수 있도록 물심양면 지원해 준 사랑방신문사와 임직원께도 심심한 감사를 드립니다.
>
> 광주드림이 준비 중인 새로운 언론 작업에도 적극적인 도움을 주고 있는 사랑방신문사의 노고를 잊지 않고, 더 좋은 신문으로 보답하겠습니다.

결별 과정에서 우여곡절이 있었지만, 마지막 기록에서 광주드림은 4년 여 동안 발행인으로 지원해 준 사랑방신문사에 대한 감사를 남겼다. 그리고 진짜 홀로서기 준비에 들어갔다.

성공하면 신화,
실패해도 역사

"모두가 주인이다"
사단법인 10년 장정

2011-2021

III

홀로서기 위해 몸집을 줄이다
사단법인을 만들다
재창간 추진위 공식 발족
신기루처럼 사라진 재창간 동력
'노가다도 상 노가다' 배포대 수송 작전
자 이제 '우리 신문' 한 번 가져봅시다
휴간 3개월여 만에 재발행
존재감을 회복하라
'시민언론 1년' 보고회 겸 후원 주점
대중 공연 기획이라고 못할까
민언련이 나선 주간지 창간 작업
청소년 신문, 광주드림과 동행
제호와 도메인, 5년 만에 회수
한 학기 교단에 선 기자들
노인신문 제작은 우리가 제격
10개월 간 금요일마다 '전쟁터'로
의사들
사단법인 새 이사장을 모셔라
폰트 파일 저작권 분쟁서 승리
유튜브 '동물1' 거 볼만하네!
늘 시민들, 사회적 약자 곁에
도둑처럼 왔다 가버린 코로나 세월
"이왕 할 거면 제대로 해봅시다"

🟧 홀로서기 위해 몸집을 줄이다

홀로서기, 첫 작업은 몸집 줄이기였다. 사무실 공간 축소부터, 비용까지 모든 게 다 그 대상이었다.

한때 30여 명이 근무할 공간으로 꾸려진 사무실은 이제 10명도 채 남지 않은 직원들에겐 너무 컸다. 그리고 임대료 감당도 버거웠다.

그렇다고 당장 다른 장소를 골라서 이전도 쉽지 않은 상황이었다.

당시 광주드림이 입주해 있던 건물은 북구 신안동 광주전남주택건설협회 빌딩 4층이었다. 협회 사무국과 협상에 나서 공간을 줄이고 임대료를 낮추기로 했다.

평소 친분이 두터웠던 주택건설협회 사무국 관계자들은 광주드림의 현 상황을 안타까워하면서 최대한 도와주고자 애를 썼다.

그리하여 기존 공간 중 절반 정도를 줄여 임대료를 낮추는 데 합의했다. 사무실 중간쯤에 가벽이 설치되고, 이전까지 한 공간이었던 반쪽은 다른 이의 사무실이 됐다.

별도 회의 공간이 없어 사무실 한켠에 신문 보관용 책꽂이로 벽을 쌓아 일부 차단된 공간을 조성했다. 이 공간은 회의실, 휴게실, 자료실, 그리고 때때로 사무실 회식 장소로 요긴하게 활용됐다.

신문 제작 시스템과 데이터 보관의 핵심인 서버실은 기존 공간을 그대로 쓸 수 있어 그나마 다행이었다.

공간을 줄여 임차료 부담은 낮췄지만, 더 큰 문제가 있었다. 보증금이었다. 당시 1000만 원이 넘었는데, 사랑방신문이 철수하면서 대체할 보증금은 남은 직원들이 마련해야 했다. 후원을 약속했던 경기도 쪽 법인은 '사단법인이 설립된 후에라야 지원 가능하다'라는 입장이어서, 실제 이게 현실화할지는 장담하기 어려웠다.

이런 상황이니 당장 1000만 원대 자금 마련이 과제로 떠올랐다. 여러 가지 궁리 끝에 찾은 방안은 '일일호프'였다.

후원금 마련을 위해서도 필요했지만, 광주드림이 사단법인으로 새롭게 준비 중이라는 사실을 알리는 이벤트로도 요긴한 것이었다.

홀로서기에 나서는 순간부터 드림 직원들과 보조를 맞춰온 광주지역 시민사회단체는 이때 몇몇 인사를 대표로 광주드림 재창간추진위원회 준비위를 꾸려 조직적으로 결합했다.

일일호프 역시 재창간추진위원회 준비위와 함께 계획을 세웠다.

추진 준비위는 "사단법인이 독립언론의 새로운 모델이 될 수 있다"라면서 기대감을 감추지 않았다. 그 근거는 후원회 구조로, 특정 누군가 소유하지 않고 다수가 주인으로 참여하면 독립성이 훨씬 강화될 것이라는 논리였다.

또 "그동안 광주드림이 지역사회에 해온 역할을 자산으로 삼아 매월 1만 원씩 후원하는 회원 1000명은 어렵지 않게 만들 수 있을 것"이라고 장담했다.

그렇게만 될 수 있다면, 지금까지 고질적인 아킬레스건이었던 적자의 굴레에서 단방에 해방되는 것이었으니, 직원들 역시 긴가민가하면서도 기대치는 최고조에 달해 있었다.

이렇게 홀로서기에 나선 광주드림 앞에 닥친 가장 큰 행사가 일일호프 준비가 돼버렸다.

창간 초기 활동 자금과 사무실 임대 보증금 등 목돈 마련을 위해 반드시 성공해야만 할 이벤트였다.

그만큼 중요한 행사이지만 준비하는 손은 부족하고, 관련 경험이 전무한 초짜들이어서 불안감 속 우왕좌왕할 수밖에 없었다.

평소 다른 단체가 초청한 일일호프에 후원자로, 때론 취재차 기웃거

렸지만, 그 행사가 어떻게 준비됐고 실제 작동하는지 관심조차 가져본 적 없는 기자들과 직원들이 오롯이 티켓 판매와 당일 서비스를 책임져야 할 상황이 된 것이다.

일단 날짜부터 정했다. 7월 22일 오후 시간대가 선택됐다.

장소도 중요했는데, 여기엔 고려해야 할 요소가 많았다.

그중 중요한 게 임대료로, 광주드림의 입장을 이해하는 업주라야 비용 부담을 줄일 수 있을 터였다.

또 주차장과 실내 공간 규모, 접근성 등 부대조건도 무시할 수 없었다.

그렇게 여러 장소가 물망에 올라 여러모로 검토 끝에 광주문화예술회관 내 식당 '라플레르'로 결정했다.

장소 섭외가 끝나자 이제 주류와 안주 준비 등이 다음 과제가 됐다.

생맥주 공급이 가능한 맥주 회사 광주지역 지점 두 곳을 상대로 협상을 벌여 당일 제공할 물량과 비용을 결정하고 계약을 맺었다.

다음은 안주 차례. 이전 일일호프 운영 경험자들로부터 얻은 정보로 가성비 높은 안주류를 추천받았다. 통닭, 부침개, 김밥, 순대 등이 그것이었다. 외부에서 조리해 일일호프 식당에서 판매할 수 있어 요리에 대한 부담을 떨칠 수 있었다.

장소를 마련하고 음식을 준비하는 게 중요하긴 했으나, 무엇보다 실질적인 과제는 수익과 직결되는 티켓 판매였다.

시간이 촉박하게 진행되다 보니 준비 과정이 2주일여 밖에 되지 않아 심적으로 더 쫓겼다.

일단 광주드림의 이름으로 티켓 구입을 요청해 볼 수 있는 단체와 개인 등 리스트를 정리했다. 창간 후 7년여 동안 지역사회에 뿌린 씨앗이 얼마나 열매를 맺을 수 있을지가 관건이었다.

일단 목표치로 티켓 4000매를 발행했다.

재창간준비위와 노조 등 광주드림을 위해 발 벗고 나선 단체들이 조직적으로 움직였다.

무엇보다 자신들의 행사처럼 물심양면으로 동참해 준 공공운수노조 관계자들의 도움이 결정적인 역할을 했다. 그중에서도 광주시청사 청소노동자들은 그야말로 자신의 집안일처럼 팔을 걷어붙이고 나섰다. 2007년 광주시청사 청소 용역업체가 바뀌면서 해고 위기에 처한 이들의 투쟁을 광주드림이 적극 보도하고, 이후 지리하게 이어진 복직 싸움에 함께 해준데 따른 고마움을 늘 말하던 이들이었다. 그렇게 이들은 후일 공무직으로 채용돼 안정적 일자리를 갖게 됐고, 광주드림의 모든 행사에 함께하는 동지가 됐다. 대부분 주부였던 이들이 주방을 맡아주면서 일일호프의 가장 핵심적인 동력을 확보할 수 있게 됐다.

드림 직원들은 행사장 준비와 프로그램을 점검했다.

안주 등 재료를 직접 구매하는 것도 직원들 몫이었다.

재창간을 위한 준비 자금 확보, 시민사회와 시민들을 대상으로 한 사단법인화 작업 알리기와 후원자 참여 유도를 목적으로 한 행사였기에 당일 프로그램도 공들여 준비해야 했다. 당일 행사 진행자론 마당극 배우 지정남 씨가 일찌감치 내정돼 한시름을 덜었다.

타고난 끼에, 광주드림에 대한 애정까지 충만했던 지 씨는 누구보다 열성적으로 행사를 후원했고, 성공을 열망했던 이 중 한 명이었다. 그래도 애쓴 보람이 있어 티켓 판매가 소기의 목표를 달성하기에 이르렀다. 그리고 마침내 다가온 결전의 날, 7월 22일 오후 5시 문예회관 내 식당에서 '광주드림 사단법인화 새 출발 후원 일일주점'이 막을 올렸다.

"'드림, 내꺼!' 월 1만 원 후원으로 광주드림 주인이 되자!"라는 부제가 붙은 이날 주점엔 각계에서 수많은 이들이 찾아와 광주드림을 응원했다.

2011년 7월 22일. 광주드림이 사단법인으로 새출발하면서 후원주점을 열었다.

직원들은 주최자로, 봉사자로 그야말로 눈코 뜰 새 없는 시간을 보냈다. 그럼에도 피곤한 줄 몰랐다. 많은 시민이 찾아와 광주드림의 그간의 역할과 가치를 증언하고, 격려해 줬기 때문이다.

많은 이들의 연대 발언과 후원 동참으로 힘을 얻은 일일주점은 밤늦은 시간까지 이어졌다.

이날 후원주점은 홀로서기에 나선 광주드림의 대외적 첫 행사였다. 애초 목표로 했던 수익적 효과도 커서 사무실 임대 보증금을 해결할 수 있었다. 당시 힘을 보태줬던 개인과 단체들이다.

한 여름밤 열기는 뜨거웠습니다

지난 7월 22일 광주문예회관 내 한 레스토랑에서 광주드림의 새로운 출발을 위한 후원주점이 열렸습니다. 많은 분이 함께 해주셨습니다. 메인 홀이 가득 찼고, 급기야 행사장 바깥까지 돗자리가 펴지고 촛불이 밝혀졌습니다. 다양한 광주시민이 '광주드림'의 이름으로 함께 했습니다.

팔 걷어붙이고 손 보태주신 분들도 많았습니다. 그분들의 힘이 아니었다면 광주드림 후원주점은 불가능했습니다. 주방일부터 서빙·공연·사회·뒷정리까지 어느 하나 도움받지 않은 곳이 없습니다. 일일후원주점에 보내주신 그 뜨거운 마음들 고맙습니다.

일일주점 후원인·단체

강경식 강기정 강보선 강성곤 강영희 강위원 강유미 강은미 고점석
곽귀근 곽정숙 구길용 국강현 권오산 김경대 김경수 김광란 김광훈
김기홍 김낙곤 김남수 김남희 김대준 김도영 김동영 김문선 김미남
김미송 김미향 김민종 김병일 김석웅 김선호 김성중 김세진 김영미
김영욱 김영정 김요수 김용균 김용목 김우경 김유나 김유진 김인정
김재길 김창헌 김태종 김 현 김현성 김형민 김혜선 김혜일 김호균
김희용 나의갑 나이수 나종천 남신희 남인희 도 연 류인근 류정수

명등룡 문병훈 민동철 민문식 민판기 박고형준 박규견 박근태 박미경
박삼원 박선정 박시훈 박은섭 박은영 박인철 박준배 박중재 박한수
박효희 백금렬 백정남 백종록 백청일 변길현 서일권 서정성 송한수
신수오 신양호 신영훈 신예정 안관옥 안형수 양성현 양수기 양유진
오남준 오미덕 오병윤 윤봉근 윤영호 윤태중 윤행석 이경진 이경희
이광재 이국언 이미라 이민철 이병훈 이상갑 이성인 이성희 이 슬
이승희 이유진 이재남 이정강 이정우 이지선 이지은 이진영 이춘문
이형석 이혜영 인디언수니 임문철 임선이 임용철 임원빈 임은주
임정희 임현호 장명웅 장영렬 장우철 장진영 장태훈 장향미 장헌권
장휘국 전고필 전율호 정기정 정민룡 정병문 정봉남 정선희 정연옥
정영대 정유리 정찬경 정현애 정현주 정혜영 조광철 조대영 조성국
조성규 조성식 조오섭 조용표 조진태 조 학 주창기 지정남 진권섭
진선기 채와라 최경지 최동순 최동환 최명진 최미옥 최완욱 최종욱
최종호 최필순 최홍엽 표영민 한유진 한재용 한현묵 허달용 허동운
허창영 홍성장 홍인화 황익순 황정아 황풍년 황혜영

가톨릭농민회 | 강청비누 | 건강사회를위한치과의사회 | 광주경제정의실천시민연합 | 경제문화공동체더함 | 광백모 | 광주복지공감+ | 광주비정규센터 | 광주전남귀농학교 | 광주전남여성단체연합 | 광주청소년문화의집 | 광주청소년진흥센터 | 교육문화공동체결 | 국가인권위광주인권사무소 | 광주국제교류센터 | 근로정신대할머니와함께하는시민모임 | 광주전남녹색연합 | 녹색평론독자모임 | 뉴시스광주전남본부 | 닷컴과드림을사랑하는사람들 | 대인예술시장프로젝트 | 대한적십자사광주전남지사회원홍보팀 | 데코디자인그룹 | 무등시장문전성시프로젝트PM단 | 광주문화재단 | 보해양조 | 북구문화의집 | 광주인연맺기학교 | 광주생명의숲 | 광주전남숲해설가협회 | 신세계백화점 | 아름다운가게 | 아이쿱빛고을생협 | 광주장애인차별철폐연대 | 전남대 용봉교지편집위원회 | 전남대 신문사 | 전남대이코노믹스 | 전라도닷컴 | 조선대민주동우회 | 지역교육네트워크화월주 | 광주전남진보연대 | 참교육학부모회광주지부 | 참여자치21 | 평등과연대를위한민중행동 | 광주환경운동연합 | KT민주동지회 | OB맥주민주노총광주본부 | 민주노총전남본부 | 보건의료노조광주전남본부 | 전교조광주지부 | 공무원노조광주본부 | 금속

노조(광주전남지부, 기아자동차지부광주지회, 금호타이어지회, 금호타이어비정규직지회, 캐리어에어컨지회, 광주지역금속지회, 현대자동차판매광주전남지회, DSC지회, ATK지회, 쓰리엠지회) | 공공운수노조(광주전남본부, 광주전남지부, 사회보험지부광주전남지회, 사회연대연금지부광주전남지회, 화물연대광주지부, 버스본부금호고속지회, 광주시청분회, 광주장애인복지관분회, 518기념재단분회, 함평군청분회, 순천사회복지분회, 광주도시철도비정규직분회, 연합분회, 전남도청분회, 보육분회, 미래환경분회) | 운수노조철도본부호남본부 | 광주일반노조 | 농협노조광주전남본부 | 언론노조광주MBC지부 | 광주전남자치단체상용직노조 | 한국비정규직교수노조조선대분회 | 전국여성노조광주전남지부

사단법인 광주드림 후원 단체·개인

강대순 강순태 강은미 강 현 강현주 경제문화공동체 곽근영 곽정숙 구제섭 김 경 김경욱 김경택 김기홍 김대영 김대준 김문선 김미란 김병일 김보현 김선호 김성아 김 순 김승중 김연육 김영미 김영희 김요수 김용목 김정우 김종근 김종석 김종안 김주일 김진열 김창헌 김 현 김현국 김현성 김형민 김혜주 김홍석 김홍수 김희용 남신희 남인희 노종식 류승미 류재팔 민경관 민판기 박건영 박문기 박봉규 박상철 박선정 박양숙 박윤진 박종영 박주정 박형준 박희숙 배순자 배진하 변길현 변상진 서관석 서순화 서인주 서정성 설연수 소재섭 손연일 손태동 송영옥 송한수 수원아저씨 심선화 안관옥 안현주 양기준 양승준 양승현 양은정 양혜주 오남준 오병윤 오일종 오호성 우리복지요양원 유양식 유영미 유종천 윤미경 윤민호 윤승현 윤영호 윤태중 윤행석 이강수 이금호 이기홍 이성희 이세천 이영창 이오현 이원재 이은진 이재남 이정수 이종식 이효춘 임미옥 장덕일 장상민 장성훈 장용준 장태훈 전고필 전율호 전주연 정경임 정경호 정대하 정봉남 정애숙 정유석 정의석 정현주 정형석 정환운 조규태 조수웅 조일현 조준현 조희공 주정립 지정남 채란경 천성주 최규남 최기동 최성국 최심원 최종순 최종욱 한명선 한주연 허동운 허 준 허창영 현병순 현석룡 홍석진 홍인걸 홍인화 황풍년 (가나다순)

사단법인을 만들다

후원주점까지 잘 마쳤지만, 한숨 돌릴 여유도 없었다. 사단법인 설립이라는 막중하고 막막한 작업이 기다리고 있었기 때문이다.

평생 기사만 써온 이들이 행정기관을 상대로 민원인이 돼 갖가지 서류를 꾸미고 접수해야 하는 일이 쉽지는 않았다. 등기 등 절차는 법원을 상대로 하는 것이어서 한층 더 많은 품이 들었다.

법무사무소에 위탁하는 방법도 있었지만, 한 푼이 아쉬웠던 시절 광주드림은 그 비용까지도 줄이지 않을 수 없었다.

어찌 됐든 해야 할 일, 사단법인 설립에 도전했다.

신문 발행 관련 사단법인 설립 작업의 주무 부서는 광주시청 대변인실이었다.

전국적으로도 일간지 발행 주체가 사단법인인 매체는 전례가 없는 일이었다. 다만 인터넷 언론인 뉴스타파와 방송인 국민TV가 이 같은 범주에 속했다.

광주시 역시 선례가 없어 여러 가지 정보를 뒤적여서 필요한 서류 목록을 안내해 줬다. 이를 받아쥐고선 졸도할 뻔했다.

발기인 명부, 취임 승낙서, 임원 취임 예정자 인적 사항, 창립총회 회의록, 법인 설립 허가 신청서, 사단법인 설립 취지문, 사단법인 정관 제정, 예금 재산 이전 확약서, 부동산 건물 사용 승낙서, 보통재산 목록, 사업계획 및 예산….

열거한 건 법인 설립을 위한 광주시 주무 부서 관련 행정 절차일 뿐이었다.

광고 등 수익 사업을 위한 사업자 등록도 필요했는데, 이는 세무서 소관이었다.

각종 등기 업무 역시 별도 영역이었다. 최종적으로 법원에 가서 정관 및 사단법인 등록 등기를 마쳐야 했다.

누구도 도와줄 수 없는 일이라 기자들이 직접 묻고, 정보를 파악해 서류를 작성하고 관련 절차를 진행해 나갔다.

이때 결정적인 도움은 직전에 같은 업무를 해본 이들의 경험담이었다. 거의 한 달여 동안 씨름 끝에 광주시로부터 '사단법인 광주드림' 설립허가(7월 21일)를 받았다. 감격스러울 정도였다. 같은 달 27일 법원에 법인 등기까지 완료했다.

이틀 뒤엔 '사단법인 광주드림' 사업자 등록증도 발급됐다.

사단법인 설립과 함께 기존 발행인이었던 사랑방신문이 광주시에 광주드림 폐간 신청서를 공식 접수했다. 7월 29일이었다. 법인 양도계약서를 토대로 광주드림 발행인 자격을 사단법인 광주드림이 공식 승계한 시점이기도 하다.

폐간 신청은 미처 예상치 못한 엄청난 후폭풍을 몰고 왔다. 광주드림이 네이버 다음 포털에서 누리던 지위(검색 제휴, 뉴스캐스트)가 박탈된 것이다. 네이버 뉴스캐스트(현재 네이버 뉴스스탠드 위치) 제휴는 광주드림이 광주·전남 지역 최초였고, 온라인 매체 영향력의 핵심이었는데, 폐간 신고와 함께 모든 권한이 사라져 버린 것이다. 이는 네이버에서 더 이상 광주드림 기사가 검색되지 않는다는 의미였다.

같은 해 10월 재창간 절차가 마무리돼 다시 발행된 3개월여 동안 광주는 '드림' 없는 세상이 됐다.

사단법인 설립 허가를 받았지만 행정 절차는 이후로도 끊임없었다.

후원 독자에게 연말 세액 공제 혜택을 주려면 지정 기부금 단체 등록이 필요하다는 걸 뒤늦게 알게 됐다. 마땅히 필요한 일이라 생각해 실제 도전해 보니 만만한 일이 아니었다.

정관에 이와 관련해 필수적인 규정이 들어 있어야 하는데, 사단법인 광주드림 정관은 처음부터 이를 염두에 두고 만든 게 아니어서 이게 누락 돼 있는 상태였다.

'연도별 후원회비와 사용 내역을 온라인으로 공개한다'라는 내용과 '법인 해산 시 잔여 재산을 국고에 귀속한다'라는 규정이 대표적으로, 정관을 개정해 이 같은 내용을 삽입해야 했다.

'편집권 독립'을 정관에 못 박고 원칙이 흔들리지 않도록 개정 시 까다로운 절차를 규정해 놓은 터라 절차가 쉽진 않았다.

이사회 결의, 총회 승인이라는 두 단계 의결을 거쳐야 했기 때문이다.

이사회와 총회 소집 자체도 쉽지 않은 상황에서 두 번 일을 하게 되니 힘이 쭉 빠질 수밖에 없었다. 그래도 필요한 일이어서 어렵게 이사회와 총회를 또 열어 정관을 개정했다. 이같은 논의 내용이 담긴 회의록을 법무사무소에서 공증하고, 주무 관청인 광주시의 허가를 얻고, 이를 법원에 등기하는 절차까지 다시 거쳤다.

그렇게 9월 2일 신청한 사단법인 광주드림 지정기부금 단체는 2달 뒤인 10월 30일 기재부의 승인을 받았다.

이제 사단법인 광주드림에 매월 일정액을 후원하는 금액은 연말 세액공제를 받을 수 있는 기반을 마련한 것이다.

이렇듯 법인 구성이 어느 정도 마무리됐다.

사단법인 광주드림 최초 이사진은 다음과 같다.

송한수 이사장에, 이사는 림추섭 (사)교육희망네트워크 이사장, 신성진(광주전남민언련 대표), 이기곤(전 금속노조 광주전남본부장), 전욱(사원 대표), 채정희 (편집국장) 등 5명이었다.

정관에 따라 민언련 추천 인사와 사원 대표, 편집국장은 당연직 이사가 됐다.

재창간 추진위 공식 발족

8월 12일, 광주드림 재창간 준비를 위한 지역 설명회가 열렸다.
북구 신안동에 있던 당시 전교조 광주지부 회의실은 이날 사뭇 긴장감마저 흘렀다. 광주드림 재창간 추진위원회 설립이 합의된 역사적인 장소이고, 시간이었던 탓이다.
광주드림 재창간의 주역이 될 기자·사원 등 10여 명과 광주지역 여러 시민단체 관계자, 그리고 개별적으로 관심 있어 찾아온 시민 등 50여 명이 강당에 자리를 잡았다.
앞서 실무 논의를 통해 광주드림 재창간 추진위원회 설립이 구체화한 상황인지라, 이날 설명회는 추진위원회 주최로 진행됐다.
"광주드림 '새 길'을 갑니다"라는 타이틀을 앞세운 뒤 사단법인화의 의

2011년 8월, 사단법인 광주드림의 방향 설정과 후원회원 참여를 유도하기 위해 당시 신안동 전교조 광주지부 강당에서 설명회를 열었다.

미와 미래 비전을 주로 논의했다.

이에 앞서 광주드림이 걸어온 길을 살피며 존재 의의를 되새겼다.

이어 광주드림이 모색하는 '새 길'을 구체적으로 제시했다.

일단 새 길을 모색하게 된 배경을 두 가지로 정리했다.

우선은 지역사회 요구였다. 폐간 결정 이후 지역에선 "소외계층 대변지이자 진보적 가치를 지향하는 언론을 잃었다는 상실감이 컸다"라고 분석했다.

이같은 분위기 속 일부 시민들과 단체를 중심으로 "민주 인권 도시 광주라면 광주드림 정도는 지켜내야 한다는 공감대가 컸다"는 데서 재창간의 당위성을 찾았다.

여기에 새로운 자본의 지원 의지도 재창간을 추동하는 동력이 됐다고 덧붙였다.

경기도 소재 법인이 "진보적 매체 살리는 데 힘을 보태겠다는 의사를 밝힘에 따른 지역의 화답"이라는 것이다.

이 같은 상황을 발판 삼아 광주드림의 구체적 그림을 사단법인으로 잡은 이유도 공유했다.

지원 의사를 밝힌 경기도 법인의 주문이기도 했거니와, '광주드림의 대안적 언론 모델 수립을 위한 기획팀'에 광주지역 시민사회단체가 결합해 주식회사, 조합 등 여러 가지 모델을 검토한 결과 사단법인이 적합하다는 결론에 도달했다는 것이었다.

당시 제시된 사단법인의 장점이 이랬다.

자본으로부터의 간섭을 배제해 편집권 완전 독립이 가능하다는 게 우선 꼽혔다.

이어 지원을 약속한 경기도 소재 법인이 출자나 기부하는 데 문제 소지가 없다는 점이었다. 광주드림이 주식회사 체제로 운영 시 경기도 쪽 법인의 광주광역시 소재 언론에 대한 지원은 배임 등 법적 문제를 불러올 수도 있다는 우려가 있던 것이다.

게다가 지정기부금 단체로 등록됨에 따라 기부금에 대한 세제 혜택이 가능해 후원 유인 효과를 극대화할 수 있고, 지역사회 시민단체 등의 출자나 기부의 통로로도 손색없다는 점이 더해졌다.

무엇보다 진정한 의미의 '시민언론'으로 자리매김할 수 있다는 게 강조됐다.

이 같은 장점을 발판으로 (사)광주드림의 향후 운영 방향도 공유했다.

가장 중요하게 '편집권 독립'을 명문화하기로 했다.

사단법인 정관에 '편집권은 편집국장에게 있다'라는 규정을 넣기로 했다. 나아가 편집국장 임면권은 편집국 사원총회 권한이라는 점도 명시하기로 했다.

사단법인 이사회엔 지역사회 대표성을 갖는 인사를 고루 참여시킨다는 원칙도 확인했다.

이어 신문은 기존처럼 무료로 배포키로 했다.

'신문의 진정한 주인인 독자에게 무료로 드리는 지역 소식'이라는 의미를 강조, 시민언론의 위상을 재정립한다는 것이다.

특히 비영리 사단법인이 발행하는 시스템에서 보다라도 무료 신문이 적합하다고 봤다.

필요한 시기, 필요한 지역에 집중 배포 등 전략적 활용이 가능하다는 점도 무료 신문의 장점을 부각해 주는 논리였다.

'온라인 강화'도 주된 제작 방향의 하나로 제시했다.

창간 정신을 곧추세워 노동·장애·여성·교육·환경 등 소외된 목소리를 더 대변하고, 행정청 등 권력기관 감시 기능을 더 강화해야 한다는 데도 다른 목소리가 없었다.

특히 재창간에 물심양면으로 도움 준 이들 중 상당수를 차지했던 사회복지 관련 인사들의 주문도 심도 있게 논의하고 수용됐다.

복지 분야의 소외계층을 대변하고, 비리 구조를 발본색원하는 차원의 기사를 써달라는 것이었다. 구체적으로 복지 분야 전담 기자를 두는 것으로 하고, 매주 관련 섹션 면을 제작하기로 했다.

시민기자학교 정례화와 뉴스 레터 발송 등 시민언론 위상 강화를 위한 노력을 주문하는 목소리도 높았다.

재창간 광주드림의 편집 방향은 이와 같은 수준에서 시민(단체)들과 합의됐다.

이날 설명회에선 수익 사업에 관한 논의도 진행됐다.

구체적으로 공연 기획, 배드민턴 대회, 자전거 박람회, 온라인 쇼핑몰, 전라도 여행 등의 직접 사업과 스폰서 페이지 발행, 자발적 유료화, 적립식 후원제 등 후원 사업 등이 제시됐다.

이 같은 논의가 활발한 시기 광주시가 신문사업 등록증을 발부했다. 8월 31일, 광주시 등록번호 '광주 가-00048'이었다.

신문 재발행을 위한 제도적 조건은 마련된 셈이었다.

신기루처럼 사라진 재창간 동력

사랑방신문에서 폐간 선언한 광주드림을 되살리도록 반전의 계기가 된 건 경기도 소재 법인 의사들이라는 존재였다.

이들은 사단법인 설립을 전제로 매월 일정액을 후원해 광주드림 발행을 지원하겠다고 약속했고, 이를 계기로 재창간 작업이 본격화한 것이다. 필진 중 한 명을 통해 소개받은 이들과 드림 직원들이 처음 만난 게 6월 초였고, 이후 직원들은 사랑방신문과 협상을 벌여 폐간 대신 신문 발행에 필요한 시설과 권한을 양도 또는 임대받는 것으로 정리할 수 있었다.

경기도 소재 법인이 최초 광주드림에 지원키로 약속한 금액은 신문 발행에 필요한 모든 자금이었다.

접촉 초기 이와 같은 지원 의사는 구성원들을 고무시키기에 충분했다. 당시까지 남아있던 편집국 기자 10여 명 전원과 관리국 3명 등 전체를 재고용해 발행을 재개할 경우를 가정해 산출한 월 5000만 원 정도도 감당할 수 있다는 답변이 명쾌했기 때문이다.

경기도에서 요양원을 운영하는 이들(의사들)이 광주지역 신문에 이 같은 거액을 지원하겠다는 이유는 뭐였을까?

최초 접촉 시부터 기자들이 가장 많이 물었던 질문이기도 했다.

그들의 답은 이랬다.

"요양(병)원을 운영하다 보니 국가 보조금 관련 부정과 비리를 수없이 목격했고, 이를 개선하기 위해선 실태를 고발하는 언론의 필요성을 느껴왔다."

그래서 '매체를 창간하자'라는 데 일정 정도 합의된 상황이었는데, 지인으로부터 '그럴 거면 광주드림을 인수하는 게 어떠냐?'는 제안을 받고 검토 결과 마음을 굳혔다는 것이었다.

지원 대가로 그들이 광주드림에 원한 건, 의료 복지 분야 전담 기자를 둬 관련 분야 기사를 집중 보도해 달라는 것이었다. 이런 분야 기사들이 온라인을 통해 송출된다면 매체의 소재지가 광주지역이어도 하등 문제 될 게 없다는 판단이었다.

사단법인 설립 작업을 진행하면서 직원들은 새로운 자본과의 협상을 위해 대표단을 꾸렸다. 필자와 황해윤, 정상철 기자 등 3명이었다.

이들이 경기도에 사업장이 있는 터라, 주로 전화로 협상이 이뤄졌다.

그들은 "모든 지원은 사단법인 설립 작업이 완료된 후부터"라는 입장이 분명했다.

이들과 최초 만남 후 한 달여 만인 7월 21일 드디어 사단법인 설립 허가증이 발부됐다.

하지만 이들의 실제 지원은 이뤄지지 않았고, 전화를 통한 협상은 엇박자가 잦았다.

"필요한 모든 금액을 지원하겠다"라는 최초 약속은 더 이상 기대하기 힘들었고, 여러 가지 사정이 나열되며 상당 폭으로 줄어들었다.

이처럼 답답한 협상이 상당 기간 이어졌고, 지원 규모가 애초보다 녹록지 않다는 걸 전해 들은 선배 그룹은 재창간 작업에 동참하기 어렵겠다는 판단에 이르렀다.

편집국장을 역임했던 박우기·오일종 선배와 임정희 편집부장 등이 떠나는 결단을 할 수밖에 없었다.

그들은 "후배들에게 큰 짐을 남기고 간다"라는 미안함이 컸고, 남은 후배들 또한 "함께 못 가서 죄송하다"라며 고개를 떨굴 수밖에 없었다.

'원군'으로 여겼던 새로운 자본과 논의가 지지부진하면서 신문사 협상단은 '직접 만나서 결판 짓자'며 약속한 뒤 9월 그들의 사업장 소재지인 경기도로 갔다.

사업장을 둘러본 뒤 지원 의지와 그 규모에 대해 속내를 타진하고, 약속을 요구했다.

그들 숙소에서 하룻밤 자면서 다음날까지 이어진 논의 결과 최종 지원 금액을 확정했다.

월 800만 원 선 이었다.

최초 그들이 제시했던 금액과는 큰 차이였고, 중간에 그들이 제시한 월 2000만 원의 절반도 안 되는 규모였다.

최초 접촉 당시 이 정도 규모의 지원액이 제시됐다면 직원들이 폐간을 되돌리는 결단을 했을까?

막연했지만 희망의 불씨로 보였기에 불나방처럼 달려들었고, 신바람 낸 후속 작업이 너무 진행된 마당이어서 재창간 절차를 중단하자고 할 수도 없는 상황이었다.

사단법인 광주드림은 이미 쏜 화살이었다.

9월 1일, 재창간 준비호가 나오며 광주드림의 부활은 기정사실화했다. 앞서 소개한 대로 일일호프를 하고, 후원자를 모집하는 방식으로 재창간 준비 자금을 마련했지만, 곳간을 채우기엔 역부족이었다.

막상 재창간하고 발행에 들어가면 매월 인쇄비와 배포비 등 고정 비용이 발생할 게 자명했다. 하지만 폐간 이후 끊어진 광고 시장 회복까진 상당 기간 소요가 불 보듯 명확했다.

때문에 내부에선 최소 3개월 치 운영자금은 확보한 뒤 재발행에 나서야 한다는 방침을 세운 터였다.

아무리 작게 잡아도, 3개월 치 자본으론 1억 원 정도가 필요했다.

하지만 모인 금액은 턱도 없이 모자랐다.

드림을 지원하겠다는 경기도 법인에 약속 이행을 촉구했다. '사단법인 설립 이후 지원'이라는 약속을 근거로, 법인 설립 허가증이 나온 7월부터 12월까지 2011년분을 목돈으로 지원해달라고 요청했다. '시드머니'로 삼고자 함이었다.

당시는 재창간호 발행일을 10월 6일로 확정 지은 뒤였다.

하지만 그들로부터의 입금은 감감무소식이라, 드림 내부에선 답답하고 불안한 시간이 이어졌다.

그러던 어느 날 학수고대하던 돈이 들어왔다.

10월 재창간이 목전에 임박한 시기였다.

"이제 됐다"라는 안도감 속에 재창간호 작업에 매진할 수 있는 환경이 조성됐다.

나중에 알고 보니 당시 입금된 거액엔 반전이 있었다. 경기도 쪽 법인이 지원한 게 아니었던 것이다.

실제 입금자는 창간 초기부터 드림의 필진으로 활동해 오면서, 폐간 위기 당시 경기도 의사들을 드림에 소개해 준 의사 송한수 씨였다.

경기도 쪽 의료인들과 의대 동문이었던 송 씨는 주선자로서 책임감을 크게 느꼈던 것으로 전해졌다. 자기 친구들로부터 약속한 금액이 지원되지 않자, 자신이 그 책임을 대신한 것이다.

이후로도 그들의 지원은 이뤄지지 않았다.

대신 친구인 송 씨가 모든 부담을 감당했다.

사단법인 광주드림은 그에게 요청하지 않을 수 없었다.

"광주드림의 대표가 돼 주세요."

당시 송 이사장의 심정을 유추할 수 있는 글이 있어 싣는다.

필진에서 발행인이 되다

"대표를 맡아주실 수 있나요?"

친구가 광주드림 기자였다. 그래서 의학적 자문을 위한 인터뷰에 몇 차례 응했다. 생각도 짧고 글 솜씨도 썩 좋지는 않았지만 광주드림에 노동과 건강을 주제로 칼럼을 기고하게 되었다. 그러다가 연말 광주드림 필진 초청 송년회에 참석했다. 그곳에서 여자일거라고 생각했던 채정희 편집장님을 처음 만났다. '그'는 내가 쓴 칼럼에 대해 후반부로 갈수록 나아졌고, 교대 작업 노동자들의 애환을 다룬 마지막 칼럼 '박카스와 겔포스'가 감명 깊었다고 말했다. 일개 필진이었기 때문에 처음에는 광주드림의 재정 구조와 운영에는 큰 관심은 없었다. 정가 소식과 재계 동향을 주로 다루던 지역 신문들 틈바구니에, '광주드림이 만난 사람들'이나 '마을 뒷산 이야기'가 신선했고, 구석구석의 숨겨진 '광주 맛집'을 찾아가 보는 재미가 쏠쏠했다. 지역 유지와 권력의 눈치에 묻힐 뻔했던 장애학교 성폭력 사건을 드러낸 것이나, 일터에서 쫓겨난 노동자들의 이야기를 실어주는 것도 고마웠다.

2011년 광주드림이 폐간한다는 소식을 듣게 되었다. 2007년에 광주드림이 모기업 빅마트의 경영난으로 사랑방신문사로 넘어갔을 때, 어려운 고비를 겪었지만, 돌파구를 찾았다고 생각했다. 그러나 광주드림은 종사자도 발행 부수도 줄어들고 있었다. 걱정되고 안타까웠다. 짧은 기간이었지만, 광주드림이 했던 신선한 시도들과 그동안 쌓아온 광주의 보물들이 사라지는 것 같아 아까웠다. 당시 광주드림 폐간 결정에 맞서 기자들은 노동조합을 중심으로 협상에 나섰다. 광주드림 기자들은 결정해야 했다. 폐간을 받아들일지, 아니면 사랑방신문사와 독립적으로 광주드림을 유지할 것인지? '재정을 뒷받침해줄 수 있는 모기업 없이 신문사를 운영할 수 있는가?'라는 질문에, 자신 있게 그렇다고 말할 사람은 없었다. 광주드림 구성원들에게 '인생 결정'이었고, 숱한 고민의 시간이 불가피했다. 결국 광주드림을 살려야 한다는 시민사회의 지지가 균형추를 기울게 했다.

나는 광주드림의 재창간모임에 함께 하면서 뜻을 보탰다.

시민이 주인이 되는, 독립언론에 가장 적합한 구조라고 판단했던 사단법인 형태로 광주드림을 재창간하게 되었다. 그리고 재창간모임에 참여한 사람 중 교수라는 그럴듯한 직함을 갖고 있었던 내가 대표가 되었다. 일개 필진으로 시작된 광주드림과의 인연이 사단법인 광주드림의 대표로 이어질지는 몰랐다. (후략)

광주드림 취재기 '호랑이 똥은 멧돼지를 쫓았을까?' 중

재창간 준비가 본격화하면서 가장 중요하고 필요한 일이 인력 보충이었다. 선배 그룹이 대거 떠난 뒤여서 취재 인력 확충이 시급했다. 그중에서도 더 절실한 건 회계 업무를 맡아줄 직원 채용이었다.

채용 시 검증해야 할 능력이 어떤 것인지, 기자들은 이 분야를 너무 몰랐다.

임금을 어느 정도로 책정해야 하는지도 깜깜했다.

답답한 마음에 사랑방신문에서 관련 업무를 담당하고, 평소 친분이 두터웠던 윤용성 씨에게 자문을 구했다.

그로부터 이것저것 점검할 항목을 안내받았다.

사단법인 광주드림 사업 규모가 크지 않으니, 이에 족할 정도의 업무 능력을 제시받은 것이다.

임금 수준은 어느 정도로 해야 할까?

그는 말했다. "내부에서 할 사람이 없어 대체 불가능하다면, 하겠다는 이가 제시하는 금액을 줘야 할 것"이라고. 맞는 말이다.

앞으로 광주드림의 경영에도 관여할 수밖에 없는 필자가 세상 물정에 너무 무지한 것으로 비쳐서 더 독하게 조언한 것이라 여겼다.

어찌 됐든 그의 조언을 받아 채용 공고를 냈고, 다행히 해보겠다는 이가 찾아왔다.

그는 우리가 우려할 정도로 높은 조건을 제시하지 않았고, 드림에 대한 애정도 있었다. 그때 채용된 이가 김명희 씨다.

드림으로선 인력 채용 첫 단추를 잘 끼운 셈이었다.

동시에 취재 인력도 보강에 나섰다.

신문 발행이 이뤄지지 않고 있는 상황에서 인력 채용 사이트나 대학 관련 학과 게시판 등에 채용 공고를 올리고 응답을 기다렸다.

그렇게 해서 제 발로 찾아온 이가 있었으니 대학 신문사 기자 경력이 있고, 평소 광주드림을 잘 알고 있었다는 양세열 청년이었다.

양세열 기자는 한참 뒤 자신이 알고 지내던 다른 인물을 추천했으니,

그가 강경남 기자다.

이렇게 두 명의 기자가 채용되면서 기존 취재기자 3명, 사진기자 1명 등과 함께 라인을 보강할 수 있었다.

그리고 곧바로 채전경 기자도 채용돼 10월 재창간호 발행부터 함께 뛸 수 있게 됐다.

광주드림 재창간 당시 취재 동력들이다.

 **'노가다도 상 노가다' 배포대 수송 작전**

신문 재발행을 앞두고 준비해야 할 일은 한둘이 아니었다.

기자들은 평소 관심조차 없었을 업무도 많았다.

가장 핵심적인 게 인쇄와 배포 문제 해결이었다.

이전이라면 사랑방신문이 모두 알아서 해왔던 업무였지만, 관계가 단절되면서 새로운 업체를 찾아야 했다.

경영본부 주도로 인쇄 업체를 탐문, 대한교육사와 계약을 맺었다.

타블로이드판 주 5일 발행, 일일 발행 부수를 기본으로 인쇄비가 결정됐는데, 만만치 않은 금액이었다. 신문 발행은 인건비와 인쇄비가 대부분을 차지하는 장치산업이라는 걸 체감하기에 충분했다.

더 큰 문제는 배포망이었다.

사실 광주드림 입장에선 이전처럼 사랑방신문사에서 계속 배포해 주기를 바랐다.

당시 사랑방 측 배포 책임자 역시 그렇게 될 것으로 생각하고 후속 관리를 해온 터였다.

광주드림 폐간 뒤 신문 발행이 이뤄지지 않던 7월 어느 날, 사랑방신문 배포팀 중간 관리자의 전화를 받았다.

"광주드림용 배부대가 시내에 1000여 개 깔려 있어요. 재창간까지 수개월 걸릴 것 같은데, 그때까지 관리 않고 거리에 저렇게 방치하면 다 깨져서 다시 못 쓸 겁니다. 일단 저희(사랑방) 배포팀에서 전체를 회수해서 인쇄소 한편 공터에 쌓아 놓을게요. 재창간할 즈음 다시 거리에 비치하는 것으로 하시죠."

마땅히 광주드림 직원들이 해야 할 일이었는데, 정말 고마웠다.

"감사합니다. 어떻게 보답해야 할지 모르겠습니다."라는 인사에 그는 이렇게 말했다.

"재창간하면 저희에게 배포 안 맡길 거예요? 당연히 저희가 관리해야죠."

당연히 그렇게 될 줄 알았다.

하지만 사랑방 임원들의 생각은 달랐다.

"사랑방신문에선 배포하긴 어렵다"라는 의사가 명확했다. 이를 확인한 뒤 드림은 발등에 불이 떨어졌다.

새로운 배포팀을 찾아야 했기 때문이다. 대안은 하나뿐이었다.

사랑방과 경쟁업체라지만, 광주지역만 놓고 보면 사세가 한참 밀리는 벼룩시장 호남지사 배포팀이었다.

배포팀의 규모 자체가 천지 차였다. 당시 사랑방 배포팀 인원이 30~40여 명인데, 벼룩시장은 10명도 채 되지 않았다.

그럼에도 다른 방법이 없었다. 계약을 맺었다.

문제는 또 있었다.

사랑방 배포팀이 거리에서 수거해 하남산단 인쇄소 공터에 쌓아 놓은 기존 배포대 1000개를 다시 거리에 비치해야 한다는 것이었다.

벼룩시장 배포팀은 자신들이 하기 어렵다고 난색을 표했다.

결국 타협해 드림 직원들이 하남산단에 있는 배포대를 실어서 벼룩시장 호남지사까지 운반하고, 거리 배포는 그들이 해주기로 했다.

드림 직원들은 날을 잡아 5톤 짜리 트럭을 임대해 하남산단으로 갔다.

수년째 광주드림에서 근무했지만 배포대의 무게를 체감한 건 그때가 처음이었다.

거리에 세우는 배포대는 바람에 날리거나 넘어지지 않도록 하단에 물이나 모래를 가득 채우게 되는데, 그 무게가 상상 이상이었다.

한두 개도 아니고 1000여 개를 손질해 차에 싣는 작업이 끝도 없이 이어졌다. 녹초가 되지 않을 수 없는 엄청난 노동 강도였다.

거기서 끝이 아니었다. 이렇게 싣고 온 배포대를 다시 위치 이동해 내리는 데도 비슷한 강도의 노동을 요구했다.

그날 아침 일찍 시작된 배포대 수송 작전은 밤늦게 끝이 났다.

🔶 자 이제 '우리 신문' 한 번 가져봅시다

이와 같이 직원들이 흘린 피땀의 결실로 드디어 10월 6일자 재창간호가 준비됐다. 사단법인 광주드림 정관에 맞게 발행인은 이사장인 송한수, 편집인은 채정희 편집국장 이름이 박혔다.

송한수 발행인은 재창간호에서 "그동안 광주드림이 만들어 온 성과를 발전시켜 '사단법인', '무료 일간지', '시민기자'라는 광주드림만의 고유한 방식을 만들어 나가겠다"고 제시했다.

재창간 발행사를 옮긴다.

사단법인 광주드림 설립 초기부터 6년여 동안 이사장을 맡아 물심양면 애쓴 송한수 이사장.

광주드림 사단법인 새출발에 부쳐

광주드림이 시민의 품을 떠난 지 3개월 만에 다시 돌아왔습니다. 2011년 6월, 모기업이 폐간을 결정한 이후 3개월은 광주드림 기자들이 주축이 되어 독자적으로 재창간을 준비해 온 기간이었습니다. '과연 모기업도 포기했던 적자 신문사를 성공적으로 운영할 수 있겠는가?'라는 걱정도 많았습니다. 시민 여러분이 기다려 준 3개월의 기간은 이러한 우려에 대해 광주드림 스스로가 해답을 찾아 나가는 과정이었습니다.

광주드림은 시민사회와의 논의를 거친 끝에 현재의 적자 구조를 '시민의 후원과 참여'라는 방식으로 극복할 수 있다고 판단했습니다. 그리고 그동안 광주드림이 만들어온 성과를 발전시켜 '사단법인', '무료 일간지', '시민기자'라는 광주드림만의 고유한 방식을 만들어 나갔습니다.

광주드림은 일간지로서 유례를 찾기 어려운 '사단법인'이라는 운영 방식을 선택했습니다. 사단법인은 시민들의 참여와 후원을 통해 운영되는 공익적인 목적을 가진 비영리 법인입니다. 사단법인화는 광주드림을 영리와 권력으로부터 독립하여 시민에 의한 그리고 시민을 위한 언론사를 만들려는 첫 단추였습니다.

광주드림은 여전히 '무료 일간지'입니다. 하지만 광주드림의 꿈과 뜻을 지지해주는 분들이 매달 1만 원의 '후원회비'를 납부해 주시면, 대략 5명의 시민들이 광주드림을 볼 수 있는 '공유하는' 무료 신문입니다. 광주드림 1부를 여러 사람이 함께 본다면, 1명의 시민 후원은 10명, 20명의 시민들에게 광주드림을 선물하는 셈입니다. 광주드림은 9월 30일자로 지정기부금단체로 지정되었고, 적립된 후원금만큼 광고지면을 제공해주는 적립식 후원제를 채택하여 시민 후원에 의해 운영될 수 있는 구조를 갖추었습니다.

광주드림은 시민의 참여로 기사를 만들어 갑니다. 광주드림의 시민기자학교가 배출한 시민기자들이 광주드림의 눈과 귀가 되어 생활 현장 곳곳의 소식을 전해왔습니다. 광주드림은 그동안 기자 인원의 감축으로 개최하지 못했던 시민기자학교를 다시 열고, 다양한 분야에서 글을 통해 세상과 소통하고자 하는 많은 시민들과 직접 만나려고 합니다.

광주드림은 이제 새로운 길을 향해 첫발을 내딛습니다. 하지만 첫발일 뿐, 가야할 길은 아직 멉니다. 광주드림은 사회적 문제에 대한 대안을 발굴하고, 대안을 실천해 나가는 시민사회와 함께하는 언론이 되려는 목표를 가지고 있습니다. 그래서 지금보다 더 많은 기자들이 필요하고, 시민사회와 더 많은 소통이 필요합니다. 광주드림의 이러한 뜻이 시민사회와 공명한다면 광주드림은 더욱 성장할 것이고, 광주드림은 시민사회에 더 많은 것을 돌려줄 수 있을 것입니다. 그래서 광주시민들이 광주드림을 스스럼없이 '우리 신문'이라고 말하는 때가 오길 기대합니다.

우리는 세계화된 세상에 살고 있습니다. 그러나 우리가 경험하고 있는 세계화는 다양성이 공존하는 세계화라기보다는 획일화된 세계화였고, 거대한 줄 세우기였으며, 야만적인 배제의 과정이었습니다. 광주드림은 이러한 시대적 흐름을 거슬러 가는 언론이 되겠습니다. 그래서 세계화가 지역을 규정하는 것이 아니라, 지역으로부터 대안적인 세계화의 미래를 보여주겠습니다.

송한수 (발행인)

재창간 광주드림이 무료 신문이라는 물적 토대의 취약성과 사단법인이라는 경영 책임의 빈곤에도 불구하고 지속할 수 있었던 건 위와 같이 "우리 신문"이라고 애정을 쏟은 이들의 후원과 참여가 큰 역할을 했다.

무엇보다 전문가들이 필자로 참여해 콘텐츠 질을 높여준 게 컸다.

재창간 당시에도 이와 같은 전문가들이 힘을 보탰다.

다름 아닌 외부 칼럼 '딱꼬집기' 필진으로 참여한 것이다.

재창간 무렵 '딱꼬집기' 필진은 노동, 교육, 문화, 환경 등 각 분야에서 활약하고 있는 전문가들이었다. 권오산 금속노조 광주전남지부 교육선전부장, 류재한 전남대 교수, 박삼원 전교조 광주지부 정책실장, 이철영 참여자치21 운영위원, 정호 민주노동당 환경위원장, 하종강 성공회대학교 노동대학장, 황풍년 전라도닷컴 편집장, 허창영 전남대 공익

인권법센터 전임연구원 등이 구체적인 면면이다.

이 밖에도 많은 전문가가 자신의 전문 분야 코너를 운영해 콘텐츠를 책임져 줬다.

이국언 당시 근로정신대할머니와함께하는시민모임 대표는 '국치 101년 다시 보는 일제 강제 동원', 이병완 전 청와대 비서실장은 '세상 산책', 김용균 지혜의숲 아카데미 원장은 '고전 다시 읽기', 최종욱 수의사는 '동물과 삶'을 연재했다.

또 광주국제교류센터의 'GWANGJU NEWS', 김세진 숲해설가의 '숲 나들이', 백청일 논술학원장의 '글쓰기 교실', 서유진 선생의 '아시안 로드 다이어리', 김요수 작가의 '폐하 타령', 정봉남 작가의 '아이책 읽는 어른', 임정희 전 기자의 '맛있는 집', 천세진 시인의 '풍경과 말들'도 가세했다. 이뿐 아니다. 장애인 활동가들이 함께 쓴 '인연', 조대영 영화인의 '영화 읽기', 김창헌 자유기고가의 '주말 제안', 김경일 생명의숲 사무처장의 '맑은 강 푸른 산', 민판기 선생의 '불로동 연가', 임의진 목사의 '손바닥 편지', 조광철 학예연구사의 '광주 갈피갈피', 전고필 여행기자의 '이미지 산책' 등이 광주드림 지면을 알차게 채웠다.

무엇보다 사단법인 취지에 맞게 후원 독자로 참여해준 이들의 동참 행렬은 물적 토대를 든든히 채워줬다.

재창간 당시 후원자 개인 및 단체 명단이다.

개인(가나다순)
강경식 강기정 강대순 강성래 강순태 강위원 강유미 강은미 강 현
강현주 고점석 곽귀근 곽근영 곽정숙 고점석 공은주 구길용 국강현
구제섭 권순국 권오산 김 경 김경대 김경수 김광란 김경욱 김경택
김기홍 김남수 김남희 김대영 김대준 김도연 김문선 김미남 김미란

김미송 김미향 김민종 김병일 김보현 김석웅 김선호 김성아 김성중
김세진 김 순 김승중 김연욱 김영미 김영삼 김영순 김영욱 김영정
김영희 김요수 김용균 김용목 김우경 김유진 김일식 김인정 김재길
김정우 김종근 김종석 김종안 김주일 김진열 김창헌 김태종 김태진
김 현 김현국 김현성 김형민 김혜선 김혜일 김혜주 김호균 김홍석
김홍수 김희용 나의갑 나이수 나종천 남신희 남인희 노종식 류승미
류인근 류재팔 류정수 림추섭 명등룡 문병훈 문형권 민경관 민문식
민판기 박건영 박고형준 박규견 박근태 박문기 박미경 박봉규 박삼원
박상철 박선정 박수열 박시훈 박양숙 박윤진 박은섭 박은영 박인철
박종민 박종영 박주정 박준배 박태호 박한수 박형준 박효희 박희숙
배순자 배진하 백금렬 백정남 백종록 백청일 변길현 변상진 서관석
서순화 서영옥 서인주 서일권 서정성 설연수 소재섭 손상용 손연일
손태동 송영옥 송한수 수원아저씨 신영훈 신예정 심선화 안관옥
안 진 안현주 안형수 양기준 양승준 양승현 양영숙 양은정 양혜주
오남준 오미덕 오병윤 오일종 오호성 유양식 유영미 유종천 윤미경
윤민호 윤봉근 윤봉란 윤승현 윤영호 윤태중 윤행석 윤현석 이강수
이경진 이경희 이광재 이국언 이미라 이금호 이기홍 이병훈 이상갑
이성인 이성수 이성희 이세천 이 슬 이승희 이영창 이오현 이원재
이유진 이은진 이재남 이정강 이정수 이정우 이종식 이지선 이진영
이춘문 이형석 이홍철 이혜영 이효춘 인디언수니 임문철 임미옥
임상선 임선이 임용철 임원빈 임은주 임정희 임현호 장명웅 장영렬
장덕일 장상민 장성훈 장용준 장우철 장진영 장태훈 장향미 장헌권
장휘국 전고필 전 욱 전율호 전주연 정경운 정경호 정기정 정대하
정민룡 정병문 정봉남 정선희 정애숙 정연옥 정영대 정유리 정유석
정의석 정의춘 정찬경 정현애 정한나 정현주 정형석 정형택 정혜영
정환운 조광철 조규태 조대영 조성국 조성규 조성식 조수웅 조영임
조오섭 조용표 조일현 조준현 조진태 조 학 조희공 주정립 주창기
지정남 진권섭 진선기 채란경 채와라 천성주 최경지 최규남 최기동
최동순 최명진 최미옥 최성경 최성국 최심원 최완욱 최종순 최종욱
최종호 최필순 최홍엽 표영민 하대준 허 준 한상근 한재용 한주연

허동운 허달용 허병호 허 준 허창영 현병순 현석룡 홍석진 홍인걸 홍인화 황동현 황정아 황풍년 황혜영

단체

경제문화공동체 | 가톨릭농민회 | 강청비누 | 건강사회를위한치과의사회 | 광주경제정의실천시민연합 | 경제문화공동체 더함 | 광백모 | 광주복지공감+ | 광주비정규센터 | 광주전남귀농학교 | 광주전남여성단체연합 | 광주청소년문화의집 | 광주청소년진흥센터 | 교육문화공동체 결 | 국가인권위 광주인권사무소 | 광주국제교류센터 | 근로정신대할머니와함께하는시민모임 | 광주전남녹색연합 | 녹색평론독자모임 | 뉴시스광주전남본부 | 닷컴과드림을사랑하는사람들 | 대인예술시장 프로젝트 | 대한적십자사광주전남지사 회원홍보팀 | 데코디자인그룹 | 무등시장 문전선시프로젝트PM단 | 광주문화재단 | 보해양조 | 북구문화의집 | 광주인연맺기학교 | 광주생명의숲 | 광주전남숲해설가협회 | 신세계백화점 | 아름다운 가게 | 아이쿱빛고을생협 | 광주장애인차별철폐연대 | 전남대 용봉교지편집위원회 | 전남대 신문사 | 전남대 이코노믹스 | 전라도닷컴 | 조선대민주동우회 | 지역교육네트워크 화월주 | 광주전남진보연대 | 참교육학부모회광주지부 | 참여자치21 | 평등과연대를위한민중행동 | 광주환경운동연합 | KT민주동지회 | OB맥주 | 민주노총광주본부 | 민주노총전남본부 | 보건의료노조광주전남본부 | 전교조광주지부 | 공무원노조광주본부 | 금속노조(광주전남지부·기아자동차지부광주지회·금호타이어지회·금호타이어비정규직지회·캐리어에어컨지회·광주지역금속지회·현대자동차판매광주전남지회·DSC지회·ATK지회·쓰리엠지회) | 공공운수노조(광주전남본부·광주전남지부·사회보험지부광주전남지회·사회연대연금지부광주전남지회·화물연대광주지부·버스본부금호고속지회·광주시청분회·광주장애인복지관분회·518기념재단분회·함평군청분회·순천사회복지분회·광주도시철도비정규직분회·연합분회·전남도청분회·보육분회·미래환경분회) | 운수노조철도본부호남본부 | 광주일반노조 | 농협노조광주전남본부 | 언론노조광주MBC지부 | 광주전남자치단체상용직노조 | 한국비정규직교수노조조선대분회 | 전국여성노조광주전남지부

당시 사단법인 광주드림의 규모가 축소되면서 취재 제작 광고 외 다른 업무는 대부분 외주로 할 수밖에 없었다.

이 중 인쇄와 배포는 비용을 지불해 작업이 진행됐지만, 그래픽 광고 디자인은 재능기부로 이뤄져 광주드림의 부담을 확 덜어줬다.

디자인 작업은 사단법인 출범 초기 한유진 씨가 운영하는 휴아트가 전담했고, 이후 데코디자인 그룹이 자신들의 재능으로 해당 업무를 전담했다.

휴간 3개월여 만에 재발행

이렇게 6월 30일 이후 3개월여 휴간에 들어갔던 광주드림이 10월 6일 자부터 다시 발행되기 시작했다. 당시 필자가 편집국장으로서 쓴 '편집국에서'란에 기술한 당시의 심정이 절절하다. 반추해본다.

> "신문 제작 안 한 3개월이 어찌 편히 쉬는 시간이었겠습니까? 재발행 준비 작업은 훨씬 더 힘든 일이었습니다. 사단법인 설립, 신문 등록, 지정기부금 단체 승인을 위해 이곳저곳 뛰어다니며 얼마나 노심초사했던지. 사회 구석구석 온갖 간섭은 다하는 기자라는 이들이 지식이 얼마나 박한 것인지를 깨닫기에 좋은 기회이기도 했습니다."

아무튼 광주드림은 다시 시작됐다.

운명의 날이 5일이었다. 신문은 6일 자로 발행됐지만 제작은 전날 이뤄졌기 때문이다.

3개월여 본업을 뒤로했던 기자들이 다시 컴퓨터 앞에 앉았다.

그런데 자판을 두드리는 실력이 예전 같지 않았다. 경력 10년이 넘는 아무개 기자가 "기사 쓰는 법을 잊어버렸다"라고 너스레를 떨 정도였다. 기사 작성과 편집, 그리고 이어진 전산 작업까지…. 실로 전쟁과도 같은 밤이었다.

그날, 어찌어찌 제작을 끝내고 한숨 돌릴 무렵, 반가운 손님들이 편집국을 찾아왔다.

양손 가득 먹을거리가 들려있었다. '동병상련', 2004년 광주드림 창간의 주역들로 당시는 월간 전라도닷컴에 몸 담고 있는 황풍년 편집장과 남인희·남신희 기자가 그 밤을 함께 했다.

그리하여 편집국 한켠에서 재발행 축하 조촐한 파티가 벌어졌다. 휴간-재발행 과정에서 늘 든든한 버팀목이 돼 준 전욱 공공운수노조 광주·전남지부장도 함께였다.

손님들이 돌아가고, 기자들은 하남산단에 있는 인쇄소로 이동했다. 밤 12시, 육중한 윤전기가 광주드림 '1829호'를 토해내기 시작했다.

'시민공감 지역신문'이 부활하는 순간이었다.

그날 필자는 집에 와서도 읽고 또 읽고…. 쉽게 잠들지 못했다.

다음 날 아침, 편집국이 소란스러웠다. 신문의 인쇄 상태가 말썽이었다. 글씨가 뭉개져 읽기 곤란한 정도인 신문 상당량이 거리에 뿌려진 것이다.

고성도 경영본부장은 단단히 화가 났다. 서슬 퍼렇게 닦달하니 윤전소 관계자가 직접 편집국을 찾아왔다. 새 출발에 '액땜'했다 치고, '다음부터 이런 일 없기'로 양측이 악수하고 헤어졌다.

다시 배포된 드림에 대한 시민들의 반응은 뜨거웠다. 격려와 지지뿐만은 아니었다. 우려와 비판도 적지 않았다.

"왜 전국 뉴스, 대중문화, 스포츠면이 없습니까?" 한 독자가 편집국에 전화를 걸어 항의한 내용 중 일부다.

이렇게 설명했다. "광주드림은 통신 뉴스나, 인터넷에 넘치는 뉴스, 스마트폰 애플리케이션이 줄 수 있는 정보는 싣지 않기로 했다"고.

광주드림은 기자들이 직접 생산한 기사만 싣겠다는 원칙을 세운 터였다. 잘하는 것에 집중하는 이른바 '끌텅 파는' 정신이었다. 남보다 잘할 수 없는 건 (잘하는) 그들에게 맡기자는 것이기도 했다.

"도대체 신문을 볼 수 없다"라는, 배포에 대한 불만도 많았다.

재발행 이틀째인 6일에도 신문 제작은 밤늦게까지 이어졌다.

'밥'을 잊은 편집국, 숨소리마저 고요할 때 중국 음식이 배달돼 왔다. 탕수육에 쟁반짜장까지 푸짐했다. 독자 박 아무개 씨가 보내온 것이었다. 덕분에 제작 후 갖기로 한 편집국 전체 회식에 차질(?)이 빚어지긴 했지만, '드림'을 향한 애정으로 충분히 보상받은 밤이었다.

재발행에 대한 지지와 격려는 외부에서도 이어졌다.

하종강 성공회대 노동대학장은 광주드림에 '기록을 운명으로 아는 사람들'이란 글을 기고해 의미를 전했다. 일부를 옮긴다.

구청에서 민주화운동보상신청업무를 담당했던 공무원이 이런 말을 했다. "가장 안타까운 사람들은 올바르게 살겠다고 애쓴 진짜 노동자들이야. 지금 운동권에서 어떤 직책을 갖고 있거나 노동조합 간부도 아닌 사람들…. 농성장에서 말 한마디 제대로 못한 채 구사대나 전경한테 얻어맞고 쫓겨나, 그 뒤에는 취업도 안 돼 고생하는 사람들…. 진료받았다는 기록도 없고 활동을 입증해 줄 자료도 없는 사람들…. 어떻게 당신 이름이 들어간 유인물 한 장이라도 좀 찾아보시라고 부탁을 해보지만, 어디서 구해볼 엄두도 못 내는 사람들…. 내가 그 사람들을 위해서 할 수 있는 일은 진술조서를 최대한 잘 받아

> 주는 일밖에는 없어. 정말 안타까워. 우리 사회에는 정말 의로운 사람들이 많았다는 걸 느꼈어. 학생 운동, 노동운동, 사학 비리 관련 운동, 전교조, 자유 언론 운동, 공직자 숙정으로 희생당한 사람들, 긴급조치, 국가보안법, 갖가지 유형의 정의로운 사람들에 대한 애환과 고통까지 다 드러내서 역사의 기록으로 남겨야 해요. 정말 훌륭한 사람들인데 잘못하면 역사 속에 그냥 묻혀버리고 말 거예요. 보상을 받지는 못하더라도, 한 사람도 남김없이 조사해서 우리 역사의 기록으로 남겨야 합니다. 제가 하는 일이 그런 의미라도 있다는 생각이 들어요."

하 학장은 "'광주드림' 역시 그런 생각을 하는 사람들이 모인 곳이다. 그런 일을 자신의 운명으로 생각하는 사람들이 다시 시대를 기록하는 일을 시작하게 된 것을 진심으로 축하드린다"라고 격려했다.

림추섭 광주드림 재창간추진위원회 상임대표는 "시민의 손으로 시민의 신문 만들 때"라고 의미를 부여했다.

그는 "묵묵히 제 갈 길을 가며 자기 목소리를 내는 언론이 없다. 바른 언론이 없는 땅은 암흑의 세계와 다를 바 없다"면서 "지금은 힘없는 약자들의 편에 서는 지역의 바른 언론이 그 어느 때보다 필요한 때"라고 광주드림 재창간의 당위성을 설파했다.

평생을 교사로 살았고, 참교육을 실천하기 위해 8년여 해직의 아픔을 겪었던 그는 "지역에 30개에 가까운 언론이 난립하고 있지만 시민들이 신뢰하는 언론은 없다. 광주드림이 2004년 창간할 때 독자들에게 했던 약속을 보고, 광주드림 재창간을 위해 무언가 역할을 해야겠다고 생각했다"면서 "그 약속만 제대로 실천하면 어떤 언론사도 좋은 언론이 될 수 있다. 광주드림은 지금껏 그 약속을 지켜왔고, 사회적 약자들의 아픔을 보듬어 왔다"고 평가했다.

이어 "시민이 주인이 돼 자본과 권력을 감시하는 언론의 탄생은 지역민 모두의 오래된 꿈이었다. 지역 언론이 바로 서면, 광주의 미래가 바로 설 수 있다"면서 "공익을 우선의 가치로 삼는 광주드림이 순항할 수 있도록 이제 시민들이 힘을 보탤 시점"이라고 격려했다.
광주드림 역사상 가장 암울했으나, 다른 한편 가장 역동적이었던 2011년이 그렇게 역사의 한 페이지를 장식했다.

존재감을 회복하라

사단법인 출범 후 처음으로 맞이하는 새해, 2012년 신년호는 광주드림이나 구성원들에게 특별한 의미가 있었다. 특정 자본이 아닌 광주시민들의 신문이라는 상징을 구체적으로 보여줘야 했기 때문이다.
각양각색, 각 분야 시민의 욕구를 충족시켜 줄 수 있는 기획안이어야 한다는 중압감이 커 기자들은 고민에 고민을 거듭했다.
그렇게 해서 채택된 신년 주제는 '2012, 사라지는 것, 남는 것'이었다.
1면은 '건물과 상처'라는 부제 아래 재건축을 앞둔 화정주공아파트 주민들의 새해를 담았다.
1면에 덧붙여 4면에 '재건축과 상처'를 더해 '재건축'을 둘러싼 주민들의 울분을 상세히 기록했다.
5면도 같은 주제로 '남은 사람들 막힌 출입구'와 단지 내 '오래된 나무들의 운명은?'을 별도로 취재해 정리했다.
기사 외에도 신년에 사단법인이 치러야 할 행사가 많았다.
지정기부금 단체이면서 비영리 사단법인 운영에 필수적인 절차가 간단치 않았기 때문이다.

각각 이사회-총회를 열어 지난 회기 사업과 예산을 결산하고, 올해 사업과 예산 역시 추인을 받아야 했다.

특정 주주가 과반을 점하는 주식회사와 달리, '모두가 주인'인 사단법인에선 이사들과 총회 회원들을 상대로 회의를 알리고, 참석을 독려해 의사 정족수를 채우는 게 쉽지 않은 문제였다.

5명인 이사들과 달리 총회원은 50여 명으로 만만한 숫자가 아니었기 때문이다.

사단법인 광주드림은 정관 규정으로 매월 일정액 후원자 중 의사 결정에 참여할 수 있는 회원의 자격을 별도로 규정했다. 회원 참여 의사를 밝히고, 매달 후원금 외 별도의 입회금을 납부하는 조건이다.

이 같은 부담을 감당한 회원들이 50여 명에 달한 것이다. 직원들이 회원들을 분담해 일일이 전화해 회의 일시를 공지하고, 참석자를 파악해야 했다.

의결 정족수를 채워야 하니, 과반의 참석으로 유도해야 했고, 필요한 경우 의결권을 위임받았다.

사단법인 초창기에, 광주드림에 대한 애정으로 참여한 사람들이고 보니 대체로 안건 통과에 협조적이어서 그나마 일을 덜었다.

적극적으로 참석해 의견을 개진하는 이들도 있었지만, 대다수는 '직원들이 결정한 대로 믿고 맡기겠다'며 의결권을 위임해 줬다.

그럼에도 독립 언론의 길이 쉬울 리 있겠는가.

무엇보다 수익을 위한 사업이 관건이었다.

특히 2011년 6월 말 폐간 이후 10월 초 재발행까지 3개월 동안의 빈자리가 생각보다 컸다. 이전에 광고를 집행했던 기관이나 기업도 휴간 동안 인연이 끊기면서 이를 회복하는 게 쉽지 않았다.

일부 인정과 의리로 다시 광고 집행하는 곳이 없진 않았지만, 그렇지 못한 곳들이 더 많았다.

휴간 3개월에 네이버·다음 등 포털 검색 제휴도 끊기면서 이로 인한 매체 영향력 약화도 사업을 어렵게 하는 요인이 됐다. 존재감이 떨어진 것이다.

타블로이드 16페이지에 발행 부수도 예전에 비해 준 상황이니, 오프라인에서 실물 영접이 어렵다는 불만도 많았다.

이런 상황은 광고 영업 등 수익 사업의 실적과 직결될 수밖에 없었다. 이 시기 '정보 섹션' 제작은 이와 같은 고민의 산물이었다.

3월 첫선을 보인 이 코너는 '아파트 분양'을 시작으로 각 지역 축제 등을 집중 편집 방식으로 게재했다. 실제 광고 영업 효과와 직결되진 않았지만, 광주드림 기자들이 사업을 위한 기획 기사를 고민했다는 것

2012년 6월, 북구 율곡타운 입대의 회장의 전횡을 고발하는 기사가 광주드림을 통해 집중 보도됐다.

자체가 이전과는 달라진 환경을 보여주는 것이었다.

아무리 사업이 절실하다고 해도 본질을 등한시할 수는 없는 일이었다. 언론사로서 존재감의 근원이 무엇인지를 아는 기자들은 기본 사명인 감시와 비리 고발에 더욱 치중했다.

그리하여 재발행 이후 취재원과 가장 치열하게 충돌한 기사가 6월 7일 지면에 실렸다. 북구 대단위 아파트 단지 입주자대표회의(입대의) 회장의 전횡을 고발한 것으로, 해당 기사를 쓴 강경남 기자가 명예훼손으로 고소당할 만큼 갈등이 컸다.

2012년 6월 4일이었다. 강 기자가 처음으로 북구 율곡타운(아파트) 주민들의 집회 현장을 찾은 날이. 당시만 해도 단순한 아파트 관리주체(입대의, 관리사무소)와 주민 간 갈등인 줄 알았다.

집회에 나온 주민 대부분은 60~70대 고령이었다. 이들의 요구는 분명했다. "아파트 관리 및 운영에 관한 내용을 투명하게 공개하라."

집회가 열리기 전 주민들은 비상대책위원회까지 꾸린 상태였다. 거기다 법원에 입주자대표회의 회장을 상대로 업무정지 가처분 신청까지 했다.

취재해 보니 사태가 심상치 않다는 걸 직감할 수 있었다.

이 아파트 입대의 회장이 10년 이상 자리를 독차지해 온 상황과 무관치 않았다. 당시 이 아파트에선 도장, 주차장 차단기, 도로 아스콘, 테니스장, 주차장 등 크고 작은 공사들이 진행됐는데, 이 같은 공사비 집행과 운영 과정의 불투명성, 비리 의혹을 주민들이 제기하기 시작했다.

주민들이 일례로 든 게 아파트 입구에 설치된 돌비석이었다.

"아파트 명칭이 두암 주공 1단지에서 '율곡타운'으로 변경되고 입구에 돌비석이 설치된 거예요. 이게 장부상 기록된 공사대금은 2750만 원이었거든요. 그런데 전 입대의 감사가 공개한 금액은 2250만 원이라는 겁니다. 500만 원이나 차이가 난 것이죠."

주민들은 기자에게 미심쩍은 대목들을 고발했다.

강 기자는 직감했다. "이거 쉽게 끝나지 않겠구나." 이날 집회 막바지, 주민들이 관리사무소로 쳐들어갔다. 하지만 관리사무소 문은 굳게 잠겨있었다.

"문 열어. 왜 못 열어?" 관리사무소엔 사람이 있었다. 출입문에 색깔이 입혀져 잘 보이진 않았지만 분명 일하는 직원이 비쳤다.

대화를 거부한 관리사무소와 입대의 회장을 상대로 한 주민들의 전쟁이 본격화됐다.

이때부터 강 기자는 율곡타운을 제집 드나들듯 했다. 당시 싸움을 이끈 것은 두암동 통장을 맡고 있는 입주민 김모 씨였다.

그는 기자에게 그동안 드러나지 않았던 아파트 내부의 문제를 하나하나 제보했다. 자연스럽게 고발 '시리즈'가 이어졌다.

"어떻게 특정 개인이 입대의 회장을 10년 넘게 할 수 있는 건가요?"

드림은 가장 의문스러운 점을 파고들었다.

특히, 이 아파트는 총 1068세대가 거주하는 대단지였다. 걷히는 관리비나 시설 규모를 볼 때 입대의 회장 자리는 '권력'에 다름 아니었다.

취재 결과, 강 기자는 장기 집권의 배경을 가늠해 볼 수 있었다.

율곡타운 아파트 동대표 선출과 입대의 구성을 위한 선거부터 문제가 있었다. 주민들의 무관심, 선거 부정이 겹쳐 특정인의 '장기 집권'이 가능했다는 결론에 도달했다.

지금도 그렇지만 아파트 자치라는 게 주민이 관심 갖지 않으면 뭐가 어떻게 돌아가는지 알 수 없는 게 사실이다.

"제대로 공고도 붙지 않아요. 경비원들이 종이 몇 장 들고 다니면서 '동그라미 해주쇼'하는 식으로 투표가 진행됩니다." 주민들이 기자에게 털어놓은 진실이다.

견제와 감시가 허술한 사이를 편법이 파고든 것이다. 이는 다시 '비정상적인 아파트 운영'으로 이어지고 말았다.

주민들이 비정상적인 사례로 제시한 것 중 하나가 주차장 차단기였다. 율곡타운 비상대책위원회가 제시한 자료를 보니 2009년 11월 주차장 차단기 설치 이후 관리사무소가 차단기 훼손을 명목으로 걷은 금액이 1790만 원에 달했다.

기자는 취재 과정에서 관련된 진술을 들었다.

"2010년 6월 저녁, 자전거를 타고 아파트에 왔다가 차단기를 들이받은 적 있어요. 그때 차단기가 약간 휘어졌거든요. 그런데 관리사무소에서 수리비로 260만 원을 요구하는 거예요. 할 수 없이 변상해 줬죠."

율곡타운에 잠깐 들렀다가 사고(?)친 한 시민의 주장이다.

입주민들의 하소연도 비슷했다. 살짝 부딪혔는데 몇십만 원의 수리비를 냈다는 것이었다.

"주차장 차단기 수리에 그렇게 많은 돈이 필요할까?" 강 기자는 관련 업체에 문의해 봤다. "막대만 교체하면 10~20만 원이면 되는데요."

"관리사무소가 과도한 수리비를 청구했다"라는 의구심을 떨칠 수 없었다. 의혹의 '하이라이트'는 따로 있었다.

입대의 회장이 자신의 지위를 이용해 청소·경비, 거래 업체 관계자 등에 보험 영업을 했다는 것이었다.

광주드림은 당시 비대위의 협조를 받아 입대의 회장과 거래를 시도했던 업체 관계자의 증언을 청취했다. "입대의 회장이 요구해 보험에 가입한 적이 있습니다." 그는 바로 관련 의혹을 인정했다.

이전 이곳에서 근무한 직원들도 같은 증언이었다. "(회장이)보험 회사에 다니고 있으니, 들어달라는 요구가 있었죠, 안 할 수 없어요. 울며 겨자 먹기 심정으로 보험에 가입했어요."

한 청소 노동자의 증언은 더 기막혔다. "휴대전화하고, 건강식품도 판매했어요."

주민들이 제기하는 여러 의혹과 관련, 관리사무소에 해명을 요구했다. 그때마다 관리사무소 측은 "연락을 주겠다"라며 회피했다. 입대의 회장과도 연결이 쉽지 않았다.

"말 안 할지 알면서 왜 또 전화했냐?" 어렵사리 연결된 회장은 기자에게 핀잔을 주기도 했다.

이렇게 율곡타운 문제를 집중 보도하고 한 달여 뒤, 경찰은 입대의 회장이 직위를 이용해 보험 영업을 한 것 등과 관련해 공갈 혐의로 수사에 나섰다.

이렇듯 광주드림 보도로 지역사회 비판 여론이 커지고, 수사까지 본격화되자 입대의 회장은 같은 해 7월 말 비대위 측에 "주민들에게 사죄하고, 회장 자리에서 물러나겠다"고 밝혔다.

이에 비대위가 방송을 통해 주민들을 소집했고, 입대의 회장은 이 자리에서 주민들에 사죄하고, 사퇴서를 냈다.

10년 넘도록 독단적으로 아파트를 운영해 온 권력의 최후였다.

취재와 보도 과정에서 회장은 본보가 기사에 인용한 관계자의 증언이 자신의 명예를 훼손했다면서 형사소송을 제기했다.

사실상 그 말을 한 제보자를 밝히라는 것이었는데, 본보는 신문윤리강령에서 명시한 '취재원 보호' 규정을 들어 이를 거부했다.

이 과정에서 취재기자가 법원으로부터 명예훼손 죄책으로 벌금형을 선고받기에 이르렀다.

🔷 '시민언론 1년' 보고회 겸 후원 주점

같은 해 7월, 광주드림 '시민언론 1년' 보고회 겸 후원 주점이 열렸다.
'드림 하이!'란 타이틀로 열린 이날 행사는 전년도 6월 30일 모기업에서 독립한 광주드림이 사단법인으로 재창간한 1년을 기념하고, 후원을 확대하기 위해 기획했다.
후원 행사는 7월 6일(금) 오후 6시~12시까지 전남대학교 2학생회관 1층 학생식당에서 열렸다.
한국비정규교수노조 전남대분회가 함께 하면서 전남대 구내 시설 사용이 가능했다.
이날 행사에선 모기업과 분리 후 사단법인 1년 동안의 경영 상황을 설명하는 데 초점을 맞췄다.
또 각종 공연을 준비해 풍성한 어울림 마당이 됐다.
1년 전 후원주점을 해본 경험이 자산이 돼, 이번 행사 준비는 좀 더 체계적으로 진행됐다.
가칭 '드리머'(드림을 사랑하는, 꿈꾸는 사람들)간 교류와 소통의 무대는 흥겨웠고, 통닭, 부침개, 김밥, 순대 등 먹거리도 풍성했다.
후원주점 외 간행물 발행 등 수익 사업도 진행했다.
도서 출판이 가능한 출판사로도 등록돼 있어 가능했던 사업 영역 확장이었다.
광주시의회 소식지 제작도 이와 같은 여건이 기회로 작용했다.
필자는 어느 날 광주시의회 운영위원장이었던 조오섭 의원과 대화 중 의회 소식지에 대한 고민을 들었다.
운영위원회 검토 결과 당시 소식지가 의원 동정 위주의 딱딱하고 정형화된 형식으로 제작돼 읽히지 않는다는 토로였다.

2012년 7월, 사단법인 출범 1년을 기념해 열린 일일주점.

그동안 제작돼 온 몇 편을 살펴보니 과연 그러했다.
"광주드림이 만들면 읽을거리 풍성하게 제작할 수 있을 것 같은데."
이 한마디에 꽂힌 조 위원장은 제안서를 내달라고 적극적으로 나섰다.
광주드림의 자신감은 풍부한 콘텐츠를 보유하고 있다는 데서 발원했다. 신문 콘텐츠로 취재돼 온 우리 지역 역사 문화 및 여행, 먹을거리 등의 데이터 베이스가 풍부했다.
이와 같은 자산을 활용해 광주시의회 소식지를 기존 의원 중심에서 시민 중심 콘텐츠로 개편하겠다는 구상을 제안했다.
시의회는 입찰 절차를 거쳐 광주드림에게 기회를 제공했다.
시의회 소식지라는 본연의 역할에 맞는 의회 활동이나 의원 동정은 기본으로 하고, 광주의 맛, 광주지역 근대 문화 유산을 소개하는 '광주 이야기' 등 신문의 콘텐츠를 최대한 활용해 읽을거리를 풍성하게 배치했다. 이처럼 기존과 많이 달라진 소식지는 시의회 안팎의 큰 호응을 얻었다. 이 같은 반응은 드림으로서도 소중한 경험이어서 후일 비슷한 류의 소식지 등 사업에 도전하는 자산이 됐다.

🟧 대중 공연 기획이라고 못할까

사단법인 광주드림이 시도했던 사업 중 가장 고난도이며, 인상 깊었던 건 콘서트였다.
대중가수를 섭외해 무대에 세우고, 직접 티켓을 판매해 수익을 올리는 이벤트다. 흡사 공연 기획사를 운영한 셈인데, 독립언론을 운영하는 사단법인이라는 형식과 명분이 있어 가능한 시도였다.

가수들에게 광주지역 바른 언론을 후원하는 무대에 서달라는 재능기부 요청이 가능했던 것이다. 가수들이 이런 취지에 공감해 주면 자신들이 출연하는 통상의 콘서트보다 훨씬 적은 금액으로 출연료 협상이 가능했다.

환경이 그러했다 하더라도 이 같은 기획은 아무나 할 수 있는 게 아니었다.

광주드림 역시 엄두도 못 낼 사업이었지만 오재헌 선생의 도움이 있어 시도해 볼 수 있었다. 오 씨는 전직 기자 출신에 그 자신 장애인으로, 장애인차별철폐연대에서 활동하면서 광주드림과 취재원으로 맺어진 인연이 오래됐다.

사단법인 출범이 독자 생존을 의미한다는 걸 알았던 오 씨는 자신의 네트워크를 기반으로 대중가수 공연을 광주드림에 제안했다.

장애인 단체들이 후원 행사로 이 같은 공연을 여러 차례 시도했고, 그때마다 중간 다리 역할을 했던 오 씨여서 나름의 노하우가 축적돼 있던 것이다.

막상 부딪쳐 보니 대중 콘서트 기획에서 가장 중요한 것은 섭외였다.

통상의 출연료보다 낮은 금액으로 출연 승낙을 받아야 했기에, 가수들과 인간적인 교감 없이는 쉽지 않은 일이었다.

이같이 중요한 섭외 작업은 지역 방송에서 음악 프로그램을 담당하거나 경험 있는 작가들이 제격이났다. 광수드림은 오 씨를 통해 광주지역 방송 작가 한 명을 소개받았다.

지역에서 음악 프로그램을 제작한 경험이 많은 그는 대중가수와 연락망이 탄탄했다.

오 씨와 작가가 섭외 가능한 대중가수 명단을 작성했고, 광주드림은 일정과 티켓 파워를 감안해 순위를 정했다.

이어 광주드림에 대한 자세한 소개 자료를 작성했다. 가수를 설득할 수 있을 정도로 감동적이어야 했다. 일종의 재능기부를 희망하는 것이어서, 그들에게 합당한 명분을 주는 게 제일 중요했던 것이다.

이 같은 과정을 거쳐 2012년 광주드림 첫 콘서트 출연이 결정된 예술인이 '장기하와 얼굴들'과 지역에서 활동하는 김원중 씨였다.

그해 12월 28일(금)로 공연 일시를 정하고 보니 자연스럽게 '광주드림 송년 콘서트'라는 명명으로 이어졌다.

가장 중요한 출연 가수를 결정하고 계약서까지 작성했던 당시의 감격은 이루 말할 수 없었다.

하지만 이는 서막에 불과했다. 더 중차대하고 실질적인 문제가 남았기 때문이다.

티켓 판매였다. 수익 사업으로 진행하는 만큼 콘서트 기획 사업의 성패는 이 대목에서 좌우될 게 분명했다.

같은 해 광주드림 콘서트 무대는 광주문예회관 대극장이었다. 1층, 2층 합해 총 1700석으로, 광주지역 상설 공연장 중 가장 큰 규모였다.

수익을 위해서이기도 하지만, 콘서트 현장 분위기를 위해서라도 1000석 이상은 판매해야 허전한 무대를 연출하지 않을 것으로 보였다.

하지만 티켓을 판매할 방법은 극히 제한적이어서 마음이 무거웠다.

해당 가수는 자신의 이름을 건 단독 콘서트인 것처럼 공연을 홍보해선 안 된다고 못을 박았다.

그들은 시민언론 후원 콘서트라는 무대에 초대받은 가수일 뿐이라는 것이다.

최고의 시설과 최상의 조건을 갖추지 않으면 자신들의 이름을 걸 수 없다는 프로 정신에 동의하지 않을 수 없었다. 당시 티켓 가격은 3~5만 원으로 그들 이름을 건 콘서트 무대의 절반 수준이었다.

광주드림이 기획한 시민언론 후원 콘서트가 수차례 진행됐다.
2015년 3월 초청된 서영은과 장미여관

때문에 광주드림 콘서트는 온라인 공연 사이트를 통한 예매는 애초부터 불가능했다.

말 그대로 '알음알음'으로 홍보할 수밖에 없었다.

일단 콘서트 홍보 포스터 300장을 제작해 단체나 기관의 협조를 얻어 곳곳에 부착했다.

사단법인 출범 후 광주드림의 주된 후원자로 등장한 마트앤마트와 콜럼버스시네마를 운영하는 임현호 실장은 영화관에 드림 콘서트 홍보 배너 설치를 허용했다.

온라인 예매가 아니다 보니 티켓 구매자에 대한 좌석 배정도 수작업으로 해야 했다. 좌석 겹침 등 혼선 위험이 컸다. 그럼에도 이 같은 시스템이 가능했던 건 전산에 능통했던 공공운수노조 활동가의 도움이 컸다. 그는 문예회관 좌석 배치도를 PC로 구현해 배정 시 다른 색으로 구분할 수 있는 프로그램을 만들어 제공했다.

공연 당일까지 남은 시간 시민언론 후원 콘서트라는 명분을 내세워 우호적인 단체들을 집중 공략했다.

지역 소재 기업들에도 도움을 요청했다.

이렇게 백방으로 뛴 결과 가시적인 성과들이 나타나기 시작했다.

지역 소재 한 대기업에선 노사발전기금으로 상당한 규모의 티켓을 구매해 줬다. 이렇게 판매된 티켓은 지역 소외계층 초청에 할당, 그들의 문화 활동을 지원했다.

한 달여 동안 집중 홍보하고 발로 뛴 성과는 있었다. '장기하와 얼굴들'과 김원중 가수가 출연하는 광주드림 송년 콘서트는 최종 1200여 장을 판매할 수 있었다.

공연 당일 현장의 열기도 뜨거웠다.

출연 가수들은 전국적으로 사례가 드문 사단법인 일간지 후원이라는 명분을 높이 사 혼신의 무대를 연출했다. 티켓 구매로 현장에 입장한 관객들 역시 광주드림을 후원한다는 자부심으로 무장한 이들이 대부분이라 격하게 호응했다.

사단법인 광주드림 첫 콘서트는 성공적으로 마무리됐고, 이후 정례화됐다.

다음 해(2013년) 6월엔 같은 방식으로 가수 이은미 씨 섭외에 성공했다. 이렇게 2회차 '시민언론 광주드림 기 살리기' 콘서트가 열렸다.

장소는 역시 광주문화예술회관 대극장이었다.

이날 무대에서 이은미 가수는 공연 중간중간 자신의 직접 멘트로 광주드림의 가치를 설명하고 후원을 요청하는 등 콘서트 취지에 100% 부응했다. 이 씨는 공연 전 광주드림에 대한 자세한 소개서를 부탁했는데, 콘서트 당일 그 활용도를 알게 된 셈이다.

광주드림 창간 10년을 맞은 2014년에도 후원 콘서트가 열렸다. 3월 11일(화) 오후 7시 30분 역시 광주문화예술회관 대극장이었다.

이번 콘서트 초대 가수는 우리 지역 출신의 로커 김경호와 감성 발라더 서영은 씨였다.

두 가수 역시 시민언론의 가치를 앞세운 광주드림의 지속 가능한 성장을 위한 무대라는 걸 인식하고, 혼신의 열창을 선보였다.

이후로도 콘서트는 이어져 2015년 3월 23일(월)엔 장미여관, 데이브 레이크, 여우별 밴드 등 3팀이 출연해 2시간여 동안 무대를 후끈 달아오르게 했다.

당시로선 그들조차 알지 못했을 광주드림의 가치를 수긍하고, 무대에 서준 대중가수들은 역시 프로였다. 시설과 관중의 수가 어떠하든지 개의치 않고, 그들이 할 수 있는 한 최상의 기량을 펼쳤다.

광주드림은 이처럼 감동을 선사해 준 가수들에게 고마움의 표시를 잊지 않았다. 감사 후기 중 서영은 씨에게 보낸 내용이다.

> 서영은 님! 안녕하십니까?
> 지난 3월11일(화) 광주에서 열린 광주드림 후원콘서트에 참여해 즐거운 공연, 무엇보다 관객들과 소통하는 무대를 꾸며주셔서 감사합니다.
> 서영은 님의 공연에 힘입어 사단법인이 발간하는 광주드림은 이미지 제고와 함께, 질 높은 공연으로 후원자들에게 보답하는 의미 있는 시간을 가질 수 있었습니다.
> 참 고맙습니다. 감사함을 담아 조그마한 선물을 보냅니다. 외갓집이 전라도여서 음식에 대한 향수가 많다고 들었습니다. 이에 착안해 선택한 지역 특산물입니다. 소중한 인연을 계속 이어가길 바라는 저희의 마음이기도 합니다.
> 늘 건강하시고, 행복하세요.
>   2014년 3월 18일 사단법인 광주드림 이사장

민언련이 나선 주간지 창간 작업

사단법인 출범 3년 차를 맞은 해, 명실상부 시민 후원금으로 제작하는 독립언론의 길도 어느 정도 안정기에 접어들고 있었다.

여전히 수익이 걸림돌이었으나, 구성원이 그리고 오롯이 시민이 주인인 신문이라는 가치 아래선 견딜만한 고난으로 승화돼 가는 중이었다.

백만금을 쌓아두고도 불화하는 것보다 결핍하더라도 화합하는 공동체가 더 낫다고 하지 않던가. 그때의 광주드림이 그랬다.

직원들 내부 결속이 좋았고, 후원하는 시민들의 믿음도 충만했다.

쓰고 싶은 기사, 해야 할 행사엔 직원 모두 달라붙어 열정을 쏟았다.

광주드림 창간 10년을 맞아 2014년 열린 토론회.
광주드림의 나아갈 길을 묻는 자리였다.

"내 것" "우리 것"이었으니까.

이 같은 단합과 신뢰가 드림의 힘이었고, '정론직필'의 뒷배였다.

새해 시작과 함께 전 직원이 참여하는 워크숍을 연 것도 이 같은 맥락에서였다.

1월 11일 '2013 광주드림 워크숍'이 구례군 오미마을에서 1박 2일 일정으로 진행됐다. 전년도 사업 내용을 결산하고, 새해 계획을 가다듬는 자리였다.

광주지역 상황, 특히 언론계 동향을 공유했다. 당시는 침체 가속화로 경제 상황이 녹록지 않았다. 이런 가운데 언론계에선 특기할 만한 동향이 파악됐다. 광주전남민언련이 참언론협동조합 설립 등기를 마치고 격주간지 '광주 오늘' 창간 작업에 나선 것이다.

조합원 2000명 모집을 목표로 한다는 것이었다. 후원 구조로 운영 중인 사단법인 광주드림으로선 시민적 지지 역량 분산을 우려하지 않을 수 없는 흐름이었다.

민언련 내부에서도 논란이 벌어진 것으로 알려졌다.

새로운 매체를 창간하느니, 그 에너지를 기존 광주드림 지원에 쓰는 게 낫지 않느냐? 는 목소리도 상당했다는 것이다.

그럼에도 "현재 광주엔 제대로 된 언론이 없다"라는 전제에서 출발한 새로운 매체 창간 논의였으니, 광주드림 구성원으로선 난감하고 힘이 빠지는 움직임이긴 했다.

한편으론 현재까지 광주드림의 위상과 역할이 시민적 기대에 미치지 못하고 있다는 반성과 분발을 다짐하는 계기가 된 것 또한 사실이다.

신년 광주드림 워크숍은 이와 같은 대내외 환경을 엄중하게 보고, 신문 본연의 위상과 역할을 강화해야 한다는 다짐을 강화하는 마당이 됐다.

이렇게 맞이한 신년, 봄 기운이 코끝을 살랑이던 춘삼월에 원군이 가세해 분위기 전환에 일조했다.

2011년 6월 폐간과 함께 광주드림에서 퇴사한 박우기 당시 경영본부장이 회사로 복귀한 것이다. 2년여 동안 밖에서 광주드림을 지켜보던 차, 고생하는 후배들이 안쓰러워 작은 손이라도 보태는 게 도리라고 여겨 나선 발걸음이었다.

후배들에겐 집 떠나있던 가장이 다시 돌아온 듯 든든한 귀향이었다.

그는 경영본부장 직책을 맡아 재정적 뒷받침을 위한 사업에 매진했다.

그해 봄, 광주드림은 네이버와 검색 제휴를 복원했다.

2011년 6월 폐간이 통보되면서 이전 맺어져 있던 검색 제휴와 2단계인 네이버 뉴스캐스트(현 뉴스스탠드)가 해지된 지 2년여 만에 포털 검색 매체로 복귀한 것이다.

네이버 심사 끝에 검색 제휴를 통과한 광주드림은 4월 정식 계약서를 작성했다.

포털 시장에서 이제 2단계인 뉴스캐스트 복귀가 과제로 남았다.

🟧 청소년 신문, 광주드림과 동행

창간 10년이 되는 2014년을 맞는 의미는 또 남달랐다. 빅마트-사랑방신문-사단법인으로 운영 주체가 바뀌며, 때론 폐간 위기에도 처했던 우여곡절 속에 지속해 온 '10년'의 의미가 결코 가볍지 않았다.

약간은 과장된 의미를 부여해 한층 더 기대감을 키운 분위기가 새해부터 물씬 풍겼다.

2014년 6월 열린 청소년 기자학교. 광주드림 청소년 기자단과 함께 청소년신문 길을 10여년째 제작하고 있다.

창간 후 10여 년 동안 '시민 참여 저널리즘'을 표방해 온 광주드림이 이해 또 다른 작품을 만들어 냈다. 청소년신문 발행이 그것이다.

청소년 기자단을 육성하고 정기적으로 청소년신문을 만들어 이후로도 10여 년 동안 끊김이 없이 제작·배포한 건 기념할 만한 성과로 여긴다. 광주청소년활동진흥센터와 협업, 역할을 분담했기에 가능한 여정이었다. 기자단 모집과 관리는 청소년활동진흥센터가 맡고, 기자단 교육 및 신문 제작, 편집 및 감수는 광주드림이 맡았다.

청소년 신문의 이름은 최초 '인력거'로 정했다. 훗날 이는 청소년신문 '길'로 바뀌게 된다.

'인력거'는 '인생 역(력)전을 꿈꾸는 거인들'의 줄임말로, 청소년들이 직접 작명했다. 청소년의 시선으로 세상을 보고, 그들의 목소리를 담아낸 청소년신문다운 센스였다.

광주청소년활동진흥센터가 운영하는 '청소년 기자단' 소속 광주지역 고교생들이 직접 기획하고, 취재했다.

이렇게 취재된 기사는 광주드림 기자들이 감수하고 편집해 실제 지면으로 제작했다. 제작된 지면은 광주드림 본지에 포함해 배포함으로써 위상과 중량감을 높였다.

한 번에 1만 부 이상을 발행했으니, 기사의 영향력이 커진 것 또한 자명했다. 광주드림은 신문이 구축한 거점에 배포하고, 청소년활동진흥센터는 학교나 관련 기관에 우편으로 발송해 관심 있고 관련된 독자들 손에 전달했다.

2달에 한 번 타블로이드 8면으로 제작했다. 이는 향후 10년간 이어져 왔다.

청소년이 직접 취재한 기사들은 전문가인 일간지 편집국과 협업을 통해 최상의 지면으로 재탄생했다. 기사 작성 능력 등 청소년 기자단 역량이 향상됐음은 말할 나위가 없다. 기획, 취재 작업을 통해 청소년들이 우리 사회 현상을 바라보는 안목을 키우는 성과도 있었다.

광주드림 역시 새로운 콘텐츠를 발굴하고 다양한 정보를 담아내 위상을 높이는 계기가 됐다.

이 해엔 전국 독립언론 네트워크가 출범한 해이기도 하다.

그해 6·4 지방선거를 50일 앞둔 4월 초였다.

광주드림을 비롯해 뉴스타파 등 전국 18개 독립언론 매체들이 참여한 연대기구가 떴다. 지방선거를 계기로 국민의 알 권리 충족과 관권 부정선거 감시를 위한 지방선거 공동 취재 네트워크(독립언론 네트워크)였다.

독립언론 네트워크에는 본보를 비롯해 강원희망신문(강원 춘천), 굿모닝충청(대전), 뉴스민(대구), 뉴스사천(경남 사천), 뉴스젤리(서울), 뉴스타파(서울), 무안신문(전남 무안), 시민의소리(광주), 양산신문(경남 양산), 옥천신문(충북 옥천), 울산저널(울산), 인천뉴스(인천), 제주의 소리(제주), 참소리(전북 전주), 충청리뷰(충북 청주), 평화뉴스(대구), 해남신문(전남 해남) 등 18개사가 참여했다.

독립언론 네트워크는 선언문에서 "지방선거 관련 데이터 공유와 공동 취재 등을 통해 다양한 선거 정보와 전국의 지방선거 현장 소식을 전하고 관권, 부정선거 등을 철저하게 감시할 것"이라고 천명했다.

독립언론 네트워크는 자체 뉴스 사이트는 물론 지방선거 보도 전용 사이트를 공동으로 운영해 각 지방자치단체의 재정 상황, 예산 집행 내역 등 관련 데이터를 탑재해 지역 독자와 시청자들이 선거 때 올바른 선택을 할 수 있게 돕도록 하는 정보 제공에도 합의했다.

또 현 지방자치단체장과 후보들의 각종 정보도 쉽게 찾아볼 수 있는 시스템을 구축해 유권자들에게 서비스하고, 각 지역에서 취재한 생생한 선거 관련 뉴스도 공유하기로 했다.

독립언론 네트워크 회원사 가운데 뉴스타파는 다양한 선거 관련 데이터를 수집해 분석하고, 인포그래픽 뉴스 전문 매체인 뉴스젤리는 복잡한 정보를 이해하기 쉽도록 시각화하는 작업을 담당하며, 각 지역 매체는 해당 지역 선거 현장의 생생한 소식을 취재해 공유하는 데 합의했다.

실제 이와 같이 천명한 모든 계획이 실행되지는 않았지만, 본보는 이후 뉴스타파와 제휴를 이어가 탐사 보도의 노하우를 비롯해 콘텐츠 공유를 지속했다.

광주드림 내부적으로는 4월이 특히 더 분주했다.

창간 10주년, 더 특별한 의미를 앞세워 여러 가지 이벤트가 준비됐다. 그 중 하나가 광주드림 전체 직원 제주도 워크숍이었다.

사단법인 이사진들과 후원회원들이 나서 그동안 고생한 광주드림 식구들을 위해 기획한 프로그램이었다.
직원 10여 명의 제주도 2박 3일 경비의 상당 부분을 이사진 중심으로 마련해서 전달했다.
고마운 마음으로 일정을 잡고, 여행을 준비하던 중 뜻밖의 국가적 재난이 터지면서 갈등하지 않을 수 없었다.
4월 16일 세월호가 진도 앞바다에서 침몰, 학생 등 300여 명이 희생된 것이다.
광주드림 워크숍은 4월 말로 예정돼 있었는데, 계획대로 할 것인지를 고민하지 않을 수 없었다. 이미 예약된 상황이기도 해서 무거운 마음으로 제주도 기행을 다녀왔다.
광주드림이 일반 시민을 모집해서 떠난 기행 시리즈도 이 시기부터 본격화됐다.
본보에 전문 코너를 운영하던 근대 역사 전문가 조광철 당시 광주시립역사민속박물관 학예연구사, 동물 박사 우치동물원 최종욱 수의사, 관광 전문가 전고필 선생이 가이드로 나서 답사 기행의 품격을 높여줬다.
답사 기행은 10월 25일 최종욱 수의사가 스타트해 전주동물원으로 향했다.
'야생동물 수의사와 함께하는 동물원 나들이' 프로그램엔 아이들 20여 명 포함, 총 40여 명이 함께 했다. 이날 기행은 동물원의 생태적 가치를 점검하고 개별 동물의 습성을 학습하는 기회였다.
이어 같은 해 12월 13일엔 조광철 학예연구사가 가이드로 나선 목포 근대 역사 문화 기행이 펼쳐졌다. "한 시대(일제 강점기)의 시작과 종말을 모두 담고 있는 도시, 끝과 시작을 모두 품은 도시"로의 기행은 전문가와 함께라서 더 깊은 인상을 남겼다.

―――― 광주드림이 전문가를 가이드 삼아 마련한 시민기행이 수 차례 진행됐다.
2014년 10월 최종욱 수의사와 함께 떠난 전주동물원 기행.

이렇게 시작된 답사 기행은 다음 해 2월 '변산 바람꽃을 찾아서'라는 제목의 생태기행 프로그램으로 이어졌다. 여행 전문가 전고필 문화기획자와 함께 떠난 기행에는 시민 30여 명이 동행했다.

개암사를 거쳐 내소사까지 둘러보고, 젓갈 백반으로 한 끼를 채운 풍족한 여행이었다.

4월엔 다시 최종욱 수의사를 앞세워 충남 서천에 있는 국립생태원 답사가 진행됐다.

한편 2014년 6월엔 지방선거가 실시됐다. 이 선거에서 광주시장에 윤장현 후보가 당선됐다.

윤 시장은 시민단체 활동가 시절 사단법인 광주드림 후원회장으로 활동한 바 있어, 사상 최초 우호적인 광역행정 수장 시대를 맞이한 환경이었다. 실제 윤 시장은 당선자 시절 언론사 순회 인사 시 광주드림 사무실을 방문하기도 했다. 당시 기자협회 회원사가 아닌 언론사에 광주시장이 인사차 방문한 건 유례없는 일이었다.

하지만 불가근불가원이라고 했던가.

감시 대상인 행정 수장과의 친밀 관계는 언론사엔 결코 도움이 되지 않았다. 비판 기능을 상실한 언론은 짠맛을 잃어버린 소금과 다를 바 없었기 때문이다.

이 해엔 온라인 쇼핑몰을 설립해 수익 사업 다각화를 꾀하기도 했다.

또 8월엔 정신 건강 전문의를 강사로 모신 '心心토크'를 진행했다.

'너와 나 우리를 잇는 드림 강좌'의 태동으로, 전문가인 윤우상 남평미래병원 원장이 중심에 섰다. 윤 원장은 국내에서 손꼽히는 사이코드라마 전문가로서 EBS, tvN 등에 출연했으며 20여 년간 1000명 가까운 사람을 만나 상처 입은 마음을 어루만지고 치유해 온 전문가다. 한국사이코드라마소시오드라마학회 회장을 역임했고, 매년 수백 명의 관객이 참여하는 치유 심리 드라마를 기획해 즉석에서 치유 과정을 보여주는 연출자 겸 수련 감독으로 활동했다. 오랫동안 '엄마 심리학 특강'을 해왔고, 일반인을 위한 '정신 건강 분석' 강연도 꾸준히 하고 있다.
2014년 4월부터 2017년 12월까지 본보에 '윤우상의 엄마는 괴로워' 칼럼을 게재하기도 했다.
이후 윤우상 전문의의 '心心토크'는 심리 드라마 '공감'으로 확대돼 광주드림의 핵심 강연 콘텐츠로 자리 잡았다.

제호와 도메인, 5년 만에 회수

사단법인이 광주드림의 오롯한 주인이 된 해였다.
앞서 기술한대로 사단법인이 출범해 재발행 당시 '광주드림'이란 제호와 인터넷 도메인(www.gjdream.com)은 광주드림의 소유가 아니었다. 이전 권리자였던 사랑방신문(법인명 (주)SRB미디어)이 해당 지적 재산권을 갖고, 일정 조건에서 사단법인이 무상 사용토록 협약한 상태였다.
당시 사랑방과 합의한 조건은 '사단법인 광주드림'이란 법인이 신문을 발행하는 기간만 무상 임대히고, 만약 발행 주체가 바뀌면 원주인(사랑방)에게 귀속한다는 것이었다.
그렇게 5년여를 지내온 뒤, 2015년 5월 사랑방 측에서 먼저 연락이 와 만나게 됐다.
이 자리에서 사랑방 측 실무자는 광주드림 상표권과 인터넷 도메인을 사단법인에 무상 양도하겠다는 입장을 밝혔다.

사랑방 최고위층의 결정이라는 점도 분명히 했다.

광주드림으로선 고마운 일이었다.

그 해는 '광주드림' 이란 상표권 등록 10년이 지나 갱신해야 할 시점이었다. 이 시기에 맞춰 사랑방은 아예 광주드림에 대한 '상표권 등 산업재산권'을 양도하고, 사단법인 광주드림에서 갱신 절차를 밟으라고 한 것이다.

아울러 광주드림 인터넷 도메인도 함께 넘겨받았다.

사단법인이 광주드림이란 형식적 의미의 소유권도 완전히 가져온 것이다.

이 같은 조치는 2011년 폐간 파동 이후 감정상 앙금이 남아있던 사랑방과의 분위기를 긍정적으로 전환하는 데 결정적인 역할을 했다.

광주드림과 사랑방은 이어 배포 협약을 맺는 단계로 나아갔다. 재창간 당시 벼룩시장이 담당했던 광주드림 배포는 이후 사랑방신문의 배포 자회사가 맡았다.

배포 인력과 조직 면에서 월등한 사랑방이 나서면서 광주드림 신문은 더 충실하게 독자들 손에 쥐어질 수 있었다.

앞서 살펴본 대로 사단법인의 장점은 "모두가 주인"이라는 열린 구조라 할 것이다. 이는 반대로 "아무도 주인이 아니다"라는 방임의 뒷문이기도 했다.

사단법인 광주드림은 이와 같은 양면의 특장 속, 외부 지원 세력과의 관계 설정에서 특히 더 지혜로운 처신이 요구됐다.

지나친 간섭은 경계하되, 무관심과 무책임은 막아야 했던 것이다.

이 시기, 사단법인 광주드림의 이 같은 고민을 헤아린 듯 절제된 후원자 역할에 충실한 이들이 있어 특히 더 고마움을 느낀다.

대표적인 인물이 다담식자재마트 임현호 실장이다.

당시 30대 초반의 진보적 지식인이었던 그는 가업을 이어받아 경영 실무에 나선 참이었다.

마트앤마트, 다담식자재마트와 영화관(콜럼버스시네마) 등이 그의 사업 영역이었다.

사단법인 출범 때부터 후원자로 참여해 크고 작은 보탬을 주던 그가 2015년 결정적인 선물을 내놨다.

광주드림 사무실 공간을 제공하겠다고 나선 것이다.

당시까지 사무실은 사랑방신문사 운영 시절 입주한 북구 신안동에 있었다. 사단법인 출범 후 공간을 대폭 축소해 자료실이나 회의실 공간 부족 등 아쉬움이 컸던 차였다.

이때 임 실장이 제안한 새 공간은 광산구 운남동에 소재한 자신의 회사 소유 건물 2층이었다. 규모는 신안동 사무실보다 2배 정도 됐다.

그럼에도 보증금과 임대료는 현재보다 훨씬 저렴했다.

더 나아가 임 실장은 새로 입주할 공간의 인테리어 비용도 부담해 광주드림의 짐을 덜어줬다.

이렇게 준비된 새 공간으로 이사가 이뤄졌다. 2015년 11월 25일이었다. 운남동 시대의 개막이다.

북구 신안동 사무실을 떠나기로 하고, 이사를 위해 정리 작업이 이뤄지는 동안 섭섭하고 후련한 감정이 교차했다.

일상의 제작과 병행하며 이사를 준비해야 하니, 한 일주일여 사무실은 그야말로 난장판이었다. 책상 의자 컴퓨터 등 시설과 장비는 새로 살 처지가 아니니, 분해하고 해체해 포장하고 옮기는 작업이 만만찮았다. 이사 당일 힘을 쓰는 건 이삿짐센터가 알아서 한다고 했지만, 그 이전 정리는 오롯하게 직원들이 감당해야 했다.

그렇게 몸부림치며 짐을 정리하고, 마침내 당일 이삿짐을 차에 실어

2015년 12월, 광산구 운남동으로 사무실을 이전하고 그해 연말 광주드림에서 마련한 송년의 밤.

보낸 뒤 텅 빈 사무실에서 한참을 서성였다. 그 공간에서의 우여곡절 5년이 주마등처럼 스쳐 지나갔다.

설렘 없는 새로움이 있을까. 운남동 사무실은 넓고 포근했다. 심정적으로는 '내 집'과 같은 편안함이 컸으니까.

사무실 공간을 별도로 하고, 50여 명을 수용할 수 있는 강연장도 꾸몄다. 휴게실 겸 자료실도 별도로 구성했다. 이 공간엔 광주드림의 지면 축쇄본과 각종 책을 비치했다.

이밖에 서버실과 식당도 별도 공간으로 꾸몄다.

책상 등 사무실 정리가 마무리되자 본격적인 운남동 시대를 알렸다.

마침 연말이어서, 드림은 새 사무실 개소식과 함께 송년의 밤 행사도 동시에 하기로 했다.

12월 16일이 그날이었다.

필진 후원자 등 40여 명이 참석한 가운데 강연장에서 송년회가 진행됐다. 간단한 요깃거리와 다과, 안주를 준비해 회포를 나누는 장이 됐다. 참석자들은 이곳에서 드림이 번창해 나가기를 기원하며 밤새 우정을 나누고 연대를 확인했다.

📦 한 학기 교단에 선 기자들

새롭게 둥지를 틀고 맞이한 2016년 새해, 사단법인 광주드림 앞엔 어느 신문사도 해보지 않는 사업들이 펼쳐졌다. 사단법인 광주드림은 안 해본 게 뭘까? 싶을 정도로 여러 가지가 시도됐다.

본연의 업무인 신문 제작 외 도서 출판은 부수적 사업이라고 치고, 마을 책자를 발행하고, 의회 소식지를 만드는 출판 영역이 또 다른 축이었다.

대중가수 초청 콘서트를 개최하고, 심리 토크에서 시작해 나중엔 심리극으로 발전한 공연 기획 사업도 빼놓을 수 없는 이력이다.

이미 수년 간 진행해 연륜이 붙은 여성배드민턴대회에, 새롭게 추켜든 볼더링 대회까지 스포츠 분야 사업도 해마다 이뤄졌다.

월간 전라도닷컴이 운영하던 전라도몰과 연계해 시작했던 쇼핑몰은 아예 '드림몰' 이란 독자 사이트를 구축하는 단계까지 나아갔다.

덧붙여 전문 필진을 가이드 삼은 근대문화 답사와 동물원 기행도 수년 간 지속했는데 이쯤 되면 업력에 '여행사'를 추가해도 손색없을 정도가 됐다.

더 나아가 중학교에 기자반을 개설하고 기자들이 강사로 나서 한 학기를 강의하기도 했다.

당시 광주시교육청이 핵심 시책으로 추진한 중학교 자유학기제 프로그램에 참여한 것이다.

자유학기제는 자기 주도적 학습 능력을 기르기 위해 중학교에서 한 학기 동안 실시하는 프로그램이다. 지식·경쟁 중심에서 벗어나 학생 참여형 수업을 하고, 학생의 소질과 적성을 키울 수 있는 다양한 체험 활동을 중심으로 교육 과정을 운영하게 돼 있다.

광주드림은 이 같은 취지에 맞춰 한 학기 17주차(2시간씩) 34강으로 기자반 프로그램을 교육청에 제출하고, 참여를 원하는 학교의 신청을 받았다.

교육청에서 광주드림 '기자반'을 안내하자 8개 중학교가 강의 개설을 요청했다.

광주드림 여건상 한 학교에서만 진행할 수 있는 수업이라 판단하고,

광주드림은 광주시교육청이 시행한 자유학기제에 기자학교 프로그램을 제시, 광산구 영천중학교에서 한 학기 동안 운영했다.

신청 학교 중 사무실과 위치가 가까운 운남지구 영천중학교를 택해 수업을 개설했다.
2016년 2학기, 광주드림 기자들은 17강을 준비해 영천중에서 '교사 역할'로 강의했다. 자발적으로 기자반을 선택한 30여 명의 학생들과 함께 한 학기는 깊은 인상으로 남아 있다.
광주드림 기자학교는 세상에 대한 관심과 변화에 대한 갈망이 상대적으로 높은, 기자학교 참여 학생들에게 취재-편집-인쇄 등 신문 제작 전 공정을 소개하고 실습 기회를 제공하는 것을 목표로 했다.
기사의 기본이 되는 글쓰기 방법을 교육하고, 실습·훈련으로 체화시키겠다는 것이었다.
또 직업으로서 기자 생활을 간접 체험케 하고, 지금부터 준비해야 할 소양에 대한 학습도 병행했다.

편성 프로그램

- 1~2차시 기자 입문(나는 왜 기자가 되고 싶은가?)
- 3차시 무엇이 기사인가, 기자란 누구인가?
- 4차시 언론 역할·사명, 기자가 갖춰야 할 자세 생각 나누기
- 5~6차시 기사체(리드+본문)가 갖춰야 할 요건
- 7차시 신문 제작 이렇게 이뤄진다
- 8차시 기획 - 취재 - 편집 - 교열 - 인쇄 - 배포 등 공정 소개
- 9차시 기사 작성법(기본 - 스트레이트 기사)
- 10차시 사건 사고를 군더더기 없이 전달하는 기사체쓰기
- 11차시 사람을 만난다 - 인터뷰 기사
- 12차시 취재원을 직접 만나 묻고 답하면서 생각 끄집어내기
- 13차시 생각을 담는다 - 칼럼, 사설
- 14차시 사적이거나 언론사 차원의 주장 있는 글쓰기
- 15~16차시 이미지가 더 강렬하다 - 사진 잘 찍기
- 17차시 법적 상식(명예훼손에 발목 잡히지 않기)
- 18차시 초상권 침해, 사실 관계 오류 등 방지 장치
- 19차시 기사 작성 실전 - 스트레이트 기사
- 20차시 가상으로 사건 상황 제공, 취재, 기사 쓰기 실전
- 21차시 인터뷰 기사
- 22차시 학생 두 명씩 짝지어 서로 인터뷰해서 기사 쓰기
- 23차시 사진을 찍어보자
- 24차시 각자 의미 있는 사진을 찍어 와서 서로 품평하기
- 25~26차시 도전! 편집   ○ 27차시 현장 체험
- 28차시 신문사 방문 제작 공정 학습   ○ 29차시 토론 지면 평가 회의
- 30차시 각자 작성 기사와 편집 소재 생각 나누기
- 31차시 디지털 세상에서 언론의 역할
- 32차시 멀티미디어 세상에서 넘치는 정보 접근법
- 33차시 강연 : 좋은 기자가 되기 위해선
- 34차시 독서, 사회적 관심 등 준비해야할 것-생각 나누기

🟧 노인신문 제작은 우리가 제격

광주드림이 노인신문에 주목한 것도 이 무렵이다.

거리에 무료로 배포되는 신문의 특성상, 광주드림은 어르신들에게 중요한 정보 매체였다. 신문을 돈 주고 구독하긴 여의찮고, 인터넷 접근도 취약한 이들에게 거리에서 무료 배포되는 신문만큼 요긴한 물건이 없었을 것이다.

정작 이 같은 현실을 드림 내부에선 뒤늦게 깨달았다.

신문 발행이 되지 않거나 배포에 차질이 빚어지면 신문사에 전화해 연유를 묻는 이들이 대부분 어르신이라는 사실을 인지한 뒤 구체적으로 실태를 파악해 보기에 이른다.

전문적인 기관을 통한 조사는 아니었지만, 복지관 등의 협조를 얻어 어르신들의 광주드림 인식도를 살펴보니 내부에서 생각하는 것보다 훨씬 더 깊숙이 자리 잡고 있음을 확인하기 어렵지 않았다.

이 같은 현실에서 광주드림은 온라인과 별도로 오프라인 전략을 고민해 보기에 이르렀다.

거리로 배포되는 종이신문에 어르신 관련 정보를 집중적으로 싣는 코너를 만들자는 합의가 어렵지 않았다.

그래서 탄생한 게 노인섹션 '노다지'이다. 2016년 6월이다. 노다지는 '노년을 다시 사는 지혜'의 줄임말이다.

노다지엔 노인들에게 긴요하게 여겨지는 정보를 배치했다.

주된 정보는 복지관이나 노인타운 등 노인 관련 기관들의 협조를 얻어 제공받기로 했다.

요양병원, 장례식장, 웰-다잉 등 노인 관련 콘텐츠들로 기획 시리즈를 만들어 일회성에 그치지 않고 꾸준히 제공했다.

무엇보다 반향을 일으킨 건 자서전 연재였다.

어르신들이 자신의 인생을 직접 정리한 글을 투고하면 수차례에 걸쳐 전편을 지면에 싣는 것이다.

처음엔 교원이나 공무원 등 행세깨나 한 인물들의 기고가 주를 이뤘지만, 시간이 흐를수록 보통의 평범한 어르신들의 참여 문의가 이어졌다. "나 같은 인생도, 이야기도 실어줄 수 있느냐?"며 조심스럽게 의사를 타진하는 어른들이 생기기 시작했다.

"물론입니다. 누구라도, 어떤 삶이라도 다 환영합니다"라고 답변했다. 그렇게 해서 새로 연재되기 시작한 어떤 어르신의 자서전 첫 줄은 "나만큼 불행한 인생이 있을까?"였다.

노인 섹션은 광주드림의 또 다른 콘텐츠로 자리 잡아갔다.

그리하여 2년 뒤인 2018년 11월엔 독립된 노인신문 '노다지'를 인터넷 매체로 정식 등록하기에 이르렀다.

노인 관련 정보가 모두 모이는 포털을 꿈꿨다.

정보 수집은 드림 기자들로만 감당할 수 없음이 자명했다. 대안으로 노인 관련 기사와 정보를 글로 작성하는 시민기자(실버기자)를 모집하기로 했다.

빛고을노인건강타운과 효령노인복지타운, 각 구청 노인복지관 등 대규모 노인 시설에 협조를 구했다.

이들 기관의 홍보 담당자들을 우선 시민기자로 모셨다. 더 나아가 시설에서 운영 중인 프로그램 수강자들을 대상으로 시간을 할애받아 시민기자 제도를 안내하고 참여를 요청하는 등 홍보 활동도 펼쳤다.

이렇게 해서 10여 명의 시민기자가 참여 의사를 밝히며 노인신문에 힘을 실었다.

초창기 열기를 뿜었던 노인신문은 1년 뒤 들이닥친 코로나19 사태로 노인 관련 시설들이 일제히 문을 닫으면서 설 자리를 잃어갔다.
홍보와 기획 등 사업으로 연결시키고자 했던 드림의 꿈도 더 이어지지 못했다.
또 다른 스포츠 이벤트인 광주드림 공동 주최 볼더링 대회도 이 해 시작됐다.
'볼더링'(바위 덩어리·Bouldering) 명소로 자리매김한 무등산 선비바위 일대서 해마다 펼쳐진 페스티벌에 2016년 광주드림이 결합한 것이다.
볼더링은 맨손으로 바위를 오르는 클라이밍 스포츠인데, 무등산 선비바위 일대에선 가을철 1박 2일 동안 대회를 진행해 왔다.
'2016 무등산볼더링 페스티벌'은 광주클라이밍센터연합회·광주드림이 주최하는 첫 행사였다.
광주광역시청·광주광역시 북구청 등이 후원하며 산과 바위를 사랑하는 국내외 클라이머들에게 멋진 대회를 선물했다.
광주드림이 주최로 참여한 볼더링대회는 이후 해마다 성장해 현재까지 이어지고 있다.

🟧 10개월 간 금요일마다 '전쟁터'로

그해 9월 '시민 공감' 이란 사시에 부합하는 결정적인 보도가 끈기 있게 이어졌다. 이 보도로 광주드림은 그해 광주전남민언련이 시상하는 민주언론상을 수상했다.
상무금요시장 폐쇄를 막무가내로 밀어붙이는 서구청을 고발하고, 대안을 찾게 만들었던 공로를 인정받아서다.

상무금요시장 철거와 이전을 둘러싼 지역 사회 갈등이 극심했던 2016년 2월 상인들의 집회 장면.

보도의 시발은 2016년 2월의 어느 날이었고, 이후 10개월 동안 이어지게 된다.

늦겨울 추위가 매섭던 이른 아침 김우리 기자는 다급한 문자 한 통을 받았다. 광주 상무지구 금요시장 상인들이 '당장 시장에서 쫓겨나게 됐다'라며 억울함을 호소하는 내용이었다.

금요시장은 풍물시장으로서 20년 역사와 전통이 여러 번 기사화 된 바 있다. 그런데 예정에도 없던 갑작스런 철거 소식은 당황스러울 수밖에 없었다.

2월 어느 날 새벽, 기습적으로 행해진 서구청의 단속행정이 수개월 동안 지속됐다는 뜻이다. 초반 4~5개월은 치열한 싸움을 보도했고, 이후엔 협의와 해결 국면을 중계했다.

상황이 장기전으로 치닫고 보니 한번 시작한 취재를 멈출 수는 없었다. 생존권을 지키기 위해 모든 걸 건 250여 명의 금요시장 상인들이 있었다.

초반 상무금요시장 문제에 대해 여론은 서구청의 입장이 타당하다고 여기는 듯했다. 결국 금요시장은 불법 노점이고, 행정조치는 불가피한 것 아니냐는 논리였다. 서구청은 보도자료를 통해 '불법 노점 단속 강화' 방침을 쏟아내고, 일부 언론사는 이를 그대로 보도했다.

"단속 현장에선 상인들이 '우리는 인간도 아니냐'며 생존권을 요구했어요. 상인 중엔 80대를 훌쩍 넘는 할머니 보따리상도 많았죠. 단속이 휩쓸고 간 현장에서 상인들은 '아무도 우리 억울함을 듣지 않는다'라고 호소했던 기억이 나요."

김 기자는 상인들의 억울함을 기사에 실었다. 서구청이 법적 논리만을 앞세워 민생의 고통을 외면하는 것을 지켜봤기 때문이다.

또한 금요시장 역사 20년 만에 무자비한 단속이 행해진 건 더욱 석연치 않았다. 구청이 배부한 보도자료에는 단속의 배경을 '민원'이라고 했지만, 다른 의도는 "구청이 추진하려는 사업과 관련이 있다"라는 말이 떠돌았다.

이는 금요시장 철거를 주장하던 주민대표단 중 한 명에 의해 확신할 수 있었다. 그는 노점 반대편에 있었지만, 항상 인터뷰에 적극적으로 임해주는 취재원이기도 했다.

"20년 동안 이용해 온 노점을 철거하는 데 찬성하십니까?"

"마음은 아프지만, 그렇게 해야 한다고 생각합니다."

"오히려 주민들은 시장이 가깝게 형성돼 있어 좋지 않았나요?"

"그렇긴 했죠. 하지만 구청에 민원도 제기됐다고 하고, 구청에서 하는 사업에도 지장이 있고요."

그에게서 구청이 주민들과 사업에 대한 간담회를 미리 진행했었다는 사실을 알게 됐다. 주민대표단이 모인 그 간담회에서 서구청은 사업에 관련 협조를 구했다고 했다.

그 사이 단속은 날이 갈수록 심해지고 장사를 포기하다시피 싸움에 매달린 상인들의 분노도 커졌다. 결국 금요시장 자리가 구청이 추진하려던 명품거리 사업지라는 것을 알아냈지만, 구청은 "노점 단속과는 상관 없다"는 말만 되풀이할 뿐이었다. 구체적인 물증을 확보하지 못한 채 현상 보도만을 이어갈 수밖에 없었다.

보도 횟수가 늘어날수록 여론은 지역사회를 넘어 전국 노점상연합회의 연대까지 끌어냈다. 급기야 전국의 노점상 1000여 명이 당시 임우진 서구청장을 항의 방문하기 위한 집회가 열리기도 했다.

대학생, 정치인, 시민단체가 구청의 강경 대응을 규탄하는 성명서를 발표하고 상인 편에서 목소리를 함께 내주는 시민들이 늘어갔다.

그럼에도 서구청의 일방적인 행정은 여전했고, 상인들은 단속반을 피해 새벽 2~3시에 출근하고 평일엔 천막농성 생활을 이어갔다.

민심을 의식했는지 서구청이 갈등 4개월 만에 상인과 대화에 나섰다. 인근 시민공원으로 금요시장 이전을 제안하고, 활성화 방안 등을 약속하며 상인과 타협하기에 이른다.

2016년 9월 드디어 금요시장은 시민공원으로 옮겼다.

상인들은 김 기자에게 "그동안 고생 많았다"라며 감사 인사를 건넸다. 어떤 상인은 커피를 타 주고, 또 다른 상인은 팔고 있던 주전부리를 주기도 했다.

"우리 이야길 들어줘서 고맙당께."

이 10개월간의 보도로 김 기자는 민주언론상을 수상했다.

의사들

2017년 2월, 이사회와 총회에선 사단법인 광주드림의 명칭을 사단법인 드림미디어로 변경, 의결했다. 사단법인 명칭에 '광주드림'이 직접 박히면서 출판 인쇄 등 각종 사업에서 제약이 많다는 판단에 따른 조치였다.

이즈음 돌아보면 사단법인 드림미디어를 지탱해 준 건 8할이 의사들이었다고 해도 과언이 아니다는 생각이 든다.

경영 전반을 책임졌던 초대 송한수 이사장을 비롯해 재정적으로 긴급한 상황마다 주머니를 열어준 선장원·정종혁, 매월 광고 형식으로 일정액을 후원하고 클라이밍 등 드림 주최 대회에 응급 구호 의료진을 파견해 준 이영균 원장 등이 대표적이다.

여기에 상당 기간 매월 만만찮은 금액을 후원한 한의사 이상영도 광주드림을 지탱해 준 '키다리 아저씨'로 빠지지 않는 인물이다.

사단법인에 자산이 있을 리 만무하니 금융권 대출 등은 꿈도 꿀 수 없는 상황에서 이들의 도움이 없었다면 사업체로서 광주드림은 지탱하기 어려웠을 것이다.

특히 사단법인 출범 후 5년여가 넘어가 손실이 누적되고 재정 압박이 심해진 무렵엔 이들 외 달리 구명줄이 없었다고 할 수 있다.

광주드림은 구독료가 없는 무료 신문의 한계상 수입원은 광고와 후원금이 주축을 이룰 수밖에 없었다. 하지만 인쇄 매체의 쇠락이 분명한 시대적 흐름 속 광고 매출 증대는 더 기대하기 어려운 실정이었.

후원자도 사단법인 출범 당시 규모와 큰 차이 없이 고만고만한 규모를 넘어서지 못했다.

수익으로 지출을 감당하지 못하는 세월이 수년간 이어졌다.

이렇게 부족한 자금은 당시 송한수 이사장이 개인적으로 감당해 왔다. 앞서 언급한 대로 2011년 광주드림이 폐간 운명에 처했을 때 구원 투수로 등장한 경기도 의사들을 소개한 장본인이다. 이후 경기도 의사들의 후원이 원만하게 진행되지 못하면서 뒷감당은 오롯이 그들의 친구인 송 이사장의 몫이 된 것이다.

그가 사단법인 이사장이란 중책을 맡은 기간이 2011년부터 2016년 말까지였으니, 6년 동안 그는 실질적인 자본주 역할을 했다.

하지만 어느 순간 드림의 재정 상태는 당시 대학병원 교수 신분이었던 그가 책임질 수 있는 한계를 넘어서고 있음이 분명했다.

이렇게 어려운 시기, 송 이사장과 함께 짐을 나눠진 이들이 있었으니 선장원과 정종혁이다.

이들 역시 송 이사장과 인연이 있는 의사들로, 광주드림이 재정적인 어려움에 처할 때마다 손을 벌릴 수 있는 원군 중 하나였다.

대학 시절 황해윤 기자와도 인연이 있어 광주드림에 대한 애정이 남달랐기에 가능했던 뒷받침이었다. 이들과 별도로 힘을 보태준 의료인 중에 이영균 서울휴병원 원장도 있다.

서울에서 와 광주 상무지구에 터 잡아 개원한 무렵부터 매월 광주드림 지면에 광고를 냈다. 이외에도 드림 주최 볼더링 대회나 초기 배드민턴 대회 당일엔 응급 의료진을 파견해 행사의 안전도 책임져 준 숨은 조력자였다.

이들의 헌신 덕에 광주드림이 조금 더 지탱할 수 있었지만, 2017년 무렵 위기의 그림자는 더욱 짙어지고 있었다.

이 시기 또 다른 의료인이 등장한다. 이상영 당시 청연한방병원장이다. 필자는 그와 직접적인 인연은 없었다. 이 원장과 친밀했던 지인을 통해 그의 얘기를 들었다.

젊은 나이에 한방병원을 규모 있게 키웠고, 지역사회 곳곳에 나눔 활동을 펼치고 있다는 것이었다. 지인을 통해 이 원장을 소개받을 수 있었다.

그는 첫 만남에서 사단법인 광주드림의 가치에 공감을 표하며 "할 수 있는 대로 돕겠다"라고 약속했다. 그러면서 "개인적으로 매달 후원하겠다"며 적지 않은 금액을 구체적으로 제시했다. 최초 그가 약속한 후원 기간은 '2년'이었다.

이 원장의 후원은 당시 광주드림 형편에선 사막의 오아시스 같았다.

이렇게 시작된 이 원장의 후원은 최초 약속했던 2년이 끝나갈 무렵, 염치 불구 부탁한 연장 신청을 그가 수용해 줘 더 이어졌다.

2017년 한 해의 시작, 광주드림은 감사의 장을 열었다. 사정이 녹록지 않았지만, 여러 분야에서 받은 도움이 많아서 그냥 넘길 수 없었기 때문이다.

광주드림 콘텐츠를 채워주고 있는 필진들에게 특히 고마움을 전하고자 했다.

당시 드림에 참여하고 있는 필진은 40명이 넘었다.

구체적으로 보면 다음과 같다. 괄호안은 코너 명이다.

김광란·이민철(상주일기) | 장우철(재능기부스토리) | 윤우상·정의석·조현미(심리상담실) | 김태균·김용균·홍은숙·박혜진(생각 교육) | 조광철(광주갈피갈피) | 전고필(터무니를 찾아서) | 카리나(광주뉴스) | 강경필·하정호·김병일·배이상헌(광주교육) | 이용교(복지상식) | 조은혜·경은·도연·장혜정·교준·장수영(인연) | 서일환(역사 속 전라도) | 박수의·이연주·홍관희(청소년 노동 인권 상담) | 신명근(노무상담) | 김혜란(이야기가 있는 물건) | 김영선(습지 답사) | 조대영(영화 읽기) | 이진숙(동네 책방) | 최종욱(동물과 삶) | 김

세진(노거수를 찾아서) | 장원익(광주 맛집) | 권오산·백희정·김경일·김재옥(딱꼬집기) | 김경란(자녀교육) | 서단비, 최용헌, 이진희(청춘 유감) | 서일권(청년 열전) | 이대호(광주서 국제개발하기) | 김요수(폐하타령)

1월 25일 신문사 교육장에서 열린 필진 신년 인사회를 앞두고 드림은 초대장을 보냈다.
다음과 같다.

'꿈을 드립니다, 광주를 드립니다'
2004년 4월, 시민공감 지역신문이 탄생합니다.
시민들 일상생활에 꼭 필요한 정보를 드리겠다는 다짐이었습니다
광주드림의 꿈 '드림'입니다
시민과 광주의 대변자 13년, 영광입니다
시민공감의 길, 당당했습니다
지역신문의 사명, 흔들리지 않았습니다
광주드림 13년,
시민과 광주의 대변자로 행복했습니다
힘들었지만 외롭지만
함께였기 때문입니다
필진 여러분이 함께여서 가능했습니다
동반자로 후원자로 늘 함께해 주신
드림 필진에게 최고의 감사를 전합니다
시민공감 지역신문의 동지가 돼주신 님이여
드림은 당신과 함께 하겠습니다
참 고맙습니다

2017년 1월 25일 사단법인 광주드림 임직원 일동

이 같은 지지와 격려, 후원과 열정을 기반으로 광주드림은 지탱할 수 있었고, 매체 영향력을 확장했다. 그 결실이 2017년 하반기 네이버 뉴스 제휴 2단계 심사를 통과, 뉴스스탠드 재진입으로 구체화했다.
2011년 '폐업' 신고로 효력을 상실했던 네이버 2단계 제휴를 사단법인 6년 만에 복원한 것이다.
이 해 강경남 기자가 광주신세계 복합쇼핑몰 진출 폐해를 집중 취재하고, 입점을 저지한 공로로 광주전남민주언론시민연합이 시상하는 '2017 민주언론상'을 수상했다.

사단법인 새 이사장을 모셔라

사단법인 출범 7년여가 지나면서 이사진 개편 등 새로운 조직 체계가 가동했다. 무엇보다 재창간 처음부터 이사장으로 취임해 6년여 동안 묵묵히 뒷바라지 해준 송한수 대표의 짐을 덜어줘야만 했다. 새로운 이사장 후보를 물색했고, 적임자로 거명된 이가 이용교 광주대 사회복지학과 교수였다.
이 교수는 2000년대 초반 빅마트가 창간한 월간 전라도닷컴 시절부터 인연을 맺어온 열혈 독자 중 한 명이었다.
당시 자신의 사비를 털어 주변인들에게 전라도닷컴 1년 치 구독료를 내주고, 구독을 권장한 이였다. 그리고 그 자신 필진으로 참여해 콘텐츠 제작에 힘을 보태오고 있었다.
월간 전라도닷컴이 성장해 일간지 광주드림을 창간한 이후에도 이 교수의 애정은 식을 줄 몰라서 늘 가족처럼 행사에도 적극 참여했다.

광주드림이 사단법인으로 출범한 이후엔 그 행보가 더 기민해졌다. '콘텐츠를 보강해주겠다'면서 자신의 전문 분야인 '복지 상식' 코너를 자청해 한 번의 쉼도 없이 매주 연재를 이어왔다.

사단법인 드림미디어가 후임 이사장을 고민했을 때 누구보다 먼저 떠올린 이가 이용교 교수였다.

이 교수는 최초 제안 당시 부담감을 토로하며 고사했다. 하지만 얼마 되지 않아 곧 자신의 운명으로 받아들이고 기꺼이 감당하겠다는 의사를 전했다.

그렇게 해서 2018년 2월 사단법인 총회에서 이용교 이사장이 선임되고, 정관에 따라 광주드림 발행인으로 취임했다.

이와 함께 채현숙 광주여성민우회 이사, 이영균 서울휴병원 원장, 문형철 첨단한방병원 원장이 이사로 새로 선임됐다.

또 당연직 이사인 광주전남민련 몫으로 신선호, 광주드림 편집국장 채정희, 광주드림 직원 대표 전욱 등 총 7명이 이사진에 포진했다.

새롭게 개편한 이사진은 이해 광주드림 후원의 밤을 계획하고, 구체적인 준비에 들어갔다.

창간 15년, 사단법인 8년 만에 다시 계획된 후원의 밤은, 광주드림의 재정 상황이 넉넉지 않다는 것을 방증하는 이벤트이기도 했다.

후원의 밤은 7월로 결정됐다. 아울러 새로 선임된 이용교 이사장의 취임식도 함께 하기로 했다.

창간 15주년이라는 의미가 간단치 않아 이 기회에 광주드림의 역사를 기록으로 남기자는 제안이 이때 나왔다.

여러 가지 논의 결과 '15년'이 역사를 정리하기에 깊이 있는 시간이 아니라는 점과 시간적으로도 촉박해 결과물을 도출하기도 쉽지 않다는 판단에 따라 다른 방안을 모색했다.

그래서 정리된 게 광주드림 15년의 취재기·뒷얘기를 내는 것이었다. '호랑이똥은 멧돼지를 쫓았을까?' 라는 부제가 붙은 광주드림 취재기는 광주드림 15년 동안 보도된 기사 이면의 이야기를 당시 취재기자들이 들려주는 형식의 단행본이다.

전·현직 기자 18명에게 자신이 작성한 기사 중 의미가 남다른 내용을 선정해 취재 과정을 들어서 작성한 글을 모았다. 이들의 의견을 듣고 편집국이 아이템을 더해 뽑은 총 24편의 기사들이 선정돼, 이 기사를 작성한 기자 시점으로 전후 사정을 읽을거리 형식으로 기록했다.

기자들이 직접 취재 당시를 회고하면서 기록자로서의 고민과 취재 후 일담을 생생하게 녹여냈다는 점에서 의미가 있다.

이 취재기에서 필자는 농민들이 작물에 피해를 입히는 멧돼지를 쫓으려 동물원에서 호랑이 똥을 구한 사실을 소개한다. 호랑이 똥의 실제 효과가 궁금했던 기자가 직접 해당 농가로 찾아가 전말을 취재했던 과정이다.

'잠입 취재'와 같이 살 떨리는 취재기를 들려준 기자들도 있다.
2006년 홍성장 기자의 '전·의경 어머니회 관제 동원' 기사는 어머니회 시위 현장에 기자가 잠입해 취재한 결과물로, 당시 사정을 적나라하게 기록했다.

어머니회 회원 손에 있던 '경찰 공문'이 결정적 증거라고 판단한 기자가 공문을 손에 쥐고 냅다 뛰었던 장면은 '긴장감 만땅' 한 편의 드라마다.

또 시민들의 편에서 기사를 쓰고, 마침내 제도 개선을 이룬 사례들도 적지 않게 소개됐다.

박광태 광주시장 재임 시절인 2007년, 시청사를 청소하는 외주업체 소속 청소노동자들이 "고용 안정"을 촉구하는 집회를 열었다.

당시 현장에 있었던 조선 기자는 날이 새도록 계속된 집회에서 광주시가 여성 노동자들, 함께 있던 시의원, 취재진까지 어떤 방식으로 내쫓았는지 생생하게 기록했다.

이 밖에도 '권력을 비판하고, 불의를 폭로하며, 약자를 대변했던 15년의 기록'을 일목요연하게 정리했다.

교사 체육대회 뒤치다꺼리한 학부모들, 평화공원 풀어놓은 붕어 30마리 실종 사건, 송정동 여관촌 성매매 업소, 문서로 확인한 신설학교 교구 납품 리베이트 실태, 이명박 당시 서울시장 5·18 유영봉안소서 파안대소 고발, 타워크레인 점거한 61명 노동자들, 율곡타운 독불 입대의 회장의 최후, 시민에게 버럭한 시민시장, 상무금요시장 철거 밀어붙인 구청 등 지역의 다양한 이슈들이 책에 수록됐다.

취재기 틈에 쉼표처럼 숨을 고르게 되는 코너, '풍경+생각'은 남신희·이광재·이혜영·조선·정상철·황해윤 기자 등이 참여했던 문화부의 역작 중 6편을 실었다.

이용교 이사장은 발간사에서 "기자들이 고른 숨은 이야기를 읽으면 광주드림이 독립언론의 정체성을 찾기 위해 부단히 노력했다는 것을 알 수 있다"라고 책의 의미를 설명했다.

이렇게 취재기까지 출간이 완료되면서 드디어 7월 27일(금) 오후 7시 광주무역회관 무역센터 웨딩홀에서 후원의 밤이 열렸디.

'이용교 발행인 취임식 겸 광주드림 취재기 출판기념회'라는 부제로 진행됐다.

이날 후원의 밤에선 황풍년 창간 당시 편집인·전라도닷컴 대표가 "우리 신문은 광주드림입니다"라는 제목의 강연도 진행됐다.

광주드림 창간을 주도했던 황 대표가 신문의 정신과 지향점 등을 다시 상기시키고, 미래 나아갈 길에 대한 조언이 주된 요지였다.

이어 광주드림 취재기 출판기념회가 열리고, 이용교 발행인 취임식으

2018년 7월, 사단법인 광주드림 2대 이사장으로 취임한 이용교 광주대 교수.

로 이어졌다. 이어진 만찬에서 참석자들과 직원들이 어우러져 한 여름 밤을 만끽했다.

광주드림은 앞서 설명한 대로 시민 저널리즘에 진심인 언론이었다.

노인 섹션을 주기적으로 제작해 오다 아예 독립 매체로 등록했다. 2018년 10월이었다.

'노인신문 노다지(노년을 다시 사는 지혜)'라는 이름의 인터넷 신문으로 이용교 발행인, 채정희 편집인이 책임자로 등재됐다.

14일부터 공식 서비스에 들어간 인터넷 노인신문(oldnews.co.kr)은 단순히 신문을 넘어 광주지역 노인정보 플랫폼을 지향했다. 뉴스만 싣는 매체가 아니라는 말이다. 일자리, 복지, 요양, 상조, 재능 나눔, 교육 훈련, 자서전 등 노인 관련 정보가 한데 모이는 포털을 겨냥한 것이다.

정보는 사람으로부터 나온다. 노다지는 노인 관련 정보의 통로로 독자와 관련 기관·단체 종사자 및 이용자, 사업자 등 누구에게나 '입력창'을 열었다.

홈페이지 상단에 배치된 '정보 입력'은 회원 가입 없이 누구나 해당 정보를 올릴 수 있도록 했다.

정보가 알찬 포털에 재미도 더하고 싶은 게 '노다지'의 꿈이었다.

노다지의 핵심 콘텐츠 중 하나는 '자서전, 신문에 쓰다'라는 코너였다.

인생 돌아보면 3권 분량의 소설책이 나오지 않을 사람이 있을까. 이미 집필해 놓은 자서전을 제공해 주면, 노다지와 일간 광주드림 지면을 통해 연재했다.

나만 읽는 자서전이 아닌, 이웃과 공유하는 기록물로 가치를 업그레이드시킨 것이다.

지금부터라도 내 삶을 정리하는 자서전을 써보고 싶다는 어르신의 도전도 환영했다.

인터넷 노인신문에 모아진 정보들은 광주드림 지면을 통해 활자로 편집돼 배포했다.

광주 도심 곳곳에 무료로 배포되는 일간 광주드림은 어르신들이 가장 손쉽게 만나는 신문이었고, 종이신문과 합작해 어르신들께 실질적인 도움이 되는 정보 포털이 되길 기대했다.

하지만 노인신문은 이후 불어닥친 코로나19 팬데믹 사태에 노인 관련 복지시설과 기관들이 거의 문을 닫다시피 한 시간이 몇 년동안 이어지면서 활동 공간을 잃어버리게 된다. 결국 수년 내 폐업했으니, 아쉬움이 많다.

그해 12월, 광주드림의 출판 사업자인 도서출판 드림미디어가 필진 조대영 선생의 기고를 모아 '영화, 롭다'를 펴냈다.

광주독립영화관의 프로그래머로 활동하고 있는 영화인 조 씨가 드림에 2011년부터 연재했던 영화평을 중심으로 묶은 단편집이다. 책은 총 7부로 구성돼 있다. 1부는 '한국 영화의 오늘'로 '7번 방의 선물'을 포함해 40여 편의 영화평이 실렸다.

2부 '감독의 이름'은 예술성이 높은 작품들에 대한 평으로 묶었다. 해외 영화제에서 수상한 작품들과 개성이 강한 영화들을 연출하고 있는 감독들에 대한 애정을 확인할 수 있다.

3부 '메이드 인 할리우드'는 할리우드에서 만들어지고 있는 블록버스터와 애니메이션들을 집중적으로 조명했고, 4부 '독립 영화 만세'에서는 자본으로부터 상대적으로 자유로운 영화들이 어떻게 자신의 목소리를 관철시키는지를 살피고 있다.

5부는 '소설과 영화 사이'로, 원작 소설이 있는 영화들을 조명했다. 소설의 언어가 영화언어로 바뀌면서 어떤 차이가 발생하는지를 밝히고 있다. 6부 '5월과 영화'는 광주민중항쟁을 다룬 영화들에 대한 글들로 묶었다.

마지막으로 7부는 조 씨가 2008년부터 해년 마다 뽑은 '영화베스트10'으로 꾸며졌다.

'영화, 롭다'의 출판 기념회도 열었다. 12월 5일 오후 7시 광주독립영화관이 무대였다. 이날 출판기념회에선 영화인 조대영 씨의 일상을 기록한 다큐멘터리 '호모 시네마쿠스' 상영에 이어 저자와의 대화 등으로 진행됐다.

🔶 폰트 파일 저작권 분쟁서 승리

살면서 경험해 보고 싶지 않은 일들이 많겠지만 수사선상에 올라 취조받는 상황도 그 중 하나일 것이다.

2018년 가을, 광주드림 사무실에 배달된 등기 서류 한 장이 마뜩잖은 징조의 서막이었다. 저작권 위반 혐의로 고소장이 접수됐다며 경찰이 조사를 안내하며 보낸 것이었다.

광주드림 지면보기에 올라 있는 PDF 파일이 '프로그램 저작권(글씨체)'을 위반했다는 것으로, 고소인은 윤디자인그룹을 대리하는 서울 소재 법률사무소였다.

본보 홈페이지 '지면 보기'에 올라 있는 PDF 파일에 자신들 서체가 사용됐다는 주장이었다.

결과적으로 광주드림은 해당 고소에 대응하면서 폰트파일 저작권을 학습하는 기회가 됐다.

그 결과, 폰트 디자인 업체들이 관련 법을 무리하게 해석하고 있다는 판단에 이르렀다. 고소를 남발하고 있다는 인상도 짙었다.

이렇게까지 무리하게 수사기관을 끌어들인 업체 측 의도는 뭘까? 범죄에 대한 징벌에 목적이 있는 것 같진 않다고 봤다. 금전적 합의를 유도하기 위해 최대한 겁을 준다는 의심이 차라리 합리적이었다.

윤디자인을 대리한 법무법인은 최초 합의를 유도했는데, 광주드림이 거부하자 고소에 나선 상황이었다.

그들은 "그럼 법대로"를 외치는데, 이 경우 보통의 일반인은 겁을 먹게 돼 금전적 합의에 이르고 마는 실정이다. 하지만 본보는 '법대로'가 피고소인에게 절대 불리하지 않다고 판단했다.

폰트 저작권과 관련, 본보 사례를 바탕으로 쟁점을 간추리면 ①폰트와 폰트 파일 차이점 ②2차적 저작물 범주 ③외주 제작 시 책임 소재 ③ 한글 프로그램 내 글꼴 사용 책임 등이 꼽힌다.

우선 대법원은 일관되게 폰트(글자체) 자체에 대한 저작권은 인정하지 않고 있다. 폰트 파일에 대해 '프로그램 저작권'을 인정하고 있을 뿐이다. 이는 글자가 박힌 결과물(인쇄물, 현수막 등)만으론 위법이 성립하지 않는다는 의미다. 사용자가 실제 그 작업을 위해 자신의 컴퓨터에 폰트 파일을 불법으로 내려받았다는 게 입증돼야 침해가 인정된다. 입증 책임은 물론 고소인 측에 있다.

이를 입증하려면 사용자의 컴퓨터를 뒤져야만 가능할 것이다. 이런 사정을 모를 리 없는 업체가 고소를 남발하는 건, 범죄 입증보다 겁을 주겠다는 의미일 것이다.

당시 윤디자인이 본보를 상대로 프로그램 저작권(폰트 파일) 위반 혐의를 제기한 글자체는 4개였다. 이 대목에서 '외주 제작 시 책임 소재' 문제가 등장한다.

본보는 당시 광고·그래픽 등 디자인 업무는 외부업체에 의뢰해 제작하고 있었다. 고소인이 제기한 4가지 서체 모두 외주 제작사가 라이센스를 보유한 상황이었다.

문화체육관광부가 제작 배포한 '폰트 파일에 대한 저작권 바로 알기'에 따르면 "일반적으로 저작물 외주 제작은 위탁·도급 계약에 따라 수급인이 독립적 지위에서 자신의 재량에 의해 저작물을 만들며, 외주 제작의 결과물에 저작권 침해 문제가 발생한다면 제작한 자에게 책임이 있다고 할 수 있다"라고 답변하고 있다. 드림에게 물을 책임이 아닌 것이다.

게다가 윤디자인은 '자신들이 한글 프로그램에 제공하는 서체'를 광주드림이 사용했음에도 저작권 위반을 제기했다.

윤디자인이 드림에 위반 혐의를 제기한 서체 4개 중 3개는 '한글 프로그램'을 제공하는 한컴오피스가 저작권을 구매한 것들이다. 한컴오피스는 '글꼴 저작권 관련 문광부 및 저작권 위원회 회신 글'에서 "한컴오피스 제품 내의 기능을 이용한 결과물은 프로그램에서 지원하는 폰트 파일을 활용하는 것으로 저작권 침해가 되지 않는다. 정품으로 구매한 프로그램 기능을 사용하는 것은 권리자와 이용자 간 계약에 따른 범위 내에서 사용할 수 있도록 권리자가 허락한 것으로 볼 수 있다"리고 설명한다.

그러면서 한컴오피스는 자신들이 저작권을 갖고 있는 글꼴 200여 개를 나열하고 있는데, 여기에 윤디자인 서체 20여 개가 포함돼 있다. 이는 한글 프로그램 사용자라면 누구나 쓸 수 있는 서체라는 의미였다.

윤디자인과 분쟁 과정에서 핵심 중 하나는 '2차적 저작물'에 해당하느냐 여부였다.

윤디자인 측은 본보 지면 보기의 PDF가 "2차적 저작물에 해당하므로 지면과 달리 별도의 라이센스가 필요하다"고 주장했다.

본보는 이 대목에 대해 집중적으로 반박했다.

저작권법은 '5조(2차적 저작물)'에서 '①원저작물을 번역·편곡·변형·각색·영상 제작 그 밖의 방법으로 작성한 창작물(이하 '2차적 저작물'이라 한다)은 독자적인 저작물로서 보호된다'고 규정하고 있다.

이런 의미에서 드림의 지면 보기 PDF는 본보 지면을 그대로 사진 찍어 올려놓은 것으로, 별도의 창작물도 아니고, 변형·각색 등 어떠한 추가 작업이 진행된 바 없어 독자적인 저작물로 볼 수 없다고 항변했다.

이 같은 논리로 수사기관에서 진술했고, 최종 '혐의없음'으로 종결됐다.

본보는 이렇게 대항해 굴레에서 벗어났지만 대개 일반인이나 영세 사업자의 경우 그들을 상대로 싸우기란 쉽지 않은 게 현실이다. 결국 이

같이 열악한 처지에서 마지못해 이뤄지고 마는 수많은 '합의'들이 "법적 조치"를 겁박하는 자양분이 되고 있다는 판단에 이르렀다.

본보는 이와 같이 폰트 디자인 관련 고소에 대항한 과정 등 전말을 기사로 작성해 보도했다.

보도 이후 비슷한 상황에 놓인 기관이나 개인의 문의가 이어졌다.

그들에게 '쫄지 말고 대응하라'고 강하게 주문했다.

한편 그 해 연말 '청소년신문 길'이 광주전남민주언론시민연합이 수여하는 2018 민주언론상 특별상을 수상했다. 시상식은 12월 14일 오후 7시 광주시청자미디어센터에서 열렸다.

본보와 광주청소년활동진흥센터가 6년째 동행하고 있는 청소년기자단 길동무는 매해 여섯차례씩 청소년신문 길을 발행하며, 현실의 목소리에서는 배제되는 청소년들의 시각과 생각을 미디어와 합작하여 신선하게 표현하고 있는 점을 인정받았다.

광주전남민언련은 심사평에서 "현직 기자들의 도움으로 청소년들이 세상을 보고, 이해하고, 발언하는 매체로 성장하고 있다"라며 "우리 지역 청소년들의 신선한 생각을 표현하는 매체로 새로운 길을 내길 바라는 마음에서 특별상을 수여한다"고 밝혔다.

유튜브 '동물1' 거 볼만하네!

언론 환경은 해가 바뀔수록 급변했다. 2019년엔 이 같은 흐름이 훨씬 더 강렬했다.

다매체, 디지털 퍼스트 시대의 도래는 이미 오래전 현상이었으니, 고전적 미디어라 할 수 있는 신문이 새로운 사조를 무시할 수 없는 상황인 건 분명했다. 이제 뉴스는 읽는 시대를 넘어 보는 시대로 접어든 셈이었다.

이런 상황에서 광주드림도 영상 콘텐츠 제작에 대한 압박감을 느끼지 않을 수 없었다.

유튜브 채널을 개설하고 영상 콘텐츠 제작과 유통을 모색하기 시작했다. 이 과정에서 무엇보다 중요한 건 콘텐츠의 독창성, 제작의 지속 가능성이었다.

그럼에도 시도를 꿈꿔볼 수 있었던 건 광주드림 내부에 영상 촬영과 편집이 가능한 인력이 있었기 때문이었다. CMB 광주방송에서 기자 생활한 이력의 김현 기자가 유튜브 관련 콘텐츠를 전담했다.

여러 차례 논의 끝에 광주드림은 우선 동물 관련 콘텐츠 제작을 추켜들었다.

광주 우치동물원에서 사육 중인 수백여 종의 동물을 종류별로 영상에 담아 소개하고, 생태와 습성을 알려주자는 콘셉트였다. 당시 우치동물원 사육계장으로 재직 중인 최종욱 수의사가 드림에 '동물과 삶'이란 코너를 연재하고 있어 아이디어의 단초가 됐다.

동물에 관한 애정과 관련 지식으론 국내 누구에게도 뒤지지 않는 최 수의사에게 영상 제작 의견을 타진했더니 '기꺼이 함께 하겠다'는 답변이 돌아왔다. 이쯤 되면 일은 반쯤 성사된 것이나 다름없었다.

동물 관련 상식이 주된 콘텐츠이긴 하지만 재미 또한 빠질 수 없는 요소임을 모르지 않았다.

이를 책임질 또 다른 출연진을 물색했다.

그렇게 탐색 끝에 적임자로 한 인물이 물망에 올랐다. 친환경 비누를 생산하는 강청 김민우 대표였다.

드림에 대한 애정이 충만한 후원자이면서 진도북춤 기능 전수자인 예인이기도 했다. 걸쭉한 전라도 사투리에 목청이 우렁차며 재기 넘치는 입담은 이미 정평이 나 있던 터. 누군가 입에서 그의 이름이 호명된 순간 모두 환호성을 질렀다.

김 대표는 이미 드림을 위해 몸과 맘으로 헌신하는 열성 후원자였다. 그와는 전라도닷컴 창간 무렵부터 인연이 이어지고 있었다.

김 대표는 원래 공업고등학교를 졸업하고 대기업 삼성전자에 입사해 잘 나가던 직장인이었다. 2000년대 초반 무공해 비누를 만드는 모습을 보고 첫눈에 반하면서 그의 인생이 바뀌었다. 무공해 비누를 만들어 보겠다며 14년 동안 다니던 직장을 그만둔 것이다.

친구들은 대기업을 박차고 나온 그를 보고 '미친 놈'이라고 했다. 하지만 개의치 않고 폐식용유를 이용한 무공해 비누에 몰두했다. 그리하여 특허받은 무공해 비누 '강청'이 탄생했다.

폐식용유를 활용해 만든 무공해 비누는 잔류 독성이 없어 인체에 해가 없다. 그가 그의 제품을 홍보할 때 비누를 먹는 모습을 보여줄 수 있는 이유다.

이렇게 친환경 비누만 고집하고 제조해 온 강청은 승승장구해 이제 전국적으로 알아주는 기업이 됐다. 강청의 '안심해 무첨가 손세정제'는 '2020 소비자가 직접 뽑은 대한민국 올해의 녹색상품'으로 선정되기도 했다.

이렇게 잘 나가는 김 대표는 지역 사회를 위한 나눔 활동에도 적극적이다.

특히 전라도닷컴과 광주드림에 대해선 무엇이든 퍼주고 싶어 안달 나 있으니, 거의 사생팬 수준이다. "더 못해줘 미안하다"는 말을 입에 달고 살 정도였다.

광주드림이 제작한 영상 콘텐츠 '동물1' 진행자인 최종욱 수의사(왼쪽)와 김민우 강청 대표.

광주드림이 사단법인으로 독립 운영하는 시기 그의 애정은 더 커졌다. 수시로 강청이 만든 친환경 제품을 제공, 드림이 필요한 곳에 쓸 수 있도록 했다. 수년째 이어지고 있는 그의 가슴 따뜻한 정이다.

이렇듯 김 대표는 정겨운 데다 친화력도 좋아 사람을 끌어당기는 마력이 있었다. 전라도 특유의 맛깔스러운 어투 역시 그의 매력을 배가시킨다. 게다가 진도북춤을 제대로 전수받았으니, 어느 자리에서든 현란한 몸 사위에 북춤 한바탕이 가능한 예인이었다. 한마디로 방송 체질이었던 셈이다.

이렇게 최종욱 수의사와 김민우 대표로 꾸려진 라인업은 더할 나위 없이 유튜브 '갬성'에 딱 들어맞았다. 김 대표가 묻고, 최 수의사가 답변 겸 해설하는 방식이었다.

코너 제목은 '동물1'으로 정했다.

그렇게 해서 결전의 날인 대망의 2월 20일 낮, 우치동물원 호랑이사 앞에 일단의 무리들이 진을 쳤다.

그렇다. '동물1' 첫 촬영 날이었고, 1탄의 주인공이 바로 호랑이였다. 진행자 외 촬영자, PD 겸 감독 역할의 광주드림 관계자까지 4~5명이 1시간여 동안 영상을 촬영했다. 호랑이 사육사 안으로 들어갈 순 없어 관람객 동선에 카메라를 설치하고, 외실에 나와 있는 호랑이들을 관찰하며 행동을 분석하고 소개하는 내용을 영상에 담았다.

예상대로 구수한 입담의 진행자와 차분한 성격의 해설자 조합이 찰떡궁합이어서 촬영 내내 웃음이 그치지 않을 만큼 재밌는 콘텐츠가 탄생했다.

같은 방식으로 기린과 코끼리 등을 다룬 후속작이 몇 편 더 제작됐다. 하지만 편집 인력의 한계 등으로 콘텐츠 생산을 이어가긴 어려웠다. 못내 아쉬운 대목이다.

2019년 1월, 광주드림은 광주 5개 구청장 업무추진비 내역을 분석해 상세히 보도했다. "업무추진비=밥값"이라는 등식이 여전한 현실을 짚었다.

취재에 따르면 당시 민선 7기 출범 이후 광주지역 구청장들은 업무추진비를 '식사비'로 가장 많이 사용한 것으로 드러났다. 구청장이 회의나 간담회를 열거나 직원들을 격려했다는 명목인데, 대부분 식당에서 이뤄졌다. 사료가 제대로 공개되지 않은 자치구를 제외하곤, 대부분 행안부 규칙에 따라 '참석자 1인당 4만 원 이하' 가격으로 식사비를 지출했다고 공개했다. 일부 구청장들은 특별한 일이 없으면 매일 점심·저녁 간담회를 진행하고, 때론 조찬까지 가졌다.

하지만 보도 과정에서 실수가 있었다. 남구청장이 다른 구에 비해 업무추진비를 더 많이 썼다고 보도했는데, 공개된 기준이 달라서 빚어진 사실상 오보나 다름없었다. 즉 다른 구는 시책추진업무추진비만 공개했는데, 남구는 여기에 더해 기관운영업무추진비까지 공개해놓고 있는 걸 간과하고 단순 합산해 비교한 것이다.

결과적으로 이 같은 보도는 '남구청장이 구세도 약한데 업무추진비를 펑펑 썼다'는 비난의 단초가 되고 말았다.

남구청에선 이를 즉각 문제 삼고, 정정을 요구했다.

본보는 자체 검토 결과 신문사의 실수임을 확인하고, 바로 정정보도문을 실었다.

"결과적으로 더 충실하게 공개한 구청이 비난받게 돼 유감이며, 사과한다"라고 정중한 입장을 기록했다.

'보도가 잘못되었을 때 이를 인정하고 바로잡겠습니다.' 광주드림의 독자와의 15가지 약속 중 두 번째 약속을 실천한 것이다.

정정보도문이 나간 뒤 남구청 관계자가 연락해 "고맙다"고 했다. "자신들의 입장을 잘 담아줬다"는 것이었다.

그럼에도 실수하고 받은 칭찬인지라 멋쩍긴 했다.

늘 시민들, 사회적 약자 곁에

4월엔 창간 15주년을 맞았다. 드림은 기획 시리즈로 '푸시업 시민 운동'을 연재했다.

지역에서 고군분투하고 있는 시민사회단체들의 활동상을 정기적으로 알려 후원을 유도하자는 취지였다. 시민운동의 불씨가 꺼지지 않기를 바라는 마음에서였다.

흔히 시민사회단체를 우리 사회를 추동하는 '힘'이라고 일컫지만, 현실은 재정난·인력난 등 여러 한계 속에서 걸음걸이가 무거운 실정이다.

첫 번째 학벌없는사회를위한시민모임을 시작으로 '세금도둑 잡아라', '공익변호사와 함께 하는 동행', '유니버셜문화원' 등에 대한 소개와 후원 유도를 위한 시리즈가 이어졌다.

시민 저널리즘을 지향하고, 시민 후원으로 제작되는 사단법인 광주드림이어서 할 수 있는 기획 특집이었다.

이 해, 광주세계수영선수권대회도 지역 최대 관심사였다. 이번 대회는 2019년 7월 12일 개막해 28일 폐막했다. 지역 언론도 당연히 많은 지면을 할애해 관련 뉴스를 쏟아냈다.

이런 가운데 광주드림은 홍보 일색 보도에서 벗어나 대회 문제점을 집중 파헤쳤다.

그중 핵심적인 기사가 <위생 명분 '일회용품' 잔치, 수영대회 친환경 뒷전>이란 보도였다.

광주시는 2019광주세계수영대회를 '친환경 대회'로 표방했지만, 매일 막대한 일회용품 쓰레기를 쏟아내고 있어 '반환경' 딱지가 우려된다는 게 기사의 뼈대다.

드림 기자들이 현장에서 취재한 결과 경기장에서는 일회용품 사용을 제한하는 등 '국제적' 이미지에 신경 쓰는 모습이었다. 하지만 정작 쓰레기가 많이 발생하는 선수촌 식당 내 식기류는 '위생 문제'를 이유로 전부 일회용품만 사용하고 있었다.

광주드림은 광주시의 주장대로 "혹시라도 발생할 수 있는 위생 사고 예방"이라는 명분을 이해한다고 해도, 이를 청결 시스템으로 해결하는 노력 대신 일회용품으로 우회한 건 편의적 행정이라고 질타했다.

선수촌 내 식당과 경기장 내 식당에서 사용되고 있는 국그릇, 수저, 포크, 종이컵 등 각종 일회용품 규모는 엄청났다.

하루 평균 선수 식당에서 제공되는 식사는 5800인 분이었다. 본 대회 기간인 12일부터 28일까지 17일을 곱해 계산하면 대회 기간 소비되는 개별 일회용품 수는 9만 8600개로, 여기에 식기류(접시·포크 등) 6가지를 쓴다고 가정하면 59만 1600개의 일회용 쓰레기가 배출될 것이라는 게 광주드림의 지적이있다.

당시 선수촌 내 식당은 선수 식당과 취재진이 이용하는 미디어 식당 두 곳이 운영 중이었고, 모두 일회용품을 사용했다. 또 경기장인 남부대학교 내 경찰청에서 관리 중인 보안요원 전용 식당 역시 일회용품을 사용하는 것으로 확인됐다.

조직위 식음료숙박지원팀은 일회 용품 사용이 "위생상 문제"라고 설명하긴 했다.

조직위 관계자는 본보 취재에 "국제대회인 만큼 여러 국가의 선수들이 대거 참여하는데, 위생 관련 문제가 발생하지 않도록 하는 부득이한 조치"라면서 "조직위가 파악하기로는 선수들 또한 여름철 등을 고려했을 때 공동식기(세척 사용)를 사용하는 데 위생 측면에서 의심을 가질 수 있다고 판단했다"라고 설명했다.

이어 "종교적 방식에 따라 만들어진 할랄 음식을 먹는 이슬람 문화권의 선수들은 식기를 공동으로 사용하는 것을 반기지 않는다"면서 "일부 선수들의 불편함을 감안하더라도 일회용품 사용의 필요성이 있었다"고 덧붙였다.

그러나 4년 전인 2015년 7월, 훨씬 더 많은 선수가 참가해 광주에서 열린 하계유니버시아드대회 운영 방식은 달랐다는 점을 지적하지 않을 수 없었다. 중동호흡기증후군(메르스) 여파로 감염 문제에 민감했을 때인데도 공동식기류 사용이 기본 방침이었던 걸 본보가 확인한 것이다.

일각에서 "훨씬 큰 대회에서도 공동식기를 살균해 사용했는데, 이번 수영대회에서 '위생 문제'를 앞세운 건 핑계일 뿐"이라며 "위생과 맞바꾼 친환경"이라는 성토가 이어진 배경이다.

게다가 광주시에선 대회 전인 4월 15일 환경 오염과 자원 낭비를 예방하기 위한 '광주광역시 공공기관 일회용품 사용 제한 조례'를 공포·시행한 바 있어 앞뒤가 맞지 않다는 지적을 더했다.

2019년 9월, 서울대학교 청소 노동자가 휴게실에서 쉬던 중 사망하는 비극이 발생했다. 최고 기온이 34.6도까지 올라가는 폭염 속 일어난 사고다. 그러나 비정규직 노동자가 쉴 공간은 한 평 남짓에 불과했다. 냉방은커녕 환기도 전혀 되지 않는 생지옥이었다.

청소노동자의 죽음을 보며 많은 학교 비정규직 노동자들이 숨죽여 울었다. 이들에게 바람 한 점 통하지 않는 휴게실은 딴 세상 이야기가 아니다. 발 뻗고 쉴 공간조차 없는 학교가 태반이고, 언제 쓰고 버려질지 모를 고용 불안과 최저임금에도 못 미치는 시급까지…. 여러 악조건 속에서 '인간답게 살 권리'도 함께 유폐됐다.

광주드림이 이 같은 현실을 외면할 수 없었다.

'학교 비정규직 설움' 시리즈를 기획하고, 몇 차례에 걸쳐 현장을 찾아가 보도했다.

당시 기준 광주지역 학교 비정규직 노동자 수는 5000여 명에 달하며, 비정규직 직종만 50여 종이 넘었다. '하루살이 목숨'이라 불리는 특수직군, 편법 계약 저임금에 시달리고 있는 계약직(강사 직군), 산재 사고가 가장 많이 발생하는 급식 노동자와 같은 공무직 등 학교 비정규직의 실상을 알리기 위해 직군별로 대표 직종 중심으로 인터뷰를 이어갔다.

광주 학비노조가 설립된 해 초대 위원장으로 시작해 10년째 투쟁의 선두에 서 온 한연임 지부장은 "학교를 '비정규직 백화점'이라고 부르는 이유가 있다"면서 "정부는 다양한 교육 사업을 각 시도교육청으로 이임하면서 사업비도 통째로 내려보낸다. 그 예산의 대부분은 인력에 투입되는데, 그때마다 예산만큼 쓰고 버려지는 소위 '나쁜 일자리'가 만들어진다"고 주장했다.

취재에 따르면, 학교 비정규직은 직종만 50여 종에 달했다. 직종에 따라 임금 체계나 고용 조건 등이 다르다. 또 국공립학교와 사립학교 간 노동 조건이 다르고, 방학 기간 근무 유무에 따라 임금 조건이 크게 달라졌다. 그야말로 수백 가지 형태의 비정규직이 백화점 물품처럼 복잡하게 얽혀 있는 것이다.

광주시교육청은 그래도 좀 나은 편이었다. 비정규직 전담 부서를 두고 채용 단위의 정수 관리를 하고 있어 나쁜 일자리가 무한대로 만들어질 수 없는 구조가 돼 있던 것이다.

전국에서 유일하게 공채 시험 제도를 통해 공무직(비정규직)을 뽑고. 학교장이 마음대로 비정규직 노동자를 쓰고 자를 수 없다는 점도 평가할 만한 대목이었다.

광주의 경우, 노조 창립 이후 학교 비정규직 노동자들을 교육감이 직고용하면서 고용 불안 문제가 상당 부분 해소됐다. 그럼에도 불구하고 마치 프로젝트처럼 교육부 사업이 내려오면 어김없이 '저임금 시간제' 혹은 '단시간 노동자'가 양산되는 문제가 끊이지 않았다.

현장에선 "마치 청소하듯이 연말만 되면 비정규직 해고 사태가 반복되고, 매년 교육청과의 임금 교섭이 좌절돼 단식 농성·삭발 투쟁 소식으로 뉴스를 채우는 현실"이라고 말했다.

가장 큰 장벽은 결국 비정규직을 '있어도 그만, 없으면 새로 채용하면 되는 직종' 쯤으로 여기는 인식에 있다는 게 현장 노동자들의 하소연이었다.

그들의 절규는 이랬다. "비정규직이긴 하지만, 결국 공무원(정규직)이 해야 하는 일을 우리가 하고 있는 것이다. 학교 안에서 누군가는 해야 하는 일이기 때문이다. 하지만 실무사로 불리는 2유형 직종의 노동자들은 대부분 최저임금도 받지 못하고 있다. 임용고시를 본 교사가 아니라는 이유로, 공무원 시험을 보지 않았다는 이유로, 꼭 필요한 일을 상시적으로 하는데도 기본적인 노동권조차 보장받지 못하는 현실이다."

노조가 무엇보다 힘 있게 외치는 구호는 '임금 수준을 공무원 봉급의 최하 수준에서 80%를 맞춰 주라'는 것과 '교육 공무직이라는 직군을 법제화해달라'는 두 가지였다.

이를 위해 수 차례 파업도 했지만, 상황은 달라지지 않았다.

"우리도 매일 사랑스러운 학생들을 마주하며 학교 교직원으로 매일 출근을 한다. 마땅히 인간다운 대우를 받고 일하고 싶다. 그게 우리를 위해서도 당연한 권리지만, 아이들이 자라난 미래를 위해서도 그렇다. 언제 잘릴지 모를 '나쁜 일자리'를 물려주고 싶지 않다."

이 같은 목소리를 크게 듣고, 기록한 신문이 광주드림이었다.

🟧 도둑처럼 왔다 가버린 코로나 세월

2020년은 도둑처럼 왔다가 가버렸다. 코로나19 팬데믹으로 국내 뿐만 아니라 세계가 바이러스 공포에 숨죽인 날들의 연속, 일상을 잃어버린 1년이었다.

언론도 마찬가지. 마치 그 사건밖에 없는 듯 매일의 뉴스가 하나에 집중된 단색의 풍경이 숨 막히게 했다. 그런 시절이 3년여 동안이나 이어질지 당시에 누가 알았으랴!

중국 우한시에서 시작된 신종코로나바이러스감염증(코로나19)의 위기 경보가 주의에서 경계 단계로 격상되면서 광주시는 1월 29일 재난대책지원본부를 가동했다.

2월 4일, 광주서도 코로나19 확진 환자가 발생했다. 막연한 불안감이 공포의 몸집을 키워갔다.

빛고을노인건강타운이 무기한 휴관에 들어가는 등 다중이용시설을 중심으로 폐쇄와 봉쇄가 이어졌다. 대구지역에서 확산한 집단 감염의 중심에 있는 신천지 집회에 참석한 광주지역 신도들의 감염이 확인되면서 혼란이 가중됐다.

밀접 접촉자를 파악하기 위해 감염자의 동선이 공개되고, 특정 종교 신도들 모임이 정밀 추적 대상이 되는 게 당연시되는 분위기였다.

국가적 재난 사태에서 언론의 역할은 어떠해야 하는지를 고민하지 않을 수 없었다.

무분별한 신상 공개에 대한 문제 제기가 조심스럽게 이뤄졌다. 이 같은 흐름이 사태 초기 행정 편의적으로 흘렀던 일방적 통제 관행을 바꾸는 동력으로 진전됐다.

광주드림은 일상이 멈춰서면서 누구보다 큰 고통을 감내하는 이들에게 집중했다. 학생들이었다. 대면 수업이 금지되고 온라인으로 전환하면서 학생들은 학교 공동체, 그 문화를 상실했다.

3월 신학기, 입학식은 고사하고 등교 수업마저 막혀 얼굴도 알지 못하고 온라인으로 수업 듣는 현실은 신입생들은 물론 학부모로서도 감당하기 힘든 고립감이었다.

때문에 사회의 관심은 학생들에게 학교 공동체를 회복시켜야 한다는 공감대가 컸고, 마침내 5월 첫 등교 수업 방침이 발표되자 온 사회가 기다림 끝 설렘을 감추지 못했다.

광주드림도 80여일 만에 첫 등교인 초·중등 1학년의 학교 생활을 비중 있게 다루며 시대의 슬픈 자화상을 기록했다. 이렇게 바이러스 공포에 짓눌린 일상 속에서도 정치의 시계는 어김없이 돌아갔다.

4월 15일 21대 국회의원 선거가 실시됐다. 광주드림은 격리와 마스크가 의무화된 취재 현장으로 나서지 않을 수 없었다. '목전에 임박한 공포에 정치가 무슨 소용이냐?'는 자조가 없진 않았지만, 이런 재난 속에서 국민을 살리는 게 정치(인)에 달렸다는 경험을 강조하며 유권자 권리를 깨우치는 기사를 이어갔다.

그렇게 사상 초유 마스크로 무장한 유권자들의 행렬이 정치 지형도를 바꿔놨다.

당시 총선에서 더불어민주당은 광주 8개 지역구에서 모두 승리하며 텃밭 탈환에 성공했다. 전남 10개 선거구에서도 민주당의 싹쓸이가 현실화했다.

현역 의원이 다수 포진한 민생당은 무기력하게 패배하며 국민의당부터 시작했던 호남 기반 '3당' 실험이 4년 만에 실패로 끝이 났다.

전국적으론 민주당이 비례위성정당인 더불어시민당을 포함해 과반 이상 의석을 확보했다.

이 시기, 광주시역 한 사립고에서 벌어진 교사 해고도 큰 파장을 일으켰다. 광주 명진고가 교육청 위탁채용 교사를 해임한 뒤 "공익 제보에 대한 보복 징계"라는 반발이 확산한 것이다. 5월이었다.

광주드림은 해고된 손규대 교사가 해당 사학재단의 비리를 고발한 데 따른 탄압이라고 의심하며 관련 보도를 이어갔다. '사회적 약자의 목소리를 더 크게 듣겠다'는 창간 정신에 다름아니었다.

해당 사학에 대한 저항엔 그 학교 학생들까지 동참하고 있는 상황이었다.

손 교사는 해임 처분 뒤 광주교사노동조합 관계자들과 학교 앞에서 부당징계 철회를 주장하는 피켓시위를 하고 있었는데, 3학년 재학생들이 다가와 인사하고 격려했다.

코로나로 개학이 연기된 탓에 손 교사와 재학생들은 이날 처음으로 대면했고, 드림 기자가 현장에 있었다.

학생들은 "선생님 보고 싶었어요"를 외치며 뛰어왔다. '선생님 어디 계시냐?'며 다가온 학생들은 저마다의 방법으로 선생님을 부르며 반가운 마음을 전했다.

재학생들은 손 교사에게 다가가 인사하고 반가움을 전하며 그동안의 안부를 물었다.

이날 명진고 학생들은 학교 정문에 손 교사 해임을 반대하는 현수막을 게시하고 각종 SNS에서 프로필 사진 바꾸기, 사학 비리 공론화 챌린지를 펼치는 등 반대 운동을 이어갔고 이런 상황이 광주드림 보도를 통해 세상에 알려졌다.

해당 사학은 자신들의 징계가 정당하다며 부당성을 주장하는 특정인에게 손해 배상 청구 등 법적 조치를 이어가는 식으로 대응했다. 일부 언론도 이 같은 조치의 대상이었다.

광주드림은 이에 굴하지 않고 사실에 기반해 기사를 작성하고 보도했다. 학교 측에선 "자신들의 얘기도 들어달라"고 항의했다.

본보가 관련 보도를 끊임없이 이어가자, 손규대 교사가 드림에 직접 기고문을 보내왔다. "나의 꿈은 다시 '교사'입니다"라는 제목이었고, 본보는 10월 전체 내용을 게재했다.

내용 일부를 옮긴다.

> "오는 20일, 국회 교육위원회 전북, 광주, 전남, 제주 교육청 국정감사가 우리 광주시교육청에서 있습니다. 여기에 저는 참고인으로 출석합니다.
> 학생들도 많이 보겠죠? 저를 처음으로 선생님이라고 불러준 학생들이 이제 고3입니다. 졸업 사진에 제가 나오도록 내 등신대(사람의 크기와 같은 크기의 사진이나 모형을 말함)를 세워두고 사진을 찍은 학생들입니다. 국정감사장에서 이 학생들에게 말하려고 합니다. '선생님도 너희들이 너무 보고 싶다. 졸업 전에는 학교로 꼭 돌아갈게' 그 학생들이 모두 들었으면 좋겠습니다."

손 교사의 부당 해고 논란은 지역사회 이슈가 됐고, 특히 본보는 그의 일거수일투족과 학교 측의 태도를 중계했다.

그리하여 10월 광주시교육청에 대한 국정감사장에 서게 된다.

이날 손 교사는 명진고 재학생들이 만든 자신의 실물 사진 등신대를 들고 출석했다. 졸업 사진 촬영 날, 학교에 오지 못한 손 교사를 대신하기 위해 학생들이 만들었다고 했다.

이날 국감엔 해당 사학법인 김인전 이사장도 증인으로 출석했다.

학교 측은 국정감사에 앞서 기자들에게 "손규대 (전) 교사는 공익제보자가 아닙니다"라는 내용의 보도자료를 배포하기도 했다.

의원들은 "교원소청심사 결과 손 교사의 '복직'을 주문하면 따르겠냐"라고 물었다. 이에 김 이사장은 "변호사와 상의하겠다"며 확답하지 않았다.

반면 장휘국 교육감은 "교원소청심사 결과가 나오면 교육청이 적극 나서겠다"면서 "법인 임원 승인 취소 판단이 나온다면 그대로 이행하겠다"고 밝혔다.

11월 교원소청심사위원회는 손규대 교사에 대한 학교법인 도연학원

(명진고)의 해고 처분이 무효라고 판단했다.

손규대 교사는 12월 복직돼 학교로 돌아갔다. 해임 7개월 만이다. 이후에도 학교 생활이 순탄했던 것은 아니다. 광주드림은 그때마다 학교측 행태를 지적하며 공익 제보자의 안전을 지키는 데 최선을 다했다.

"이왕 할 거면 제대로 해봅시다"

코로나19 확산에 따른 일상 멈춤은 다음 해에도 지속됐다.
매일 코로나19 신규 확진자 광주 ○○명, 전남 ○○명이라는 기사가 업무일지 쓰듯 작성돼 송고됐다.
바이러스에 짓눌려 만남과 바깥 활동이 제약받는 현실은 불편하다는 정도에 그친 게 아니었다. 사단법인 드림미디어의 경영 상태에도 짙은 먹구름을 더했다.
경제 활동이 위축되면서 기업 광고가 줄었고, 외부 활동이 금지되다시피 하면서 배드민턴 대회 등 신문사 수익 사업 진행도 불가능했다.
집합 금지, 심야 시간대 영업 제한 등이 일반화되니 자영업의 침체 또한 불 보듯 뻔했다. 이는 기부금이 재정의 일정 부분을 차지하는 사단법인 광주드림의 후원 구조도 흔들릴 수밖에 없는 환경적 변화를 수반했다.
4대 보험 등 공과금 체납마저 현실화하는 상황에서 고성도 경영본부장과 편집국 책임자인 필자 역시 광주드림의 미래를 심각하게 고민하지 않을 수 없는 상황이었다.
그럼에도 경영과는 별개로 신문은 주어진 역할을 해야 했다.

광주드림 신사옥. 10년간 사단법인 운영 체제에서 ㈜드림미디어가 인수 경영에 나선 광주드림은 2022년 서구 마륵동에 신사옥을 마련해 재도약의 발판으로 삼았다.

같은 해 상반기 백신 접종이 본격화하면서 코로나19 집합 금지가 점진적으로 해제돼 일상 회복의 기운이 감돌기 시작한 건 고무적이었다.
이런 가운데 6월 9일, 광주 학동에서 철거 중이던 5층짜리 건물이 무너지면서 시내버스를 덮쳐 9명이 숨지고 8명이 중상을 입는 참사가 벌어졌다.
사고 장소는 동구 학동 4구역 주택 재개발사업 근린생활시설 철거 현장이었다.
"후진국형 사고 언제까지 되풀이할텐가", "결국 또 '인재'… 철거 공사 해체계획서 안지킨 듯", "17명 사상도 적용 불가, '누더기' 중대재해법 손봐야" 등 광주드림은 사상 초유의 참사 원인과 재발 방지책 마련을 위한 기사를 쏟아냈다.
이런 가운데 7월엔 포털 영향력 확대가 가능한 기회가 찾아왔다.
'네이버·카카오 뉴스제휴평가위원회 심의위원회'가 지역 매체 특별 심사제도를 도입 뉴스 콘텐츠 제휴를 확대키로 한 것이다. 지역 매체 특별심사는 서울과 지역 간의 언론 보도 불균형 문제를 개선하기 위해 진행한다는 것이었다.
전국을 9개 권역으로 나눠 심사하는데 권역마다 한 매체 이상 선정한다는 것이어서, 광주·전남지역 매체들 역시 절호의 기회로 여겼다.
네이버 뉴스콘텐츠 제휴는 검색 - 뉴스스탠드 - 콘텐츠 제휴로 이어지는 3단계 중 최상위로, 모든 언론사가 진입하고자 하는 궁극의 목표였다. 네이버로부터 적지 않은 액수의 콘텐츠 사용료를 받는 것이어서 재정적으로도 큰 도움이 됐기 때문이다.
광주 전남지역 언론 중 네이버 2단계에 진입해 있던 광주드림을 포함해 무등일보, 전남일보, 광주일보뿐만 아니라 1단계 검색 제휴 매체인 대다수 언론이 특별 심사에 목을 매달았다.

형식에 맞춰 서류를 준비하고 접수했고, 그 결과는 7월에 발표됐다. 광주 전남지역에선 KBC 광주방송이 콘텐츠 제휴사로 선정돼 결과적으로 신문사들은 모두 고배를 마시고 말았다.

재정난 등 난관 돌파가 절실했던 광주드림으로선 못내 아쉬운 결과가 아닐 수 없었다.

이렇게 탈출구를 찾지 못하면서 드림의 지속 가능성에 대한 고민이 깊어질 무렵 뜻밖의 원군이 등장했다.

2021년 가을, 10월 어느 날이었다.

무등일보 사장을 역임한 김명술 광주전남벤처기업협회 회장으로부터 한번 만나자는 연락을 받았다. 고성도 경영본부장과 필자가 함께 그를 대면했다. 그 자리에서 그는 광주드림 양도 가능성을 타진했다.

"광주드림 인수 의지를 가진 지역 기업이 있다"라고 했다.

첫 만남에서 광주드림은 세 가지 조건을 제시했다. '건설 자본엔 양도하지 않는다', '광주드림의 가치를 존중해야 한다', '편집권을 보장해야 한다' 였다.

1주일여 뒤 다시 만난 김 회장은 "조건을 수락하겠다"고 했다.

인수 의향자는 건설 자본이 아닌 제조업 종사자라는 말인데, 누굴까?

의문 속 주인공은 김 회장과 세 번째 만남에서 등장했다.

DH글로벌 이정권 회장이었다. 그 자리에서 검색해 봤다. 기업 규모가 컸으며, 재무 상태도 탄탄했다. 자수성가한 기업가로 가전업계에서 기술력을 인정받은 중견기업이었다. 실무진끼리 몇 차례 만남과 협상이 오고 간 얼마 뒤 이 회장을 대면했다.

"드림이 해왔던 대로 하면 됩니다. 단, 이왕 할 거면 제대로 해봅시다."

첫 만남서 이 회장이 한 말이다.

언론에 대한 이해와 방향성에 대한 주문이 군더더기 없이 강렬해 마음이 끌렸다.

이후 사업권 양도 양수 협상이 일사천리로 진행됐고, 12월 계약서에 서명했다.

DH글로벌이 출자해 신설한 법인 주식회사 드림미디어가 사단법인 드림미디어의 사업권을 인수하는 방식이었다.

다시 꾸는 꿈
'100년 신문'

'뒷배' 힘으로 나아간다
DH글로벌과 '미래 동행'

2021-

IV

새술은 새부대에 '신사옥' 입주
"배워서 남주자" 사내아카데미 활활
'고려인 무용단'을 초청하다
'검은 비' 논란을 타협으로 이끌어
'기사가 빛을 발하다' 각종 수상 이어져
광주드림 발전 방향을 연구한 대학생들
서울본부·전남본부 잇따라 출범

 새술은 새부대에 '신사옥' 입주

새로움은 늘 그렇듯 불안감을 동반한다. 가보지 않은 길이 예비돼 있음이니, 그 끝에 뭐가 있을지 알 수 없다는 불확실성이 커서일 테다.

아니, 그래서 희망의 단초일 수 있다. 여지껏 걸어온 길이 순탄치 않아 고단한 이들 앞에 펼쳐진 새 길이란 현실을 비켜갈 수 있는 우회로가 될 수 있어서다.

2022년 광주드림이 그랬다. 불안보단 희망의 기운이 더 충만한 새해였다. (사)드림미디어로부터 사업권을 양수받은 주식회사 드림미디어는 1월부터 광주드림에 대한 책임 경영에 들어갔다.

이에 맞춰 '시민 공감 지역 신문'이라는 사시를 '시민 공감 바른 언론'으로 변경했다. SNS·영상(유튜브) 등 콘텐츠까지 미디어의 개념이 확장된 시대에 맞게 매체의 개념을 재정립한 것이다.

아울러 당시 광산구 운남동에 있던 드림 사무실도 새 출발에 맞춰 이전키로 하고 장소 물색 작업에 들어갔다.

광주시청사 등 행정의 중심인 상무지구로의 이전이 당연시됐다.

공인중개사로부터 상무지구 내 사무실용 공간 여러 곳을 추천받아 임대 조건과 공간 구성을 살피며 최적지를 물색하러 다녔다.

그러던 중 모기업 DH글로벌은 사무실 임차 대신 사옥 매입으로 방침을 변경했다.

마침 상무지구 맞은편 마륵동에 적당한 건물이 있었고, 광주드림 새 사옥으로 낙점됐다.

경영 체제 전환에 맞춘 인사도 진행했다. (주)드림미디어 광주드림 대표이사 사장에 김명술 광주전남벤처기업협회 회장이 취임했다. 2월 4일이었다.

2022년 3월 16일, 서구 마륵동 신사옥에서 열린 이전 기념식 및 김명술 사장 취임식 직후 기념 촬영한 모습.

김 사장은 전북 정읍 출신으로 조선대 법학과를 졸업하고 무등일보 사장과 부회장, 광주NGO시민재단 이사, 광주시민사회단체총연합 고문 등을 역임했다.

앞서 10여 년 동안 경영을 책임져 온 사단법인(드림미디어)도 해체하지 않고 존속하기로 결정했다. 광주드림의 핵심 가치인 '시민 참여 저널리즘' 사업에 가장 적합한 법인 형태로 판단한 것이다.

이로써 광주드림은 (주)드림미디어의 책임 경영과 (사)드림미디어가 후원으로 역할을 분담, 더 탄탄한 기반 위에서 '시민 생활에 꼭 필요한 신문'으로 자리매김하겠다는 각오를 다졌다.

신사옥 입주식과 김명술 사장 취임식은 3월 16일 열렸다.

이날 김 사장은 취임사에서 "광주드림은 소유와 경영의 분리와 편집의 자율성 보장을 기반으로 권력과 자본의 부당한 압력과 회유에서 자유로운 신문이 되겠다"며 "강자에 대한 감시와 약자에 대한 배려를 통해 저널리즘 본연의 비판과 견제 기능을 다하는 강한 언론으로 자리매김할 것"이라고 다짐했다.

이어 "'시민 공감 바른 언론'이라는 사시처럼 독자와 시민의 신뢰와 공감을 바탕으로 빠르고 깊이 있는 의제 설정과 시대 정신을 선도해 나가는 영향력 있는 언론으로서의 브랜드 가치를 높여 나가겠다"고 강조했다.

DH글로벌 이정권 회장도 축사를 통해 소신을 밝혔다.

그는 "광주드림이 호남권역의 미래를 선도할 수 있도록 열심히 지원하겠다"며 "꿈을 나누는 신문, 바른 언론이 될 수 있도록 노력해달라"고 임직원들께 당부했다.

이날 입주식 겸 취임식을 축하해 준 이들(무순)은 다음과 같다.

(사)광주NGO시민재단 이사장 정영일 | (사)벤처기업협회 | (재)광주정보문화산업진흥원 원장 탁용석 | ㈜건창스치로폴 | F4원정대 | SRB무등일보 대표이사 김종석 | The같이가치 회원 일동 | 건축사 이왕범 | 곡성군 | 광백모 | 광산구청 | 광산세무서장 이종학 | 광주경영자총협회 회장 김봉길 | 광주광역시의회 | 광주광역시청 대변인 정종임 | 광주교통방송사장 기현호 | 광주글로벌모터스 대표이사 박광태 | 광주도시공사 사장 정민곤 | 광주도시철도공사 사장 윤진보 | 광주북구청 홍보실 | 광주상공회의소 회장 정창선 | 광주서구청 비서실 | 광주시민사회단체총연합 총회장 오주 외 대표 일동 | 광주전남기상청 회원 일동 | 광주희망포럼 회원 일동 | 국회의원 이형석 | 글로벌문화관광 콘텐츠협동조합 | 금호고속(주) 대표이사 회장 김현철 | 서일권 호남권 엔젤투자허브 센터장 | 김광훈 광주에코바이크 사무국장 | 하상용 광주창조경제혁신센터장 | 김윤택 | 뉴스1 광주전남본부 대표 김상풍 | 더불어민주당 광주광역시당 위원장 국회의원 송갑석 | 명성제분(주) 대표 김철진 | 목포시장 김종식 | 무등일보 사우회 일동 | 무등일보 회장 조덕선 | 박상준 | 보해양조(주) | 산림조합중앙회 회장 최창호 | 서영대학교 총장·무등일보 명예회장 김정수 | 송재형 | 수요회 회원 일동 | 승원건설그룹 회장 김승구 | 에너지단열경제사장 윤병갑 | 일념회 | 재광정읍고 동문회 일동 | 재광정읍고 9회 | 전라남도교육감 | 전북서남상공회의소 회장 최종필 | 제57대 법무부장관 천정배 | 조대신문 후배 류제춘 | 조선대학교 총동창회 회장 이민수 | 조선대학교 총장 민영돈 | 좋은사람들 회원 일동 | (주)DH오토리드 | (주)SRB씨앤에스 대표이사 조경선 | (주)건우특수건설 대표이사 류창수 | (주)대광건영 대표이사 조영훈 | (주)대한칼라 대표이사 서완수 | (주)동화 회장 최종채 | (주)디에이치글로벌 대표이사 최구연 | (주)모아주택산업 대표이사 한대웅 | (주)비온시이노베이터 대표이사 김용수 | 주식회사 더메드 대표 오현민 | (주)포텐츠글로벌 고문 박철희 | (주)하이롬 대표이사 이을용 | (주)해암 회장 박경준 | (주)해양에너지 대표이사 회장 김형순 | 티나ENT 대표 김현수 | 티제이사업 대표 최명신 | 학교법인 서강학원 사무국장 정덕인 | 한국AI호텔 문화관광협의회 회장 조성규·부회장 류중삼 | 한국광산업진흥회 상근부회장 조용진 | 한국생산성본부 회장 안완기 | 헤럴드경제 남도일보 부회장 전병호 | 서정훈 광주NGO센터장 | 김석웅 광주시 환경생태국장

새로운 체제로 재편 뒤 광주드림은 할 수 있는 게 많아졌다. 모기업의 후원이 있어 든든한 뒷배가 돼 줬기 때문이다.

그해 지방선거(6월 1일)를 한 달여 앞둔 4월에 실시한 광주·전남 관심 지역 여론조사와 공표도 그 중 하나다.

당시 여론조사는 광주드림과 뉴스1 광주 전남본부, 전남매일 등 3개 언론사가 한국갤럽에 의뢰해 진행했다. 광주광역시장, 광주시교육감, 전남도지사, 전남도교육감 후보와 함께 광주 서구청장, 광양시장, 순천시장, 목포시장, 무안군수, 고흥군수 등 격전지로 꼽히는 10개 선거구를 대상으로 했다.

민주당 경선을 앞두고 실시된 본보 등의 여론조사 결과는 후보 당사자뿐만 아니라 유권자인 시민들에게도 크게 주목받았다.

"배워서 남주자" 사내아카데미 활활

이 시기 광주드림이 새롭게 시작한 프로그램 중엔 사내 아카데미도 있다. 외부 전문 강사를 초빙해 기자뿐만 아니라 사원들에게 필요한 전문 지식을 수혈하고, 사회적 흐름을 학습하는 자리다.

이 같은 취지로 기획된 사내 아카데미 첫 강의가 6월 17일(금) 진행됐다. 강사는 광주대 신방과 류한호 명예교수. 류 교수는 낭시 시억신문 발전위원회 위원장이기도 했다.

류 교수는 이날 '지역 신문의 오늘과 내일'이라는 주제로 '솔루션 저널리즘'에 접목해야 한다고 강조했다.

"신문이 사회 문제에 대응함에 있어 엄격하고 설득력 있는 뉴스 보도 방식을 취해야 한다"는 제언이었다.

이어 7월엔 김태관 KBC 광주방송 편성제작국 PD가 '로컬크리에이터 관점서 본 광주드림'을 주제로 지역신문의 나아갈 길을 제시했다.

사내 아카데미는 해를 넘어서도 계속됐다.

2023년 7월엔 전 경남도민일보 편집국장으로 다큐 '어른 김장하'의 모티프가 된 '줬으면 그만이지'를 쓴 김주완 작가가 초청돼 '지역신문 기자의 SNS 활용'을 주제로 강연했다.

같은 해 11월엔 전 KCTV 광주방송 진호림 국장이 '왜 빨간 창을 두드리는가?'를 주제로 스마트폰을 이용한 동영상 촬영과 편집 방법에 대해 실무적이고 실질적인 기술을 전수했다.

광주드림은 이 같은 직원들의 소양 교육 이외 신문사의 내실을 높이는 제도 개선도 게을리하지 않았다.

대표적인 게 유료화 전환과 지역 전담 기자제 도입이다.

2004년 창간 당시부터 무료신문을 지향해 온 광주드림은 근 20년 만에 그 방침을 바꾸게 된다. 바로 유료화 전환이었다.

창간 때 무료 신문을 내건 명분은 분명했다.

'정보는 소외계층 없이 차별 없이 제공한다'라는 정신이었다. 필요한 누구나 신문을 가져다 읽을 수 있는 보편적인 권리를 보장해 준 것이다. 창간 주체였던 향토기업 빅마트가 지역민들에게 보답하는 성격의 문화 혜택이라는 개념도 있었다.

하지만 시간이 흐르면서 무료 신문의 한계도 명확했다.

거리에 무작위로 배포되는 만큼 분실 등 누수가 많아 필요한 이들에게 실질적인 정보 제공자로서 역할이 점점 빈약해졌다.

광주드림 신문의 지속 가능한 발행을 위한 수익적 차원에서도 큰 도움을 기대하기 어려웠다.

무엇보다 정부의 지역신문 지원 기조가 신문법 등에 기반해 무료 신문 배제가 일관돼 있어 광주드림의 입지를 좁혀왔다.

주식회사 드림미디어는 이 같은 현실을 감안해 광주드림의 유료화 전환을 결정하고 7월 1일자로 단행했다.

유료화 전환에 맞춰 그동안 주 3일 발행을 주 5일로 확대했다.

지역 전담기자제도 도입도 광주드림의 미래 전략 차원에서 결정했다.

창간 당시부터 '광주를 드립니다'는 슬로건을 앞세운 드림은 광주지역 뉴스와 사람에 집중해온 터였다.

하지만 광주는 전남과 분리될 수 없는 문화·경제적 공동체였고, 뉴스 역시 양 지역을 나누는 게 무의미했다. 하지만 광주드림의 취재력은 전남지역엔 미치지 못해 기사화엔 한계가 있었다. 고심 끝에 지역기자를 두기로 한 배경이다.

9월 지역 기자 모집공고를 냈다. 이후 접수자들을 대상으로 면접을 실시, 순차적으로 10여 개 지역에 지역 전담기자를 둘 수 있게 됐다. 기존 언론에서 운영 중인 지역기자제가 안고 있는 폐해를 모르진 않았던 터라, 광주드림은 지역기자 채용 면접에서 도덕성 검증에 집중했다.

7월, 광주드림 독자위원회도 새롭게 구성, 7기를 출범시켰다.

독자위원회는 보도의 정확성·공정을 확보하고, 시민 저널리즘을 실천하기 위한 모니터링 및 의견 개진 통로로 창간 때부터 운영해 왔다.

7기 위원회는 청년·경제·교육·환경·사회·정치·노동·문화관광·장애 복지·법조 등 각계 10명으로 구성했다.

위원들은 정례적인 회의와 함께 본보 시사 칼럼 '딱꼬집기' 필진으로도 참여, 각 분야 현안을 깊이 있게 들여다보고 공감할 수 있는 칼럼을 작성했다. 7기 독자위원은 다음과 같다.

이민철 (사) 광주마당 이사장 | 박승일 변호사 | 강수훈 광주시의원 | 권오산 광주전남금속노조 노동안전보건부장 | 김송희 더 킹핀 이사 | 도연 광주인권지기 활짝 활동가 | 배성현 포더로컬 대표 | 윤영현 광주경총 상근부회장 | 윤정현 광주교사노조 위원장 | 이경희 광주환경연합 사무처장 (무순)

▣ '고려인 무용단'을 초청하다

8월엔 광주드림이 고려인 동포와 함께 하는 '고려무용단' 초청 공연을 주최했다. 6일(토) 오후 5시 30분 수완문화체육센터에서 펼쳐졌다.
우즈베키스탄에서 설립돼 한국과 우즈베키스탄의 전통 무용을 보존하고 전파해 온 '고려무용단'이 한국에 와 이날 고려인마을이 있는 광주에서 공연한 것이다.
DH글로벌·승원건설그룹이 후원한 이번 공연은 한국과 우즈베키스탄

2022년 8월 광주드림 초청으로 광산구에서 열린 고려무용단 공연.

수교 30주년을 기념해 기획됐다. 아울러 조상의 땅 광주에 둥지를 튼 고려인 마을 주민들과 러시아 침공을 피해 우크라이나에서 탈출한 고려인 동포들을 위로하고 격려하는 마당으로 준비했다. 전석 무료 공연이었다. 이날 공연엔 고려무용단의 예술감독·안무가이며 2001년 댄스 '살풀이'로 서울축제에서 수상한 한 마르가리타(Margarita Khan)를 비롯해 47만 팔로워를 보유 중인 유튜버로, SBS '스타킹' 프로그램에도 출연한 이사샤(Sasha Lee) 등 정상급 예술인들이 참여했다.

고려무용단은 이날 뮤지컬 '사랑의 시' 등 한국과 우즈베키스탄의 전통과 현대 무용 공연을 선사했다.

고려무용단은 2000년 우즈베키스탄 국립필하모니 산하 고려인 합창단 및 무용단 '청춘'에 기반해 설립한 고려인 무용 단체다. 설립 이후 우즈베키스탄 지역에서 현대 한국 무용과 우즈베키스탄 무용을 보존·전파하며 고려인의 민족 정체성 회복, 양국간 문화 교류 활동을 펼치고 있다.

타 매체와 협약도 활발하게 진행했다.

7월 15일, 인터넷경제신문 데일리임팩트와 뉴스 콘텐츠 교류 및 기획 사업 협업을 뼈대로 한 상호 업무 협약을 맺었다.

광주드림 김명술 사장과 데일리임팩트 전중연 대표, 그리고 양사 관계자들이 참석한 가운데 체결한 협약에 따라 양사는 기획 시리즈 등 뉴스 콘텐츠 생산·유통, 포럼·세미나 등 기획 사업에서의 협력과 협업을 포괄적으로 진행하기로 했다.

9월 16일엔 뉴스1 광주전남취재본부와 상생 발전을 위한 업무 제휴 협약을 체결했다. 협약에 따라 양 매체는 콘텐츠 제휴와 포럼·세미나·문화 행사 등 다양한 사업을 공동 추진하게 된다.

협약식에는 광주드림 김명술 대표, 뉴스1 광주전남취재본부 김상풍 대표와 양사 관계자들이 참석했다.

광주드림 콘텐츠 보강을 위한 전문가 참여 기획 코너도 신설했다. 미래를 준비하는 지혜 '쾌도난마'가 그것이다.

공감하고 준비하는 지혜를 공유하고자 머리를 맞댄 각 분야 전문가는 다음과 같다.

> '경영 3.0' 박현재 전남대 교수 | '필사이언스' 조숙경 한국에너지공대 교수 | '철학이 숨 쉬는 세상' 김양현 전남대 교수 | '탄소 중립 생활' 류평 KT호남본부장 | '아시아 협력과 한반도 미래' 정영재 북방경제문화원 운영위원장

2022년 하반기, 무엇보다 심혈을 기울여 준비한 광주드림의 사업은 '드림 CEO 아카데미'였다. 이에 앞서 드림은 평생교육 전문기업 ㈜휴넷(사장 조영탁)과 11월 9일 업무협약을 맺었다.

다음해 3월 개설 예정인 '광주드림 CEO 아카데미' 회원에게 휴넷의 온라인 콘텐츠 제공 및 교육 훈련 위탁 업무 등에 서로 협력키로 한 것이다.

이날 협약식엔 본사 김명술 사장과 휴넷 김용기 부사장이 참석해 사인했다. 양 기관은 구체적으로 광주드림 CEO 아카데미 교육 프로그램 활성화를 위한 공동 연구와 개발, 광주드림 CEO 아카데미 교육 프로그램 운영을 위한 상호 인적 자원 교류, 양 기관의 네트워킹과 인프라 시스템 공동 협력 등에 대한 협력을 약속했다.

휴넷은 이러닝 기업교육을 기반으로 연 평균 5000여 기업, 700만 명을 대상으로 교육을 진행하는 평생교육 전문기업이다. 디지털 전환에 발맞춰 최근 수년간 500억 원 가량을 '에듀테크'에 선 투자, IT 기술에 바탕을 둔 다양하고 차별화된 교육 솔루션 개발을 선도했다.

휴넷과 업무 협약을 통해 양질의 콘텐츠를 확보한 드림은 CEO 아카데미 연말 사고를 통해 구체적인 프로그램을 공개하고 본격적인 회원 모집에 들어갔다.

🟧 '검은 비' 논란을 타협으로 이끌어

2022년 하반기, 광주지역에선 상무관에 설치된 정영창 작가의 작품 '검은 비' 철거 논란으로 들끓었다. 5·18 사적지인 옛 도청 일대 복원 작업 과정에서 불거진 사달로, 대부분 지역 정서는 이미 이전키로 한 것인데 왜 논란이냐?는 분위기였다.

광주드림은 생각이 달랐다. 해체하면 무용지물이 돼버리는 작품의 의미를 되새기고, 광주의 문화 자원이라는 입장에서 중재안을 모색하는 데 집중했다.

광주시가 옛 도청 상무관 내에 설치된 헌정 작품 '검은 비'를 연말까지 회수해 갈 것을 작가에게 재요청한 게 사태의 도화선이었다.

앞서 정영창 작가와 일부 예술가들은 상무관 내 작품을 존치하면서 작업하는 등 중재안을 내놨지만, 광주시는 수용하지 않고 철거 입장을 분명히 했다. 구체적으로 2022년 12월 31일까지 작품 회수를 거듭 요청했다.

이 작품은 2018년 5·18 민주화운동 38주년을 맞아 기획한 특별전 일환으로 정 작가가 상무관에 설치했다.

최초 설치된 2018년부터 전시 기간이 끝난 뒤 이전·철거 요청을 받았지만, 작가 측에서 동의하지 않아 지금까지 자리를 지켜왔다. 그러다 옛 전남도청 일대 사적지 원형 복원 사업에 상무관도 포함되면서 철거 위기가 현실화한 것이다.

광주시와 ACC 등 관련 기관과 함께 추진 중인 옛 전남도청 일대 원형 복원 공사가 2023년부터 본격화하므로 2022년 말까지 상무관 내부를 비워야 한다라는 입장이 분명했다.

이에 철거 이전을 반대하던 정 작가가 같은 해 10월 광주시에 철거 대안에 관한 시민 41명의 의견과 서명이 포함된 검은 비 중재안을 제출했다.

중재안에는 ①검은 비 작품은 상무관 내 벽면으로 옮겨 공사에 지장이 없도록 할 것 ②상무관 복원 콘텐츠에 검은 비가 포함되어야 하며 상무관 내 알맞게 적절한 위치에 설치되어야 할 것 ③작품의 이동·설치에 관련 모든 절차는 작가와 협의 ④검은 비 이동 및 설치에 소요되는 모든 비용은 도청 복원 공사 예산에서 부담 등의 내용이 담겼다.

이에 광주시는 ACC, 5·18민중항쟁기념사업위원회, 옛 전남도청복원사업추진단 등 관련 기관·단체와 협의를 거쳐 중재안을 받아들이지 않겠다고 결정했다.

입장이 이렇게 평행선을 달리는 상황에서 광주드림은 양측 간 중재 도출이 가능할 것으로 보고 일방적인 논리 대신 타협안 모색을 주문하는 기사를 이어 나갔다.

이 같은 분위기가 형성되면서 연말 시한으로 강제 철거까지 운운했던 광주시나 옛 도청 복원추진단도 숨 고르기에 들어갔다.

이 같은 분위기가 양 측간 대화를 가능하게 했고, 해를 넘겨 2023년 2월 '검은 비 작품 어떻게 할 것인가?'를 주제로 시민토론회에 이르렀다. 이후 광주시는 검은 비 존치모임과 두 차례의 실무 협상 등을 통해 보관 방법, 기증 방안 등을 협의해 타협안을 도출했다.

광주시가 작품을 기증받아 기존 상무관에서 5·18민주화운동기록관으로 옮기도록 한 것이다. 5년여 동안 이어진 존치 논란이 매듭지어진 것이다. 논란이 종결된 후 정영창 작가는 광주드림과 인터뷰를 갖고 '검은 비, 못다한 이야기'를 털어놓았다.

그는 2018년 최초 '검은 비'를 실은 컨테이너가 광주에 도착하고 상무관 문을 통과해 정해진 자리에 우뚝 섰을 때 모습을 보면서는 감동의 전율을 느꼈다고 했다. "상무관은 오월의 아픔과 슬픔과 원한으로 가득 찼지만, 그것을 충분히 넘어설 수 있는 중요한 추모 공간 임에 틀림없었다는 확신이 생겼다"는 것이다.

하지만 그로부터 5년여 동안 우여곡절 끝에 검은 비의 운명은 전혀 다른 방향으로 흘러버린 것이다.

그는 "수장고에 들어가지 않는 작품 일부는 기록관에 전시되는 것으로 가닥이 잡혔기 때문에 검은 비 작품의 일부라도 시민들과 대면할 수 있게 되어 다행스럽다"라면서 "검은 비가 5월 기록물로 검증받은 작품이 됐고, 상무관 복원 공사가 끝나고 이 공간이 하나의 추모 공간으로서 역할을 할 수 있다면 그때 검은 비가 이 자리에 다시 올 수 있지 않을까 하는 생각도 들고, 그렇게 되면 좋겠다"고 본보에 토로했다.

끝으로 "그동안 '검은 비 존치를 위한 시민 모임'과 검은 비 존치를 위해 서명운동에 참여해 주신 국내외 500여 분들에게 진심으로 감사드린다"면서 "검은 비가 다시 상무관으로 돌아올 그 날까지 지속적인 응원도 부탁드린다"고 당부했다.

이렇게 '검은 비'는 4월 27일 상무관에서 철거돼 이전 작업을 거쳐 5·18기록관 지하 수장고에 보관됐다. 작품 일부는 기록관 내 전시된다.

이렇게 2022년이 저물어 갔는데, 필자가 한국지역발전대상 언론 부문 수상자로 표창 받음으로서 유종의 미를 더했다.

🔶 '기사가 빛을 발하다' 각종 수상 이어져

게다가 박현아 기자는 <동물화장장 '필요'와 '혐오' 사이 사업 주체와 주민들의 팽팽한 대립> 이란 제목의 기획 기사로 한국인터넷신문협회 '2022 인터넷신문 언론윤리대상' 기자 통합 부문 우수상을 수상, 드림의 위상을 높였다.

2023년 화두는 고향사랑기부제였다. 같은 해 이 제도가 최초 시행된 것이다. 모든 지자체가 마찬가지였지만, 언론 역시 초미의 관심사였던 터라 관련 보도가 쏟아졌다.

광주드림도 예외는 아니어서 제도 시행 몇 달 전부터 관련 기획물 등 별도 준비를 해왔다. 광주드림 홈페이지에 고향사랑기부제 별도 페이지를 만들어 정보를 체계적으로 관리하고, 각 지자체의 준비 상황을 취재하고 보도했다.

특히 지자체가 기부자에게 되돌려 주는 답례품이 중요한 유인책이 될 것으로 보고 '답례품 열전' 시리즈를 지속했다.

그러나 무엇보다 역점을 둔 사업은 '2023 드림 CEO 아카데미' 였다.

이 해, 광주드림이 첫선을 보인 'CEO 아카데미'는 3월 15일 개강했다. 국내 정상의 평생교육 전문기업 휴넷과 함께 기획·운영하는 프로그램엔 '학습하는 CEO' 70여 명이 등록해 10개월 장정을 함께하게 됐다.

홀리데이인 광주호텔 컨벤션 2홀에서 열린 개강식엔 60여 명이 참석해 회원 간 친목을 다진 다과와 개강식, 개강 특강을 진행했다.

특강에서 김용기 대표(휴넷 HRD 컨설팅본부)는 '43조 수주 비법'을 주제로 강연했다.

'드림 CEO 아카데미'는 이날 개강식 이후 11월까지 격주로 총 14강을 진행했다. 이어진 강의는 다음과 같다.

- **3월 15일** 김용기 휴넷 HRD 컨설팅본부 대표 '43조 수주의 비밀'
- **3월 29일** 이승윤 건국대 경영대학 교수 '디지털 마케팅'
- **4월 12일** 유명훈 KOREA CSR 대표 'ESG, 앞서가는 사람들의 상식이 되다'
- **4월 26일** 이소영 마이크로소프트 이사 '퍼스널 브랜딩'
- **5월 10일** 최두옥 비타랩 대표 '코로나가 변화시킨 스마트 워크'
- **5월 24일** 윤대현 서울대병원 강남센터 교수 '번 아웃 탈출, 행복이 충전이다'
- **6월 7일** 김성회 CEO리더십연구소장 '성공하는 CEO의 습관'
- **6월 21일** 김상균 경희대 경영학과 교수 '메타버스'
- **8월 9일** 윤영석 국회 기재위원장 특강 '한국 경제 위기 극복을 위한 재정·세제 개혁 방안'
- **9월 6일** 김경일 아주대 심리학과 교수 '지혜로운 인간 생활, 소통이 역량이 되는 시대'
- **9월 20일** 김영수 한국사마천학회 이사장 '유방의 삼불여(三不如) 리더십'
- **10월 11일** 이상진 경희대 테크노경영대학원 교수 '4차 산업 시대의 경영의 변화'
- **10월 25일** 최재붕 성균관대 기계공학과 교수 '챗GPT가 바꾸는 디지털 문명시대 생존 전략'
- **11월 8일** 김상윤 중앙대 컴퓨터공학과 연구교수 '챗GPT의 시대 디지털 특이점이 온다'
- **11월 22일** 김용섭 날카로운상상력연구소장 '라이프 프랜드 2024'

이렇게 한 해 동안 진행된 '2023 드림 CEO 아카데미'는 12월 6일 수료식을 끝으로 대미를 장식했다.

역시 홀리데이인광주 컨벤션홀에서 열린 수료식은 한 해 동안 학습을 함께 한 원우들이 그동안의 발자취를 되짚고 서로 격려하며 응원하는 자리로 마련됐다.

1부 수료증 수여, 각 분야 표창, 축사 등이 이어졌으며 2부에서는 축하 무대 등 흥겨운 연회가 펼쳐졌다.

2023년 3월 개강한 드림CEO아카데미 회원들.

광주드림 김명술 대표가 아카데미 원우들을 대표해 김석종 남아식품 대표에게 수료증을 수여했다. 이후 이정권 광주드림·DH글로벌 회장이 양진석 원우회장에게 감사패와 부상을 수여했으며, 원우회 사무총장 박현 대표와 총무이사 방주희 대표가 공로패와 부상을 받았다.

드림CEO아카데미 최우수 표창은 장철 담우중전기 대표가 수상했다. 장철 대표는 아카데미 전 과정에 빠짐없이 참석하며 경영자로서의 열의 가득한 탐구 정신을 발휘해 타의 모범을 보인 점이 높이 평가됐다.

이어 우수 표창장은 박현 태경 대표이사, 김길수 빛고을세무법인 대표이사, 고병운 지오구조안전진단 대표이사, 김순곤 천복금형 대표이사, 한영수 지훈정밀 대표이사, 한희경 제이엔티 대표이사, 오승민 건창스치로폴 부사장 등에게 돌아갔다.

또 이번 아카데미에서 제공된 ㈜휴넷의 CEO 전용 프리미엄 멤버십 온라인 콘텐츠 활용률이 뛰어났던 유성민 신일가스 대표이사가 휴넷 온라인 콘텐츠상을 수상했다.

환영사에서 이정권 광주드림·DH글로벌 회장은 "처음 아카데미를 시작할 땐 고민이 많았지만, 다른 어떤 언론의 아카데미보다 나은 퀄리티를 제공하고 오시는 분들께 많은 것들을 돌려드릴 수 있는 아카데미를 만들고자 했다"며 "바쁘신 와중에 원우회 1기에 참여해주신 모든 분들께 감사하다"고 마음을 전했다.

양진석 원우회장(호원·해피니스CC 회장)은 축사에서 "오늘은 우리의 지난 1년 간 여정을 성공적으로 마무리하고 더 나은 미래를 약속하는 뜻깊은 자리"라면서 "아카데미 회원 여러분 모두의 헌신과 열정 덕분에 매 순간을 활기차고 풍요롭게 빛낸 것 같다"고 말했다.

그러면서 "광주드림이 올해 처음 개설한 드림 CEO 아카데미의 온·오프라인 과정을 통해 함께 교류하고 성장할 수 있었다"며 "아카데미 회원 여러분과 함께한 모든 순간에 감사드리며 앞으로의 여정도 더욱 풍성해지기를 기원하겠다"고 덕담했다.

본보 김명술 사장은 "오늘은 '2023 드림 CEO 아카데미'에 참여한 회원 여러분의 수고와 열정이 결실을 맺는 자리"라며 "국내외적으로 어려운 경영 환경임에도 불구하고 아카데미에 참여해주신 각계 CEO 및 리더 분들께 감사의 말씀을 드린다"고 말했다.

이어진 2부에서는 광주교통방송 정인택 MC의 사회와 젊은 소리꾼 오다나 명창의 퓨전국악 등 무대가 어우러져 흥겨운 마당이 펼쳐졌다.

이렇듯 한 해 동안 학습과 교제를 이어온 드림 CEO 아카데미는 때때로 워크숍과 해외 연수를 통해 회원 간 친목을 다지는 기회를 넓혔다.

이 중 하계 연수는 7월 14일부터 이틀간 진행됐다. 그해 4월 개막해 종반을 향해 가고 있는 순천만국제정원박람회를 둘러보고, 이어 부산 해운대로 이동해 2030 부산세계박람회(엑스포) 유치 상황을 살폈다. 하계 연수엔 이정권 광주드림·DH글로벌 회장과 원우회장인 양진석(호원·해피니스CC 회장) 회장 등 50여 명이 함께 했다.

해가 바뀌어 2024년 1월엔 라오스 해외 연수도 함께 했다.
드림 CEO 아카데미 1기 회원 30여 명이 참여한 해외 연수는 24일부터 라오스 비엔티안·방비엥 등을 무대로 3박 5일 일정으로 진행됐다.

광주드림 발전 방향을 연구한 대학생들

한편 3월엔 사단법인 드림미디어 이사회와 총회를 열어 이사진을 개편했다. 광주드림 운영이 ㈜ 드림미디어의 책임 경영과 (사) 드림미디어의 후원 구조로 재편된 뒤 1년여 만에 사단법인 이사진을 새로 선임한 것이다.

새로 선임된 이사진은 김명술 ㈜ 드림미디어 광주드림 대표이사(이사장), 채정희 광주드림 편집국장, 윤재필 DH글로벌 상무, 조은상 DH글로벌 상무, 이현지 씨 등 5명이다.

조직 면모를 일신하고 새로운 기운으로 무장하니 광주드림의 신문으로서 역량도 배가됐다.

본보 보도 기사의 대외적인 수상이 잇따른 것이다.

같은 해 7월 전경훈·박현아·유시연 기자의 <5·18은 누구의 것인가?> 기획 시리즈가 한국인터넷신문협회 '2023 인터넷신문 언론대상' 보도 지역 부문 우수상에 선정됐다.

우수상을 수상한 '5·18은 누구의 것인가?' 기획물은 43주년을 맞은 5·18 주간을 마무리하며 해당 질문을 시작으로 각계각층의 목소리를 들었다.

4회에 걸친 시리즈는 어느 해보다 화두가 됐던 '5·18은 누구의 것인가'

에 대한 답을 찾기 위해 여러 시각을 담아내면서 5·18을 어떻게 기억하고 계승해 갈 것인지에 대한 질문을 던져 심사에서 높은 평가를 받았다. 한편 수상자들은 수상 상금을 기부해 의미를 더했다. 정부의 '3자 변제'에 반발해 판결금 수령을 거부하고 있는 강제동원 피해자를 응원하는 역사 정의를 위한 시민 모금에 상금을 기탁한 것이다.

이어 11월, 전경훈·박현아 기자가 '2023 인터넷 신문인의 밤' 행사에서 '2023 인터넷신문 언론윤리대상' 진실 부문 우수상을 수상했다.

두 기자는 <공공기관 무늬만 수유실 수두룩 '아이 낳기 좋은 광주' 무색> 기획물로 경제적 문제 못지않게 아이를 낳아 기르는 여건이 안 되는 현실을 짚어 높은 평가를 받았다.

수상은 여기서 그치지 않았다.

전경훈 기자의 '승용차 도시 미래 없다. 지금, 도로 다이어트' 기획 시리즈는 연말 광주전남민주언론시민연합(민언련)이 시상하는 '2023 광주전남민주언론상' 우수상에 선정됐다.

전 기자의 기획 시리즈는 총 7편이었으며, 미래 교통·환경 차원이나 광주시 재정 등 모든 측면에서 광주의 승용차 억제 정책이 절실하다는 공익적 메시지를 설득력 있게 제시했다는 점이 높게 평가됐다.

기자들이 대외적으로 각종 수상을 이어가는 가운데, 조직 역량을 배가하는 인력 충원도 계속됐다.

서울본부·전남본부 잇따라 출범

7월엔 서울본부를 발족하고 김대원 본부장을 선임했다. 이어 10월엔

2023년 9월 광주드림이 초청해 조선대 공연장에서 열린 정동하 콘서트.

유홍철 전남본부장 겸 동부권 취재본부장을 영입해 지역 취재 역량을 높였다. 사업적인 면에서도 광주드림의 외연 확장이 이뤄졌다.

9월 2일, 광주드림 초청 공연인 정동하 콘서트가 성대하게 펼쳐졌다. 그룹 부활의 보컬 출신 뮤지션 정동하의 광주 단독 콘서트였다.

조선대 해오름관을 무대로 한 이날 콘서트는 광주드림과 INDJ가 주최하고 조선대병원·티나엔터테인먼트 주관으로 진행됐다. '나와 너를 위한 플레이리스트'라는 주제로 열린 정동하의 콘서트는 코로나19 발병 이후 3년 만이었다.

2시간 동안 진행된 공연은 1부와 2부로 구성됐다. 1부 주제 '나의 플레이리스트'는 정동하가 자주 불렀던 노래와 그에게 영향을 줬던 뮤지션들의 곡을 중심으로 공연이 펼쳐졌다.

2부 주제 '너를 위한 플레이리스트'에서는 팬들에게 들려주고 싶은 노래, 팬들이 듣고 싶어하는 노래들로 꾸며졌다. 대중들에게 큰 사랑을

2023년 2학기 조선대 신방과 김봉철 교수가 캡스톤 디자인 방식으로 개설한 'PR 기획 및 제작 실습'에서 광주드림 연구 방안을 팀플레이로 진행했다. 과제에서 1등을 차지한 팀이 광주드림 사무실을 직접 방문해 결과물을 설명했다.

받는 명곡인 '네버엔딩 스토리'를 끝으로 공연이 마무리됐다.

한편 광주드림은 이번 공연의 수익금 중 일부를 조선대병원 신축을 위한 발전기금으로 전달했다. 조선대병원은 1971년 개원 후 52년 만에 본관 신축 공사를 진행할 계획이다.

12월엔 대학에서 신문 방송학을 전공하는 학생들이 한 학기 동안 광주드림의 발전 방향을 제시하는 수업을 진행해 주목받았다.

조선대학교 신문방송학과가 개설한 'PR 기획 및 제작 실습' 과목이다.

'PR 기획 및 제작 실습'은 신문방송학과 김봉철 교수가 담당해 '캡스톤 디자인' 방식으로 진행됐다.

2학기 해당 수업을 수강한 학생들은 각 4~5명씩 9개 팀을 이뤄 지역 언론 '광주드림'을 심층적으로 분석하고 연구한 뒤 그들 입장에서 파악하고 분석한 발전 방향을 구체적으로 제시했다.

이들의 결과물은 공개 발표를 통해 1·2등을 선발, 표창까지 진행됐다. 이번 수업에서 1등을 차지한 '바오밥' 팀은 기존의 광주드림 SNS를 개편해 활성화할 수 있는 방안을 구체적으로 제시해 높은 점수를 얻었다. 특히 '광주드림'이라는 이름을 활용해 대중들에게 친숙하게 다가갈 수 있는 '드리미'라는 마스코트를 제작·제안한 게 인상적이었다.

해당 팀과 김봉철 교수는 12월 22일 본사를 방문해 한 학기 동안 연구한 내용을 신문사 직원들과 공유하고 토론하는 시간을 가짐으로써 발전 방향 제시가 학문적 영역에만 머물지 않고 실제 적용될 수 있는 계기를 마련했다.

새로운 체제로 재편한 광주드림은 2년여 동안 그 어느 해보다 역동적인 활동을 펼쳤고, 그 성과를 확인하며 성장해 왔다.

그렇게 또 해가 바뀌어 마침내 펼쳐진, 2024년,

광주드림 창간 20주년, 의미가 남다른 해다.

세월, 그만큼 장성했으니.

'성년' 드림의 골격이 탄탄하다.

그 다부진 걸음으로 더 큰 길 나선다.

'100년 가는 신문'.

흔들렸을지언정 절대 꺾이지 않았던

그 '꿈'을 다시 푯대 삼는다.

광주드림 역사

2004
- **1월** 기자 사원 공채(1기)
- **1월** 기자 7명 북유럽 연수
- **4월 22일** 광주드림 창간
- **4월 30일** 광주드림 창간 기념 시민 한마당
  (북구 비엔날레 야외공연장)

2005
- **4월** 이명박 서울시장 5·18 파안대소 특종
- **7월** 독자위원회 출범
- **12월** 2005 광주전남민주언론상 수상
  (송정리 성매매 업소 화재 사건 진실)

2006
- **4월** 광주드림 2주년 후원의 밤
- **5월** 시민기자단 출범
- **12월** 2006 광주전남민주언론상 수상
  (신설학교 교구 납품 비리 고발)

2007

- **4월** 빅마트-사랑방신문사(SRB미디어) 광주드림 양도 양수 계약
  사무실 이사(남구 진월동서 북구 신안동으로)
- **5월 1일** 광주드림 재창간(통합지령 764호)
- **5월 3일** '광주드림·전라도닷컴을 통해 본 지역 언론' 시민 토론회
- **6월** 시민기자단 2기 출범(매일 시민기자 출동 제작)
- **11월** '지역신문의 미래 탐색을 위한 유럽 연수'
  (정태형 조덕선 김선영 전승태 채정희)

2008

- **4월 22일** 시민편집국 출범
  (손홍식 박강 장우철 박현구 김미자 조원종 표인술
  도연 김정윤 등 시민기자 9명으로 구성)
- **5월 2일** 창간 4주년 기념 특집호 제작
  ('출동 시민편집국' 4개 면 포함)
- **6월** 광주드림 발전 TF팀 출범
- **6월** 지구촌 통신원 제도 시행
  (영국 이용범, 뉴욕 김용인, 일본 서현완, 중국 류광일)
- **9월 26일** 시민기자단 3기 출범(140명)
- **10월 3일** 2008 광주드림배 여성 배드민턴대회
  (1회, 전남대체육관) 이용대 선수, 김중수 감독 팬 사인회
- **12월** 2008 광주 전남 민주 언론상 수상
  (시민자치부)

2009

- **2월 27일** 6차 시민기자학교(사랑방신문 지하교육장)
- **3월 23일** '출동 시민편집국' 두 번째 발행(봄맞이 도심 공원 점검)
- **5월 4일** 창간 5주년 기념호 발행
- **5월 11일** 오일종 편집국장, 박우기 경영본부장 인사
- **6월 22일** '출동! 시민편집국' 세 번째(자전거 타기 위험한 광주)
- **7월 3일** 시민기자학교
- **10월 31일** 2009 광주드림배 여성 배드민턴 대회(전남대체육관)
- **12월 18일** 광주드림 직원 워크숍
- **12월** 2009 광주 전남 민주언론상 수상
  (광주시장 호화 관사 논란)

2010
- 2월 4일 지면 및 조직 개편(선택과 집중 전략)
- 3월 김선영 사랑방 전무, SRB대표이사 겸 광주드림 발행인 취임
- 7월 1일 SRB미디어(광주드림) 독립법인 출범(인쇄 부문 분사)
- 10월 광주드림 후원의 밤(운림제)
- 12월 2010 광주 전남 민주언론상 수상
       (광주 외국어고 신설 논란-저지)

2011
- 1월 1일 사명 변경(SRB미디어 광주드림)
- 1월 19일 광주드림 노조 출범
       (민주노총 공공서비스노조 광주전남지부)
- 6월 7일 법인 이사회 광주드림 폐간 의결
- 6월 10일 광주지역 시민사회 광주드림 폐간 반대 기자회견
- 6월 30일 광주드림 발행 종료
- 7월 21일 사단법인 광주드림 설립 허가(광주시)
- 7월 22일 사단법인 광주드림 후원 일일호프
       (광주문예회관 내 라플레르)
- 7월 29일 (사) 광주드림 사업자등록증 발급
       사무실 임대차 재계약
- 8월 5일 광주드림 막걸리 토크(용봉지구)
- 8월 12일 광주드림 재창간 지역 설명회(전교조 광주지부 강당)
- 8월 31일 신문사업 등록증 발급
- 9월 1일 광주드림 재창간 준비호 발행
- 10월 6일 광주드림 재창간호 발행
- 11월 5일 2011 광주드림배 여성 배드민턴 대회(전남대체육관)
- 10월 30일 지정기부금 단체 승인

2012
- 1월 13일 사단법인 광주드림 이사회
- 2월 24일 사단법인 광주드림 사원총회
- 4월 25일 창간 8주년 기념호 발행
- 7월 6일 사단법인 1년 보고 겸 일일호프
- 9월 22일 2012 광주드림 여성 배드민턴 대회
- 12월 28일 광주드림 송년 콘서트(장기하와 얼굴들, 김원중)

2013
4월 네이버 검색 제휴 재개
7월 9일 광주드림 콘서트(이은미 초청)
11월 18일 근로정신대 나고야 보고대회 취재

2014
3월 11일 광주드림 후원 콘서트(김경호 서영은)
3월 24일 청소년신문(인력거) 발행
4월 4일 독립언론네트워크 협약(뉴스타파)
7월 23일 광주드림 심리강좌 심심토크
(1회, 윤우상 전문의)
8월 27일 광주드림 심리강좌 심심토크(2회)
9월 24일 광주드림 심리강좌 심심토크(3회)
9월 28일 2014 광주드림 여성 배드민턴 대회
10월 25일 광주드림 필진과 함께 하는 기행
(최종욱 수의사와 전주동물원)
12월 23일 광주드림 필진과 함께 하는 기행
(조광철 학예사와 목포 갈피갈피)

2015
4월 광주드림 필진과 함께 하는 기행
(최종욱 수의사와 서천 국립생태원)
5월 광주드림 상표권, 인터넷 도메인 사랑방신문서 회수
11월 25일 광주드림 사무실 이사(광산구 운남동)
12월 사무실 개소식 겸 송년의 밤

2016
2월 광주드림 필진과 함께 하는 기행
(전고필 여행가와 변산 바람꽃 따라)
5월 광주드림 필진과 함께 하는 기행
(최종욱 수의사와 전주동물원)
6월 광주드림 노인섹션 노다지 신설
6월 광주시교육청 자유학기제 수업(기자반, 영천중학교)
10월 광주드림 볼더링 대회(무등산 선비바위)

2017
- **2월 3일** 법인 명칭 변경
  (사단법인 드림미디어로)
- **11월 6일** 네이버 뉴스스탠드 제휴

2018
- **2월** 사단법인 드림미디어 이용교 이사장 취임
- **7월** 광주드림 후원의 밤 겸 출판기념회
  (광주드림 취재기-호랑이똥은 멧돼지를 쫓았을까?)
- **12월** 조대영 영화인 '영화롭다' 출간
- **12월 10일** 청소년신문 길 광주 전남 민주언론상 특별상 수상

2019
- **1월** 유튜브 '동물1' 제작
- **10월** 광주드림 여성 배드민턴대회
- **11월** 광주드림 볼더링 대회

2020
- **4월 22일** 창간 16주년 기념호
- **12월** 인문학총서 발행
  (전남대인문학연구원 의뢰)

2021
- **10월** 코로나19 복지상식 출간(이용교 이사장)
- **11월 17일** 임시이사회
- **11월 24일** 임시총회
- **12월** 광주드림 사업권 양도
  (DH글로벌 ㈜ 드림미디어 법인 신설)

2022

- **2월 4일** 김명술 사장 겸 발행인 취임
- **3월 11일** 신사옥(서구 마륵동) 이사
- **3월 14일** 김명술 사장 취임식 및 신사옥 입주식
- **4월 22일** 창간 18주년 기념식
- **5월** 지방선거 여론조사
  (광주시장 광주시교육감 전남지사 전남도교육감 등)
- **6월 17일** 사내 아카데미 류한호 교수
- **7월 01일** 지면 유료화 전환, 주 5일 발행
- **8월 26일** 고려무용단 초청 공연
- **12월 2일** 한국지역발전대상 언론 부문 수상

2023

- **3월 15일** 2023 드림CEO 아카데미 개강
- **5월** 인터넷신문협회 윤리대상 수상
- **6월 2일** 사내 아카데미 (김주완 전 경남도민일보 기자)
- **6월 25일** 2023 광주드림 여성 배드민턴대회
- **7월 3일** 서울본부 출범(김대원 본부장)
- **7월 10일** 인터넷신문협회 언론대상 지역부문 수상
- **9월 2일** 광주드림 초청 공연 (정동하의 플레이리스트)
- **11월** 인터넷신문협회 윤리대상 수상
- **11월 24일** 사내 아카데미(진호림 전 KCTV 국장)
- **12월** 조선대 신방과 '드림 발전 방향' 캡스톤 수업 발표회
- **12월** 전경훈 기자 광주전남 민주언론상 수상

2024

- **3월 20일** 2024 드림CEO 아카데미 개강
- **4월 22일** 창간20주년

꿈을 담는 노란상자
광주드림 20년의 이야기

초판 1쇄	2024년 4월
기　　획	광주드림
저　　자	채정희
펴 낸 곳	도서출판 드림미디어
주　　소	광주광역시 서구 서광주로171
전　　화	062)520-8024
누 리 집	www.gjdream.com
디 자 인	디자인 이즈
인　　쇄	로뎀나무

값 20,000원
ISBN 979-11-969508-8-0